Alfons-M. Bischoff

Elias Canetti
Stationen zum Werk

Europäische Hochschulschriften

Publications Universitaires Européennes
European University Papers

Reihe I

Deutsche Literatur und Germanistik

Série I   Series I

Langue et littérature allemandes
German language and litterature

Bd./vol. 79

Alfons-M. Bischoff

Elias Canetti
Stationen zum Werk

Herbert Lang Bern
Peter Lang Frankfurt/M.
1973

Alfons-M. Bischoff

Elias Canetti

Stationen zum Werk

Herbert Lang Bern
Peter Lang Frankfurt/M.
1973

ISBN 3 261 00826 1

©

Herbert Lang & Cie AG, Bern (Schweiz)
Peter Lang GmbH, Frankfurt/M. (BRD)
1973. Alle Rechte vorbehalten.

Druck: Lang Druck AG, Liebefeld/Bern (Schweiz)

INHALTSVERZEICHNIS

VORWORT

Der Versuch einer abschliessenden, zusammenfassenden Arbeit über einen leben-
den Autor, der immer noch produktiv ist, hat stets etwas Vorläufiges; selbst wenn
sich eine Untersuchung noch so wissenschaftlich gebärdet, sie entrinnt kaum der
Atmosphäre der Tageskritik.
Diesem Einwand können und wollen sich auch die vorliegenden Ausführungen nicht
entziehen, besonders deshalb nicht, weil hier zum ersten Mal eine Gesamtdarstellung aller bisherigen Veröffentlichungen Canettis, seien diese prosaepischer oder
dramatischer Natur, angestrebt wird. Von einer gewaltsamen Systematisierung
der Werke wird jedoch bewusst Abstand genommen, eingedenk der Worte unseres
Autors: "Ich hasse die Leute, die rasch Systeme bauen, und ich werde dazu sehen,
dass meines sich nie ganz schliesst." (1)
Um aber der drohenden Gefahr zu entgehen, nur das Individuelle, das Eigentümliche von Canettis Talent zu sehen - seine Imagination, seine erstaunliche Fabulierlust, gepaart mit einer eigenartig gestaltenden Phantasie - soll es auch aus
der Perspektive des Gesellschaftlichen - seiner Abstammung, Herkunft und seiner Zeit - betrachtet werden. Denn nur individuell-subjektive und gesellschaft-
lich-objektive Aspekte zusammen eröffnen die Möglichkeit, uns dem komplexen
Werk Elias Canettis mit Verständnis zu nähern.
Primäres Ziel dieser Untersuchung ist es zunächst, den Leser über den Werdegang Canettis zu informieren, sein Werk zu sichten und durch literarische Bezü-
ge und Vergleiche die Strukturen freizulegen. Um dieses Ziel zu erreichen, wird
besonderes Gewicht auf die Wiener Jahre als einer abgeschlossenen und eminent
fruchtbaren Schaffensperiode Canettis gelegt werden. Ein zweites Anliegen dieser
Arbeit ist es, eine erste umfassende Bibliographie vorzulegen, die alle Werke
Elias Canettis begreift, aber auch sekundärliterarische Aeusserungen wie Aufsätze, Essays oder Rezensionen, die sich mit Canettis Werken befassen, einbe-
zieht. Diese Bibliographie dürfte besonders späteren Interpreten als Material zu
einer Gesamtdarstellung dienen.

I. H E R K U N F T ,   K I N D H E I T ,   E R I N N E R U N G E N

In Carl Spittelers autobiographischer Schrift "Meine frühesten Erlebnisse" findet
sich die vieldeutige Erkenntnis: "Wir kommen von weitem her." (1) Dieses Zitat
impliziert, dass ein Mensch nur von seiner Herkunft, von seinen Erbsubstanzen,
von seiner Bildung und von seiner Umwelt her begriffen werden kann. Wenn wir
zu einem tieferen Verständnis der faszinierenden Persönlichkeit und des viel-
schichtigen Werks des Schriftstellers Elias Canetti gelangen wollen, so kann das
nur aufgrund von Erkenntnissen geschehen, die wir sowohl aus Selbstzeugnissen
als auch aus einer objektiven Befragung seines Lebens und seines Werks gewinnen. Somit kann eine Erhellung seiner Abstammung und Kindheit nicht allein von
biographischem Interesse sein, denn "jene irrationale Struktur, die dem Dichter-
gewerbe zugrunde liegt, wird in der ersten Jugend geformt; was nach dem achten
Lebensjahr kommt, wird kaum mehr wahrhaft dichterisch-irrational, sondern
nur noch rational, d.h. in Gestalt rationalpräziser Erinnerungsbilder, rationaler
Problemstellungen, etc. verarbeitet. Die eigentlich dichterische und künstlerische Qualität ist ausschliesslich an jenen irrationalen Teil gebunden." (2) Es ist
daher mehr als blosse Neugier, wenn wir danach trachten, einen schöpferischen
Menschen aus seinen Hintergründen zu erkennen und aus seiner Herkunft zu begreifen. (3)
Elias Canetti ist der Spross einer begüterten, spanisch-jüdischen Familie. Er
wurde am 25. Juli 1905 in Russe (Rustschuk), einer nordbulgarischen Kleinstadt am Unterlauf der Donau, geboren. Seine Vorfahren waren traditionsbewusste Sephardim. (4) Diese sephardische Erbsubstanz hat den geistigen Habitus Canettis wesentlich bestimmt, denn seine Werke zeichnen sich einerseits durch eine
stupende, schöpferische Phantasie aus - der spanischen Literatur an Bildgewalt
und logischer Konsequenz verpflichtet - andererseits wird in ihnen aber auch jener typisch jüdische Zug zur Antithetik und Abstraktion sichtbar, der das konkre-
te, sinnliche Bild verabscheut und Wesentliches in formelhafte Expression bannt.
Um zu einem tieferen Verständnis der sephardischen Komponente zu gelangen,
die konstant im Werke Canettis aufscheint, seien im folgenden einige relevante
historische Tatsachen rekapituliert.
Seit dem frühen Mittelalter lebten wesentliche Teile des jüdischen Volkes auf der
Iberischen Halbinsel in der Diaspora. Selbst nach der maurischen Invasion auf
der Pyrenäen-Halbinsel koexistierten Mohammedaner und Juden in einer einträch-
tigen kulturellen Symbiose, die ihresgleichen weder in der jüdischen noch in der
arabischen Geschichte findet. So nannten die Juden in späterer Zeit diese Epoche
des toleranten Zusammenlebens retrospektiv das "goldene Zeitalter". Das Geistes-
leben, die Philosophie und die Wissenschaft blühten, obwohl die spanischen Juden
nie aufhörten, aus ihren genuinen geistigen Inhalten heraus zu leben, und das Bil-
dungsprimat für sich beanspruchen durften. Häufig bekleideten Juden höhere Aem-
ter in den Kalifaten und genossen als Staatsmänner uneingeschränktes Vertrauen.
(5) Aber auch im christlich gebliebenen Spanien erwarben sich jüdische Wissen-
schaftler höchstes Ansehen. So zog beispielsweise Alfons VIII. (1166 - 1214)
viele gebildete Juden zu Regierungsgeschäften heran. (6) Der Auftakt zum düste-

ren Schlussakkord war die Thronbesteigung Isabellas (1474). Ihr und ihrem Gemahl, Ferdinand von Aragonien, war es gelungen, durch die päpstliche Bulle (1478), welche die nationale Inquisition legitimierte, und durch das "Edikt der Ausweisung der Juden aus Aragon und Kastilien" (1492), dieser fruchtbaren Symbiose ein jähes und schreckliches Ende zu bereiten. Die Geschichte der entsetzlichen Ketzergerichte und Autodafés begann. Die Juden wurden zwangsgetauft, (7) vertrieben oder ermordet. Viele Juden entzogen sich dem Inferno durch Flucht nach Portugal, aber auch dort war ihnen keine Bleibe vergönnt, denn 1496 erfolgte die Unterzeichnung eines antijüdischen Edikts durch Manuel I., und alle Juden hatten binnen zehn Monaten auch dieses Land zu verlassen. Die Vertriebenen versuchten in allen Mittelmeerländern und vielen europäischen Staaten Fuss zu fassen. Durch intransigente und antisemitische Gesetze wurde ihnen meistens die Landnahme verwehrt. Endlich, 1512, bot vielen das Osmanische Reich eine neue Heimat. Die türkischen Sultane, besonders Selim I., Suliman der Prächtige (1520 - 1566) und Selim II. (1566 - 1574), verhiessen den Sephardim grosszügig Religionsfreiheit und Asyl. So entstanden überall im Osmanischen Reich, in der Levante, diesseits und jenseits des Bosporus, im Balkan und in Kleinasien jüdische Gemeinden. Die Besiedelung erfolgte unbelastet von Gesetzen und Vorschriften. Ihrer Sitte gemäss liessen sich die Juden in diesen Gebieten in Familien und Sippen nieder. (8) Dieser freizügigen Handhabung der Ansiedlung ist es zu danken, dass eine bedrückende Ghetto-Atmosphäre, wie wir sie in der damaligen Zeit bei Westjuden, vornehmlich aber bei den Ostjuden vorfinden, nicht entstand. Kein Berufsverbot, welches in christlichen Ländern die Juden diskriminierte, wurde den Sephardim auferlegt, und so erfolgte, dank der Tüchtigkeit der jüdischen Einwanderer, eine beträchtliche Expansion des Handels. Die jüdische Intelligenz trieb die Wissenschaft zur Blüte, und die Politik der Hohen Pforte wurde in ihrer glanzvollsten Zeit massgeblich von jüdischen Ministerialbeamten mitgeprägt. (9) Diese abermalige, geglückte Symbiose spricht für die Assimilationsdynamik der Sephardim, und sie manifestierte sich besonders im Erstarken ihres Selbstbewusstseins, so dass die spaniolischen Juden, selbst nach dem sukzessiven Zerfall des türkischen Reiches, mancherorts als autochthone Volksgruppen in geschlossenen Gemeinden bis in den zweiten Weltkrieg weiterbestehen konnten.

Die Sephardim sind traditionsbewusste Juden. (10) Ihr ungebrochenes Verhältnis zur Tradition zeigt sich besonders darin, dass sie bei ihrem Exodus aus der Iberischen Halbinsel die spanische Sprache und altes spanisches Brauchtum als unantastbares Kulturgut mit ins Exil genommen haben. Diese ihre Sprache, die Spaniolische oder Ladino - in Wortschatz und Lautstand dem Spanischen des 15. Jahrhunderts nahe verwandt - hat sich in vielen Teilen des ehemaligen türkischen Reiches besonders rein bewahrt. Viele Redensarten, Sprichwörter, Balladen und Lieder sind im Spaniolischen erhalten geblieben, im Neu-Spanischen aber verloren gegangen, so dass Hispanisten heute oft bei den Sephardim explorieren. Dieses Sprachbewusstsein der Sephardim dokumentiert sich auch darin, dass bis 1941, d.h. bis zum Zeitpunkt der deutschen Besetzung Griechenlands, eine Zeitung, "El Tiempo", existierte, die in Ladino abgefasst war. Dieses Blatt erzielte auf dem Balkan und in der europäischen Türkei eine weite Verbreitung und erreichte eine ansehnliche Auflageziffer. Auch die Familie Canetti in Russe war auf dieses Blatt abonniert.

In dieser traditionsverwurzelten Atmosphäre wuchs Elias Canetti mit seinen zwei jüngern Brüder, George und Nisim, heran. Konsequenterweise war die Sprache ihrer Jugend nicht bulgarisch, sondern das treu behütete alt-spanische Idiom.
Die dominierende Gestalt in Elias Canettis frühester Jugendzeit war sein Grossvater, ein orthodoxer Jude. Canetti selbst erwähnt diesen weitgereisten, sprachbegabten und gewandten Kaufmann stets mit Ehrfurcht. Als die eigentümlichste Begabung dieses Menschen sind in Canettis Gedächtnis besonders seine spezifische Verwandlungsgabe und sein ausserordentliches Erzähler- und Imitationstalent haften geblieben. Er war es, der dem heranreifenden Jungen die Leidensgeschichte und die Grösse seiner Vorfahren offenbarte. Hier bewahrheitet sich Wolfgang Kaysers Feststellung, dass oft die "Grosseltern einem jungen Dichter unvergessliche Gestalten und Geschehnisse in das Herz gesenkt haben". (11) Es ist daher kaum verwunderlich, dass die ehrwürdige Gestalt dieses pater familias in Canettis privater Mythologie einen ganz besonderen Stellenwert einnimmt, und dass er heute davon überzeugt ist, viele seiner Begabungen von seinem Grossvater geerbt zu haben.
Der ganze Balkan stand damals im Banne der kulturellen Strahlungskraft Wiens, der Metropole des kaiserlich und königlichen Vielvölkerreiches Oesterreich-Ungarn. Von der Bedeutung Wiens für alle Gebildeten des Balkans kann man sich kaum eine übertriebene Vorstellung machen. Und so kam es nicht von ungefähr, dass Canettis Eltern - der Sitte begüterter, bürgerlicher Kreise gemäss - nach Wien in die Schule gesandt wurden. In Wien lernte sich das Elternpaar auch kennen, und die Entdeckung ihrer gemeinsamen Liebe zum Theater brachte sie einander näher. Ihr Theaterenthusiasmus war so gross, dass sie keine Aufführung des Burgtheaters versäumten, und so wurde das Theatererlebnis zu ihrem eigentlichen Bildungs-Inhalt. Es konnte nicht ausbleiben, dass sie sich daher eine Zeitlang ernstlich mit dem Gedanken trugen, selbst Schauspieler zu werden. Dieser Wunsch aber wurde von ihren Eltern, deren Sinn auf ein einträgliches Leben in bürgerlichen Konventionen gerichtet war, strikte abgelehnt. Dass diese Theaterbegeisterung hereditär auf Elias Canetti überging und später durch die literaturbeflissene Mutter verständig gefördert wurde, steht ausser Zweifel.
Im Hause Canetti wurde die spaniolische Sprache - darauf ist bereits hingewiesen worden - bewusst gepflegt. Wollten die Eltern etwas unter sich bereden und sollte der Inhalt ihres Gesprächs den Kindern verborgen bleiben, so bedienten sie sich der deutschen Sprache in der melodischen Wiener Färbung. Der junge Elias, angestachelt durch kindliche Neugierde, wollte den Sinn ihrer Wechselrede verstehen, und so kam es, wie sich Canetti selbst erinnert, "dass ich manchmal in ein anderes Zimmer ging und die erlauschten deutschen Worte für mich übte, so wie magische Laute, ohne jedoch ihre Bedeutung zu verstehen. Ich beherrschte ganze Sätze und konnte sie im entsprechenden Tonfall und in der richtigen Geschwindigkeit hersagen. Aber selbstverständlich war dies nicht eine eigentliche Sprache." (12) Diese Schilderung zeigt uns, dass sich Canettis phonetisches und akustisches Talent schon sehr früh zu entwickeln begann. Weitere Eindrücke aus der frühen Kindheit in Russe haben sich dem Gedächtnis Canettis ebenso unverlierbar eingeprägt.

"Was ich am stärksten in Erinnerung behalten habe, ist die

grosse Farbigkeit des Lebens in Russe. Es gab verschiedene
Völker, die in dieser Stadt lebten, und jedes hatte sein eigenes
Quartier. Da gab es noch ein Türkenquartier, ein anderes, in
dem die Albaner, ein drittes in dem die Spaniolen, meine Leute,
wohnten und natürlich auch ein Stadtviertel, das die Bulgaren
bewohnten.
Jeden Freitag kam ein ganzer Stamm von Zigeunern in unseren
Hof. Da war ein sehr alter, blinder Mann, der sich auf seine
Enkelin stützte, dann Kinder, Frauen und jüngere Männer. Es
waren bestimmt vierzig bis fünfzig Menschen an der Zahl. Sie
gingen in den buntesten Flicken, mit Stöcken, grossen Säcken.
Sie durchquerten unseren Hof und strebten zur Küche. Da be-
kamen sie Holz und verschiedene Gerichte, die im Hause zum
Essen für den Samstag vorbereitet wurden. Sie verliessen dann
gewöhnlich reich beschenkt das Haus. Ich selbst hatte vor diesen Zigeunern grosse Angst, weil man von ihnen sagte, sie
würden die Kinder stehlen." (13)

Die Rückerinnerung an die "Farbigkeit des Lebens" und an die "Angst" haben ihre
Resistenz gegenüber der umformenden Macht der Zeit bewahrt. Der beklemmen-
den Empfindung der Angst - eine der urtümlichsten Wahrnehmungen im menschlichen Dasein überhaupt - begegnen wir in einer anderen Darstellung aus Canettis
Jugend:

"Meine allerfrüheste Erinnerung ist eine Erinnerung der Angst.
Meine Mutter fuhr zur Kur nach Karlsbad. Ich war damals, wie
sie mir später erklärt hat, zwei Jahre alt. Wir wohnten in einer
Pension, und ich war in die Obhut eines bulgarischen Mädchens
gegeben worden. Ich erinnere mich, dass jeden Tag, wenn ich
vom Kindermädchen aus dem Zimmer herausgetragen wurde,
sich die Türe gegenüber öffnete und ein lächelnder Mann heraus-
trat. Dieser sagte immer: 'Jetzt werden wir ihm die Zunge ab-
schneiden!' Dann nahm er mich von den Armen des bulgarischen
Mädchens, setzte mich auf seinen Arm, zog das Taschenmesser
aus dem Rock und öffnete es. Dann näherte er die Klinge ganz
sorgfältig meinem Mund, verlangte von mir, dass ich die Zunge
herausstrecke, und wenn dann das Messer ganz nahe an der Zunge war, sagte er: 'Nein, heut' noch nicht!' Ich erinnere mich
deutlich an diese schreckliche Angst, die sich täglich wiederholte." (14)

Falsch wäre es, dieses Angst-Erlebnis als ein Grundgefühl von Canettis Jugend
bezeichnen zu wollen. Es wurde bereits betont, dass Canetti in materiell gesicher-
ter Umgebung aufwuchs und von seinen Eltern mit jener für das jüdische Familien-
leben typischen, innigen Liebe umhegt wurde. Canetti als ein "Opfer altjüdischer
Familienzucht" oder als das Produkt einer "neurotischen Konstellation" - wie Hermann Broch sich selbst sieht - zu bezeichnen, wäre durchaus widersinnig.

Die bemerkenswerte Exaktheit, mit der all diese Geschehnisse in der Erinnerung Canettis haften blieben, spricht dafür, dass den angeführten Begebenheiten für die Zukunft mehr als die übliche Bedeutung, die man gemeinhin Kindererlebnissen beimisst, zukommt. "Jugenderlebnisse haben eine staunenswerte Fähigkeit, Schritt zu halten, einem überallhin zu begleiten." (15) Dieses Zitat veranschaulicht auch, dass es kaum als singuläres Phänomen zu werten ist, wenn wir der erwähnten Episode, die in leicht variierter Form im Roman "Die Blendung" - der nur wenige und meist bewusst verfremdete autobiographische Züge aufweist - wieder begegnen. (16)

Im Jahre 1911 übersiedelte die Familie Canetti nach England. Dieser Wohnortwechsel erfolgte, weil der Schwager von Vater Canetti in Manchester eine prosperierende Textilfabrik besass und sich ihm die Gelegenheit bot, als Compagnon in dieses Unternehmen einzutreten. Ein weiterer Grund mochte darin liegen, dass Vater Canetti, ein geschäftstüchtiger und kulturbeflissener Kaufmann, aus der Begrenztheit des Lebens in Russe ausbrechen wollte und die Gelegenheit zu diesem Schritte nutzte, um sich der engen heimatlich-bürgerlichen Konventionen zu entledigen. Hier in England besuchte Elias Canetti zum erstenmal eine Schule. Englisch wurde zu seiner zweiten Sprache. Dem Wunsch der gebildeten Eltern entsprach es, ihren Kindern eine polyglotte Erziehung angedeihen zu lassen. So kam es, dass, nachdem sich der junge Elias in der englischen Sprache heimisch fühlte, eine französische Gouvernante engagiert wurde, welche die Kinder auch mit dem Französischen vertraut machte.

Am 8. Oktober 1912 erlag Vater Canetti in seinem einunddreissigsten Lebensjahr einem Schlaganfall. Diesen plötzlichen Verlust seines geliebten Vaters muss Elias Canetti als schrecklichstes und entscheidenstes Erlebnis seiner Kindheit durchlitten haben. Diese Leiderfahrung hatte traumatische Folgen. Sie beeinflusste Canettis Leben und Werk entscheidend. Sie muss auch als Ansatzpunkt seiner rigorosen "Gegnerschaft zum Tode" erkannt werden. Seine ständigen Reflexionen über die Allgegenwart des Todes ziehen sich als motivische Konstante durch das gesamte schriftstellerische Werk. Als Zentral-Motiv prägen sie zwei Dramen, nämlich die "Hochzeit" und "Die Befristeten". Aber auch prosaepisch fand das Thema Tod, "diese einzige Tatsache", dieser "sehr reale Superlativ" (17) - wie Canetti den Tod in seiner Broch-Rede (1936) determinierte - im philosophisch-soziologischen Essay "Masse und Macht" seine Bewältigung. Ebenso umkreisen die Gedanken in den "Aufzeichnungen 1942 - 1948" unablässig und unerbittlich diese Thematik. Canetti notiert im Kriegsjahr 1943:

"Seit vielen Jahren hat mich nichts so bewegt und erfüllt wie
der Gedanke des Todes ..." (18)

Im Jahre 1946 dann:

"Mein Hass gegen den Tod setzt ein unaufhörliches Bewusstsein
von ihm voraus; es wundert mich, wie ich so leben kann. " (19)

Eine weitere Eintragung aus den bereits zitierten "Aufzeichnungen 1942 - 1948" beweist, dass der schmerzliche Verlust des Vaters selbst im Vierzigjährigen noch nicht ausgelöscht ist:

"Schuldgefühl gegen meinen Vater: ich bin nun schon neun
Jahre älter, als er geworden ist. " (20)

Kurz nach dem Tode des Vaters im Juni 1913 erfolgte die Uebersiedlung der Familie nach Wien. Diese Stadt sagte Frau Canetti als Wohnsitz besonders zu, weil sie
hier ihre Bildung empfangen und viele kostbare Erinnerungen an die gemeinsame
Schulzeit mit dem verstorbenen Gatten im Gedächtnis behalten hatte.
Elias Canetti schloss sich in dieser Zeit in besonderem Masse seiner Mutter an.
Nun galt es auch, sich die deutsche Sprache anzueignen. "In wenigen Wochen, in
einer Art Gewaltkur, brachte ihm seine Mutter Deutsch bei, und er wurde zu seinem Staunen gleich in die seinem Alter entsprechende Klasse der Volksschule aufgenommen. " (21) Dieser erstaunliche Lernerfolg kann einerseits dem pädagogisch-
didaktischen Geschick der Mutter zugeschrieben werden, andererseits wird hier
eine sprachliche Prädisposition für das Deutsche evident, die in der kindlichen
Neugierde wurzelte, den Inhalt der deutsch geführten Gespräche, der den Kindern
verborgen bleiben sollte, zu enträtseln.
In diese Zeit fallen Canettis erste, selbständige Kontakte mit der Literatur. Ausser der lehrstoffbedingten Lektüre in der Schule bedeuteten ihm besonders die
Werke Dickens' und Shakespeares viel, die er, dank seiner Sprachkenntnisse, in
ihrer Originalsprache in sich aufnahm. Die Mutter lenkte seine Lektüre, und "das
Schönste war dann, dass wir über die Bücher diskutierten. Es gab lange Gespräche, die sich bis tief in die Nacht hineinzogen. " (22) Das Resultat dieser freiwil-
ligen Beschäftigung mit der Literatur, das durch die nachfolgenden Aussprachen
zwischen Mutter und Sohn nur noch vertieft wurde, blieb nicht aus, und im jungen
Canetti bildete sich allmählich die Meinung, dass die Dichter die wichtigsten Menschen der Welt seien. Er beschloss in jugendlichem Eifer - aus Interesse an der
Literatur und aus Liebe zur Mutter, bei der die Dichter so viel galten - selbst
Schriftsteller zu werden. Dass diesem Entschluss zum Dichterberuf mehr Bedeutung beigemessen werden muss als einer pubertären Anwandlung, die durch jeden
jungen Menschen geht, meist nur als ein flüchtiger Wunsch, beweist allein schon
die Tatsache, dass der junge Elias Canetti schon sehr früh zu schreiben begann
und sich ständig darin übte. Als Fünfzehnjähriger schloss er sein erstes literarisches Oeuvre ab. "Es war eine schreckliche Historie in Blankversen, die ich meiner Mutter zu Weihnachten widmete. " (23) Naturgemäss vermögen diese frühen
literarischen Produktionen dem hohen Qualitätsanspruch des gereiften Schriftstellers nicht zu genügen, aber es kommt diesen Versuchen doch der Wert von Finger-
übungen zu.
Die erste Zeit Canettis in Wien war nur von kurzer Dauer. Kaum war er mit seiner neuen Umwelt vertraut, wurde am 28. Juni 1914 der österreichische Thron-
folger, Erzherzog Franz-Ferdinand, in Sarajewo ermordet, und, angefacht durch
die nationalistische Presse, begann eine wahnwitzige Agitation für den Selbstmord
des Vielvölkerstaates. Die latente Angst vor dem Kriege, welche die letzten Jahre
der Monarchie kennzeichnete, schlug in einen plötzlichen, enthusiastischen Akti-
vismus um, ein sich patriotisch gebärdender Fanatismus erfasste alle Schichten.
Die phrasenreiche Empörung der Presse über die Ermordung des unpopulären

Erzherzogs sprach der vorsichtigen, erfolgreich praktizierten habsburgischen Mediocritas Hohn. Pressekampagnen zielten darauf ab, die breiten Massen, aber auch die kritiklose Intelligenz mit ihrem chauvinistischen Gedankengut zu infizieren. Der Kriegsausbruch bedeutete den Beginn des Finis Austriae, gleichzeitig aber auch den Auftakt zum Zeitalter der Weltkriege.

Diesen Zustand der Auflösung der alten Ordnung erlebte Canetti als Neunjähriger. Mit aller Deutlichkeit erinnert er sich der Begebenheiten und Ereignisse, die sich am Vorabend des Krieges in Wien abspielten.

> "... diese ungeheure Begeisterung auf den Strassen, die singenden Rekruten, die in den Krieg zogen ..., alles in allem, es war ein Taumel, wie ihn sich die wenigsten Menschen heute vorstellen können." (24)

Diesem Enthusiasmus aber folgte in Kürze die Ernüchterung.

> "Sehr bald kamen dann die ersten Kriegsinvaliden, Blinde, Leute, die bettelnd an den Strassen-Ecken standen, und viele andere Dinge, die mit dem Krieg zusammenhingen, und all das war für ein Kind sehr eindrucksvoll und sonderbar." (25)

Das Elend war binnen kurzem auch in der Hauptstadt zu spüren, "die notwendigen Gebrauchsgegenstände wurden dank eines schamlosen Zwischenhandels täglich teurer, die Lebensmittel kärglicher, und über dem grossen Sumpf des Massenelends phosphoreszierte wie ein Irrlicht der aufreizende Luxus der Kriegsgewinnler. Ein erbittertes Misstrauen begann allmählich die Bevölkerung zu erfassen." (26) Den endgültigen Zusammenbruch der Donaumonarchie mitzuerleben, mit aller Not, der Enttäuschung und der heillosen Unordnung, blieb Elias Canetti erspart. Im Sommer 1916 zog die Familie Canetti nach Zürich. (27) Vom Frühjahr 1917 an besuchte Elias das Realgymnasium der Kantonsschule Zürich. Es ist nicht verwunderlich, dass er seinen Aufenthalt in der Schweiz nach all den unmittelbar erlebten Kriegsauswirkungen als "einige paradiesische und geistig wesentliche Jahre meiner Jugend" (28) beschrieb.

> "Hier in Zürich sprachen die Menschen über ganz alltägliche Dinge, man schien vernünftig. In der Schule wurde auf niemanden gehetzt. Man sang keine bösen Lieder, weder gegen die Franzosen noch gegen die Engländer. Diese Vorkommnisse hatten mich in Wien schon damals stark befremdet. Ich war aus England nach Wien gekommen, und ich war gerne in England gewesen. Meine Schulkameraden waren Engländer gewesen, die ich besonders gern hatte. Und nun in der Kriegszeit in Wien wurden sie plötzlich schlechte Menschen, Feinde, Leute die man vernichten sollte. Dies alles fiel in der Schweiz unversehens weg. Und die Erlösung, die ich dabei empfand, war so, als ob man plötzlich ins Paradies gekommen wäre. Hier hörte man die Sprachen der feindlichen Völker auf den

Strassen. Es kamen kriegsverletzte Offiziere aus den beiden
Lagern in die Schweiz. Da konnte man französische Offiziere
friedlich auf den Strassen neben deutschen einhergehen sehen
... das war der erste starke Eindruck, den ich von der Schweiz
empfing." (29)

Diese Ausführungen, die den Charakter der Spontaneität nicht verleugnen wollen,
zeigen, dass das Gerechtigkeitsgefühl Canettis schon damals mit einem wachen
Beobachtungstalent gepaart war. Zu den teuersten Reminiszenzen seines Schwei-
zeraufenthaltes gehören, neben einem lebhaften Unterricht, der sich mit der Geschichte und den damals besonders aktuellen Diskussionen über die Probleme einer Demokratie und ihres neutralen Status, beschäftigte, die ersten Kontakte mit
der zeitgenössischen Literatur. So entsinnt sich Elias Canetti heute noch des Tages, an dem er in der Schule, durch eine öde Lektion gelangweilt, heimlich Robert
Walsers "Spaziergang", gebannt und fasziniert, verschlang; oder, wie er, angeregt durch seine Mutter, die pazifistischen Bücher, die der Max Rascher-Verlag
in Zürich edierte, allen voran Leonhard Franks Antikriegs-Novellen, die unter
dem programmatischen Sammeltitel "Der Mensch ist gut" 1918 erschienen, mit
grossem Interesse las. Hingeführt durch verständige Lehrer machte er die Bekanntschaft mit den Werken des Schweizer Kunst- und Kulturhistorikers Jacob
Burckhardt. Bestimmend für Canetti wurde besonders die wiederholte Lektüre
der posthum erschienenen Ausgaben der "Griechischen Kulturgeschichte" (1898 -
1902) und der "Weltgeschichtlichen Betrachtungen" (1905).

"Diese beiden Werke haben mich später immer begleitet, und
ich glaube, dass mein wichtigstes Werk, an dem ich die meisten
Jahre meines Lebens gearbeitet habe, 'Masse und Macht', ohne
den Einfluss Burckhardts völlig undenkbar wäre. Vielleicht lässt
sich das nicht so direkt feststellen, aber ich in mir weiss, dass
ich mich daran genährt habe." (30)

Diese fruchtbare Begegnung mit den Leistungen Jacob Burckhardts hatten ihren
unmittelbaren Niederschlag auch im Roman "Die Blendung" - werkgerecht in satirischer Brechung - gefunden. (31)
Im Herbst des Jahres 1921 erfolgte ein erneuter Domizilwechsel; die Familie Canetti liess sich in Frankfurt am Main nieder. Hier schloss Elias seine Ausbildung
am Realgymnasium mit dem Abitur ab. Der Frankfurter Aufenthalt fällt mit der
turbulenten Zeit der deutschen Inflation zusammen. Wurde Canetti von der damaligen bitteren Not auch nicht unmittelbar betroffen, so wurde er dennoch mit den
Auswirkungen prekärer Armut bekannt. So war er eines Tages Zeuge, wie eine
notleidende alte Frau auf offener Strasse, gequält von Hunger, tot zusammen-
brach - eine Begebenheit, die den feinfühlenden Menschen heute noch tief bewegt.
Besonders nachhaltig hat den Abiturienten die sozialdemokratische Demonstration
auf der Zeil bewegt, die die Reaktion auf die ruchlose Ermordung Walther Rathe-
naus (1922) war und viele antijüdische Ausschreitungen nach sich zog.

"Das Bild der Masse hat mich von diesem Augenblick an nicht

mehr verlassen. Ich ging ihr nach, wo ich konnte, und so
heftig ich sie am eigenen Leibe empfand, so blieb doch immer ein scheinbar unbeteiligter Rest in mir, der sich fragte,
was denn diese Masse eigentlich sei." (32)

Die erste Konfrontation mit einer entfesselten Masse, ihrer ungehemmten Reaktion und Stosskraft, die zur Bedrohung unserer eigenen Welt werden kann, muss
als Ausgangspunkt von Canettis jahrzehntedauernder, intensiver Beschäftigung
mit dem Phänomen der Masse angesehen werden. Mit wachsender Neugierde und
geschärftem Interesse beobachtete er diese ungewohnten Geschehnisse, um sie
in der Zeit in Wien schriftstellerisch zu bewältigen.

II. DIE JAHRE IN WIEN

1. UNIVERSITAETSZEIT, DER WEG ZUM SCHRIFTSTELLER

Im Jahre 1924 erfolgte Canettis Rückkehr nach Wien. Seine wichtigsten bisherigen Lebensetappen waren: Bulgarien, England, Oesterreich, die Schweiz, Deutschland und wiederum die österreichische Hauptstadt Wien. Wenn wir uns diese vielen Lebensstationen vor Augen halten, so könnte man glauben, dass dieser häufige Domizil- und Umweltswechsel nach jeweils wenigen Jahren sich hätte verwirrend auf den Heranwachsenden auswirken müssen. Das Resultat der Veränderungen aber war - Canetti selbst ist davon überzeugt - ein positives. Dazu bemerkt er:

> "Das Gefühl lässt mich nicht los, dass ich diesen frühen und
> steten Wechseln in meinem Leben eigentlich alles verdanke,
> denn ich nahm nicht gerne Abschied von einem Ort, an dem
> ich mich heimisch fühlte. Häufig geschah diese Trennung ge-
> gen meinen kindlichen Willen, und innerlich habe ich mich
> dagegen gewehrt. Wenn ich dann in einer neuen Umwelt lebte,
> so habe ich oft aus purem Trotz alles das, was mit der frühe-
> ren zusammenhing - die Sprache, die Literatur - erst recht
> vertieft. So kommt es, dass ich in verschiedenen Sprachen
> und Kulturen beheimatet bin. " (1)

Auch die eigenartige Faszination, die das Phänomen der Verwandlung auf Canetti ausübt, und die er später als den "Kernvorgang des Dramas" (2) definiert, wurzelt in diesen Lebensumständen, ebenso wäre seine erstaunliche Assimilationsfähigkeit ohne diese Begebenheit kaum denkbar.
In Wien erlebte Canetti, nach eigener Aussage, die fruchtbarsten, geistig anregendsten und wesenbestimmendsten Jahre seines Lebens. Es ist daher kaum erstaunlich, dass seine literarische Produktion dieser Zeit von der typischen Atmosphäre Wiens genährt worden ist, und dass sein gesamtes schriftstellerisches Werk, bis zu den neuesten Publikationen, nicht nur von sinnenfreudiger, mediterraner Spiritualität, sondern auch von der eigenwilligen, unmodisch-barocken Komponente Oesterreichs durchtränkt erscheint.
In Wien immatrikulierte sich Elias Canetti an der philosophischen Fakultät. Mehr seinem Sinn für die Realität als einer Neigung folgend, studierte er Chemie. In diesem Studium der Naturwissenschaften - hier eröffnen sich bedeutungsvolle Parallelen zur Studienwahl Robert Musils und Hermann Brochs - manifestiert sich Canettis Zug zur Universalität. Neben Chemie - diese Disziplin mag auch seinen Sinn für Strukturelles geschärft haben - belegte er Vorlesungen und Seminarien über Physik und Philosophie. Er besuchte auch eifrig kunstgeschichtliche und literaturhistorische Vorlesungen. Besonders angezogen fühlte er sich von der Psychologie. Regelmässig besuchte er die Vorträge von Hermann Swoboda, einem Jugendfreund Otto Weiningers. Ohne den Einfluss von Sigmund Freuds psychoana-

lytischer Methode wäre das prosaepische Hauptwerk der Zeit in Wien, "Die Blendung", kaum denkbar. Es lässt auch gründliche Studien der Individualpsychologie Alfred Adlers und der Werke Otto Weiningers erahnen, jedoch nicht stringent beweisen. Canettis Wille, alles, auch das Ueberkommene, selbständig zu überdenken - ein Imperativ, der in allen seinen literarischen Aeusserungen erkennbar ist - zeigt sich besonders in der Tatsache, dass sein schriftstellerisches Werk wohl Spuren der "Wiener Schule" aufweist, sich einer offensichtlichen Anlehnung oder dogmatischen Dependenz aber bewusst enthält.

In diesem ersten Jahr des Wiener Aufenthaltes fällte Canetti eine äusserst wichtige Entscheidung. Die Bilder der aufgewühlten Masse, die ihn in Frankfurt am Main in Bann geschlagen hatten, tauchten in seiner Erinnerung stets wieder auf, neue Beobachtungen kamen hinzu, und durch die damalige Lektüre - Canetti las nun vornehmlich die Werke Gogols, Dostojewskis, des Komödiendichters Aristophanes und seiner wesensverwandten spanischen Autoren wie Cervantes und Quevedo - angestachelt, reifte in ihm der Entschluss, eine philosophisch-soziologische Untersuchung der Massenphänomene zu schreiben. Dazu bemerkte Canetti selbst:

> "Es war wie eine Erleuchtung: Ich beschloss, mein Leben der
> Erforschung der Masse zu widmen. Ich war von diesem Gedan-
> ken wie besessen, nichts vermochte mich davon abzuhalten.
> Mit List und Zähigkeit, gegen den Entschluss aller, die anderes
> von mir erwarteten, hielt ich daran fest." (3)

Als das bedeutendste äussere Erlebnis, das ihn in seiner Entschlossenheit nur zu bestärken vermochte, nennt Canetti den 15. Juli 1927, den Tag also, an dem der Wiener Justizpalast, vom verhetzten Mob angesteckt, in Flammen aufging. Der österreichische Romancier, Heimito von Doderer, deutet diesen Tag in der Geyrenhoff'schen Chronik "Die Dämonen", als den "Tag, der ganz nebenhin das Cannae der österreichischen Freiheit" (4) wurde. Dieses eindrucksvolle persönliche Erlebnis konnte Canetti nur ermuntern, am gefassten Entschluss festzuhalten. Er begann eifrig, Material für sein Unternehmen zu sammeln. Dieser kompromisslose Entschluss fand mittelbaren Niederschlag in den Werken der Folgezeit. Auch der Roman "Die Blendung" ist von "dieser ersten enthusiastischen Periode einer Befassung mit der Masse getragen". (5)

Das leidenschaftliche Interesse für das Phänomen der Masse darf als ein Wesensmerkmal der modernen österreichischen Literatur überhaupt bezeichnet werden. Die Bedeutung, die österreichische Romanciers soziologischen Fragestellungen zumessen, spiegelt sich sowohl in weniger bekannten Werken, wie etwa in den Romanen Rudolf Brunngrabers, (6) als auch in den literarischen Spitzenleistungen eines Robert Musil oder Hermann Broch. Der tiefere Grund für dieses Interesse liegt wohl darin, dass sich bei den österreichischen Intellektuellen das Bewusstsein der Krise zu einem Gefühl transzendentaler Obdachlosigkeit gesteigert hat. Als die Wurzeln dieses Krisenbewusstseins erwiesen sich der erlebte und erlittene Zusammenbruch der Donaumonarchie, die Inflation und die wirtschaftliche Depression, aber ebenso der Wille zur eingehenden Durchleuchtung existentieller Probleme und die daraus resultierende Hoffnung nach einer neuen Daseinsform.

Die soziologischen Komponenten in der "Blendung" beweisen, dass diesem eigenwilligen Werk im Bereich des modernen österreichischen Romans keineswegs ein monolithischer Charakter zukommt, sondern, dass es sich fugenlos in die Tradition des soziologisch-österreichischen Romans einreiht. Die Auseinandersetzung mit den Massenproblemen manifestiert sich zwar in der "Blendung" nicht überdeutlich. Sie sind nicht in essayistische Reflexionen gekleidet, wie beispielsweise in Hermann Brochs "Die Schlafwandler". Die soziologischen und erkenntnistheoretischen Kommentare "Zerfall der Werte" führen dort ein Eigenleben, und sie vermögen, losgelöst vom Kontext, für sich selbst zu bestehen. Sie künden eine Auflösung der konventionellen Romanform an, sind freilich aber auch dazu angetan, den "sonst aussergewöhnlich flüssigen Ablauf des Romans" (7) zu beeinträchtigen. Bei Canetti hingegen sind die soziologischen Momente völlig ins Romangeschehen integriert.

Im zweiten Drama Canettis, in der "Komödie der Eitelkeit", die er 1934 beendet hatte, werden die Probleme der Masse zum zentralen Motiv. In diesem brisanten Stück gelingt ihm eine überzeugende Darstellung der Verlorenheit des Individuums, angesichts des Massenwahns und einer totalitären Diktatur. Eine neue, wesentliche Erkenntnis tritt hier zu Tage, nämlich, dass soziologische Betrachtungen, die sich nur auf die Masse richten, ohne eine essentielle Analyse der Macht keine wirkliche Gültigkeit beanspruchen können. Canetti schildert den Weg, der ihn 1931 zu dieser Ueberzeugung führte, wie folgt:

> "... nach einem heftigen Zusammenstoss mit den Caesaren-
> biographien des Sueton und dem 'Leben des Filippo Maria
> Visconti' (8), einem psychologischen Meisterwerk des ita-
> lienischen Humanismus, wurde mir klar, dass ein Studium
> der Masse allein unzulänglich bleiben müsse. Es musste
> ergänzt werden durch eine ebenso gründliche und umfassen-
> de Untersuchung der Macht. " (9)

Seine in Wien geleisteten Vorarbeiten zum geplanten Unternehmen, einem fundamentalen Essay über Strukturen und Formen der Masse und den Mechanismus der Macht, nahm er später mit in die Emigration.

Als das entscheidenste Ereignis auf dem Wege zum Schriftsteller erweist sich Canettis Begegnung mit den Schriften und der Person von Karl Kraus, dem "grossen moralistischen Satiriker der Weltliteratur". (10) Karl Kraus - das ist ein Phänomen, das vorläufig nicht auf plane Formeln zu bringen sein wird. Seine Bedeutung für eine ganze Literaturepoche kann heute kaum noch angezweifelt werden - man denke hier an den Entdecker und zeitweiligen Förderer von Peter Altenberg, Albert Ehrenstein, Else Lasker-Schüler, u.a.m. - und doch wird sich jedermann, der sich kritisch mit seinem Lebenswerk befasst, nur allzu bald in - eher vermeintliche denn tatsächliche - Widersprüchlichkeiten verstricken. Sein Werk bietet einerseits die reichste Fülle an hellsichtigen, ja geradezu visionären Wahrheiten, andererseits aber auch Beispiele, die zuweilen an Blindheit zu grenzen scheinen. Vom Polemiker Lessing wird gesagt, er habe sich seine Gegner nach seinen eigenen Zwecken so zugeschnitten, dass er sie in der von ihm gewünschten Position angreifen konnte. In weit grösserem Masse gilt das für Karl Kraus. Wen hat er

nicht alles befehdet, durch Urteile und Verdikte abgelehnt oder abgesetzt, stets in
der provozierenden Ueberzeugung, dass sein geschliffenes Wort das rechte, das
treffende Wort sei.
Diese Ambivalenz, die in den meisten Werken über Karl Kraus zum Ausdruck
kommt, spiegelt sich auch in Canettis Aufsatz (11) über den Wiener Polemiker.
Einesteils bekennt Canetti freimütig, Karl Kraus habe ihm "das Ohr aufgetan",
(12) dann aber auch, er hätte "unter seiner unbarmherzigsten Diktatur" (13) ge-
litten. Weil dieser Essay wesentliche Bekenntnisse aus der Perspektive eines
Zeitgenossen vermittelt, kommt ihm dokumentarischer Wert zu. Die Analyse Canettis zeigt den Weg von der uneingeschränkten Bewunderung seines literarischen
Vorbilds bis hin zu einer Periode energischer Ablehnung. Diese erfolgte freilich
erst, nachdem sich die eigene schöpferische Individualität gefestigt hatte, und ist
wohl als Schritt zur Individuation zu verstehen.
Elias Canetti erinnert sich lebhaft, wie er im Frühjahr 1924 von Freunden zum
ersten Mal in eine Lesung von Karl Kraus mitgenommen wurde. Ueber dieses
wichtige Ereignis berichtet er:

> "Der grosse Konzerthaussaal war gesteckt voll. Ich sass weit
> hinten und konnte aus dieser Entfernung nur wenig sehen:
> einen kleinen, eher schmächtigen Mann, etwas vornübergebeugt,
> mit einem Gesicht, das unten spitz zulief, von einer unheim-
> lichen Beweglichkeit, die ich nicht begriff, es hatte etwas von
> einem unbekannten Geschöpf an sich, einem unentdeckten Tier,
> ich hätte nicht sagen können welches. Die Stimme war scharf
> und erregt und beherrschte mit Leichtigkeit den Saal, in ur-
> plötzlichen Steigerungen, die häufig waren." (14)

Von diesem Zeitpunkt an versäumte Canetti keine der öffentlichen Vorlesungen
des "zürnenden Magiers" mit der "kristallenen Stimme" (Georg Trakl), und alle Hefte der "Fackel", die zu erhalten waren, wurden von Canetti eifrig gelesen.
Später durchschaute Canetti klarsichtig die Mittel, die Karl Kraus zu Gebote stan-
den, um seine oft verblüffenden Wirkungen zu erzielen. Canetti nennt sie "Wörtlichkeit und Entsetzen". (15) Was er unter diesen Begriffen versteht kommt in
Kraus' Vorwort zu seinem "Marsdrama", "Die letzten Tage der Menschheit",
zum Ausdruck:

> "Die unwahrscheinlichsten Taten, die hier gemeldet werden,
> sind wirklich geschehen; ich habe gemalt was sie nur taten.
> Die unwahrscheinlichsten Gespräche, die hier ausgeführt
> werden, sind wörtlich gesprochen worden; die grellsten Er-
> findungen sind Zitate. Sätze, deren Wahnwitz unverlierbar
> dem Ohr eingeschrieben ist, wachsen zur Lebensmusik. Das
> Dokument ist Figur; Berichte erstehen als Gestalten, Gestal-
> ten verenden als Leitartikel; das Feuilleton bekam einen
> Mund, der es monologisch von sich gibt; Phrasen stehen auf
> zwei Beinen - Menschen behielten nur eines. " (16)

Alle diese Zitate, abgerissene Sätze und Rufe, die sich in Kraus' Drama zu einem
abgerundeten Ganzen amalgamieren, fanden sich bestätigt in der Wiener Wirklichkeit und wurden von ihm in ihrer "Wörtlichkeit" wiedergegeben. Kraus erfasste
sie im Detail, und er "nahm den Selbstverrat durch die Umgangssprache beim
Wort, erhellte ihr Esperanto als Desperanto der Unwerte". (17) Dank Kraus begann Canetti zu begreifen, "dass der einzelne Mensch eine sprachliche Gestalt
hat, durch die er sich von allen anderen abhebt". (18) Diese Erkenntnis wird zum
Ausgangspunkt von Canettis Sprachtheorie, der "akustischen Maske".
Das "Entsetzen", das Canetti als typisch für das Werk von Karl Kraus erkannte,
packt uns immer wieder bei der Lektüre seines "Monsterdramas". Kraus versteht es, mit sicherem Griff Kontraste zu schaffen, die Bestürzung hervorrufen:

> "Kriegskrüppel neben Kriegsgewinnlern, den blinden Soldaten
> neben dem Offizier, der von ihm salutiert sein will, das edle
> Antlitz des Gehenkten unter der feisten Fratze seines Henkers
> - das sind bei ihm nicht die Dinge, an die uns der Film mit
> seinen billigen Kontrasten gewöhnt hat, sie sind noch von
> ihrem vollen und nie zu stillenden Entsetzen geladen." (19)

Eine weitere Eigenschaft, die sich in Canettis Wesen spiegelt und die er, wie er
selbst glaubt, Karl Kraus zu danken hat, ist sein Sinn für die absolute "Verant-
wortlichkeit". (20) Canettis Gefühl für die Verantwortung, die bei ihm oft wie Besessenheit wirkt, wird in seinem unerschütterlichen Glauben an die verwandelnde
Kraft des Wortes und in der Folge auch in seinem hohen Qualitätsanspruch sichtbar, den er als Massstab an seine eigenen Werke legt. Diese Verantwortung ist
es auch, die ihn veranlasst, noch heute nur zögernd zu publizieren, ein Zeugnis
für seine ethische Auffassung des Schriftstellerberufs.
Die Abkehr von Karl Kraus erfolgte, nachdem Canetti bei sich "eine allgemeine
Einschrumpfung des Willens, selbst zu urteilen" (21) konstatieren musste. Sie
war das Resultat des Anhörens "von zehn oder zwölf Vorlesungen Karl Kraus',
nach ein oder zwei Jahren Lektüre der 'Fackel'". (22) Nach dieser Ernüchterung
begann Canetti selbst nachzuprüfen, was es mit den Verurteilungen durch Kraus
auf sich hatte. Er entzog sich allmählich seiner Einfluss-Sphäre. Selbständig ge-
wählte Lektüre und selbständiges Urteilen lösten ihn aus Kraus' Bann. Zu einer
rigorosen Ablehnung von Karl Kraus kommt er vernünftigerweise jedoch nicht.
Zu vieles hat er seinem Lehrmeister zu danken, einmal die unnachsichtige Art
der Beobachtung, dann die Sensibilität für die Sprache, die in ihm, seiner poly-
glotten Erziehung wegen, freilich schon in gewissem Masse vorhanden war, und
nicht zuletzt auch seine spezifisch satirische Sprachdialektik - alles Voraussetzungen , die ihn erst befähigten, selbständig zu beginnen. Bei Elias Canetti darf
das komplexe Verhältnis zu seinem literarischen Vorbild, Karl Kraus, - die anfänglich kritiklose Bewunderung und die spätere Befreiung und der Widerstand,
in dem sich der junge Schriftsteller bereits artikuliert - als der Beginn eigener
schriftstellerischer Tätigkeit erkannt werden, ähnlich wie etwa Heimito von Doderers Beziehung zum Werk und der Persönlichkeit Alber Paris Güterslohs als
seine Geburt zum Schriftsteller bezeichnet wird.
In die Zeit der literarischen Begegnung mit Karl Kraus fallen auch Kontakte und

Bekanntschaften persönlicher Art. Eng befreundet war Canetti mit dem Bildhauer
Fritz Wotruba, (23) dem er schon in seiner ersten Zeit in Wien begegnet war. Er
schloss Bekanntschaft mit dem Maler-Dichter Oskar Kokoschka, später mit dem
Dramatiker Fritz Hochwälder und dem Romancier Heimito von Doderer, von dem
er sich jedoch in der Folge, seiner politischen Einstellung wegen, distanzierte.
Seit dem Jahre 1932 verband ihn eine dauernde Freundschaft mit Hermann Broch,
zu dessen 50. Geburtstag er eine bemerkenswerte Laudatio hielt. Während seiner
Universitätsjahre lernte er auch seine spätere Frau, Venezia de Calderon, kennen.
Sie entstammte ebenfalls einer angesehenen Sepharden-Familie aus Jugoslawien,
war aber gebürtige Wienerin. Sie genoss wie Canetti eine traditionsreiche Erziehung und war wie er der spaniolischen Sprache mächtig. Diese von Canetti so ver-
ehrte Sprache wurde zu ihrem Intim-Idiom. In tiefer Dankbarkeit und Verehrung
spricht Canetti von seiner Frau:

> "Ich lernte sie als Student in Wien kennen. Sie wurde vom
> ersten Augenblicke an meine Inspiration und beste Hilfe.
> Sie war selbst Schriftstellerin (24) und verstand viel vom
> Metier. Sie war der einzige Mensch, dem ich jedes Kapitel,
> das ich schrieb, vorlas. Sie war mein schärfster Kritiker,
> aber ohne mich mutlos zu machen. Vielleicht war es ein
> grosses Glück, dass sie andere Romanautoren liebte, als
> jene, die ich verehrte. Ihre grossen Romanciers waren
> Tolstoi und Flaubert, meine dagegen Gogol und Stendhal.
> So waren immer zwei Standpunkte da, und es war sehr schön
> und nützlich, von unseren zwei Gesichtspunkten aus zu disku-
> tieren. Aber ich glaube, ihre grösste Eigenschaft war ihre
> Glaubenskraft und Geduld. Ich glaube nicht, dass es ausser
> Frauen Menschen gibt, die einer solchen Geduld und Einfüh-
> lungsgabe überhaupt fähig sind." (25)

Die verständige Kritik und die Ermunterung, die Elias Canetti von Seiten seiner
Gemahlin erfahren durfte, und auch die anregenden Diskussionen im Freundes-
kreis sowie die Abkehr von der masslosen Bewunderung des Phänomens Karl
Kraus, die individuelle Bewusstwerdung, sein universales Interesse, seine Imagination und sein Einfühlungsvermögen dürfen als günstige Voraussetzung für sein
künftiges literarisches Schaffen gedeutet werden.
Nach seiner Promotion, sie erfolgte 1929, etablierte sich Elias Canetti in Wien
als freier Schriftsteller. (26) Um seine materielle Existenz zu sichern, war er
gezwungen Sprachstunden zu erteilen. Einen bürgerlichen Beruf wollte er nicht
ausüben, da er erkannte, dass nur eine Tätigkeit als Schriftsteller seiner Beru-
fung entsprach. Die Ueberzeugung von der hohen ethischen und moralischen Verantwortung des Schriftstellers veranlasste ihn, niemals, auch nicht während der
prekären finanziellen Verhältnisse in der Emigrationszeit, ein Stipendium oder
irgendwelche Unterstützung von öffentlicher oder privater Hand anzunehmen. In
der persönlichen Freiheit und der absoluten Unabhängigkeit erkennt Canetti heute
noch die nötige Voraussetzung zu allem literarischen Schaffen.
In den Jahren 1928 und 1929 weilte er geraume Zeit in Berlin. Er war tief ange-

tan vom literarischen Leben und vom Theaterbetrieb, die diese Stadt damals beherrschten. Er schloss Bekanntschaft mit namhaften Schriftstellern, Publizisten und Verlegern. Aus dieser Zeit datieren auch die ersten Kontakte mit Wieland Herzfelde, dem Gründer und rührigen Leiter des kommunistisch orientierten Malik-Verlags. (27) Herzfelde betraute Canetti mit der Uebersetzung der bekannten Studie über die amerikanische Literatur von Upton Sinclair, (28) in der Folge übertrug Canetti noch zwei Romane dieses Schriftstellers. Die Annahme, Canetti hätte sich den politischen Ansichten Herzfeldes oder Sinclairs angeschlossen, erweist sich als falsch. (29) Die Linkstendenz ist zwar, vornehmlich bei der jüdischen Intelligenz, keine Seltenheit, doch Canettis Drang, alles selbst zu überdenken und zu überprüfen, hält ihn auch hier von jeder dogmatischen Fixierung ab. Sein unbestechliches Streben nach Individualität und persönlicher Wahrheitsfindung bewahrt ihn auch in Zukunft davor, sich einer Richtung zu verpflichten. Er empfand und empfindet diese Uebersetzungsarbeiten - darauf sei mit Nachdruck verwiesen - ausschliesslich als Broterwerb.

Schon während seiner Universitätsjahre verwandte Canetti seine ganze Freizeit auf das Schreiben, und so wurden die Jahre 1924 bis 1929 zur entscheidenden Zeitspanne der Anregung, Konzeption und Uebung. Schon sehr jung begann er - wir erwähnten dies bereits - Gedichte zu schreiben, verwarf sie jedoch bald, griff neue Stoffe auf, die ihn zur Gestaltung reizten, und lehnte die Ausführung wiederum ab. Er fühlte, dass diese Arbeiten zu wenig Eigenständigkeit und Originalität besassen und liess sie liegen. Dann versuchte er sich in Prosa; er schrieb etliche "kurze satirische Stücke, abstruse Erzählungen". (30) An eine Veröffentlichung dieser Arbeiten dachte er jedoch nicht. Canetti mass diesen Versuchen nur den Wert von nötigen Uebungen bei. Trotzdem wird durch diese literarischen Experimente eine Konstante evident, die einen inneren Zusammenhang vermuten lässt, die als Ausdruck konsequent künstlerischer Absicht in allen publizierten Werken der Wienerzeit schaubar wird.

2. "DIE BLENDUNG"

Im vorliegenden Kapitel wird der Versuch unternommen, zu einem wesentlichen Verständnis des ersten publizierten Werks von Elias Canetti zu gelangen. Im kaleidoskopischen Verfahren, das dabei angewendet wird, soll sich die Idee spiegeln, dass sich uns ein Werk in seiner Mannigfaltigkeit nur eröffnet, wenn es aus verschiedenen Perspektiven betrachtet wird.
Vorerst interessiert uns die Entstehungsgeschichte des Romans, dann sollen einige Urteile über das Werk angeführt werden. Darauf wird die Frage aufgeworfen, welche zeitgeschichtlichen Hintergründe zum verspäteten Erfolg Canettis geführt haben. Ausserdem soll eine allgemeine Charakteristik des Romans gegeben werden, ihr folgt eine knappe Inhaltsskizze, die den Leser mit dem Geschehen im Roman konfrontiert. Erst dann können wir unser Augenmerk auf strukturelle Probleme richten. Die Betrachtung einer Sprachtheorie, die ihre Spuren im Roman hinterliess - Canetti nennt sie die "akustische Maske" - sowie eine Untersuchung über den Standpunkt des Erzählers, die uns mit der im Werk angewandten Erzähl-

technik vertraut macht, sollen uns die nötigen Materialien für die Erhellung des
eigenwilligen Buchs bereitstellen. Schliesslich soll eine Deutung des Werks ge-
wagt werden. Um der Gefahr zu entgehen, Canettis Roman nur isoliert zu betrachten, kann es sich dabei nicht nur um eine werkimmanente Interpretation handeln,
sondern um den Versuch einer polyvalenten Interpretation, die den literaturge-
schichtlichen Beziehungsreichtum des Romans aufdeckt.

a) E n t s t e h u n g

Nach Abschluss des Studiums fand Canetti Musse genug, sich ernstlich mit seinen
literarischen Plänen zu befassen. Das erste publizierte Werk war der Roman "Die
Blendung". Der Schöpfungsprozess war ein überaus komplexer Vorgang. Woher
ihm der Stoff für diesen Roman zufiel, an dem sich seine Inspiration entzündete,
und wie die Entfaltung sich vollzog, lässt sich nur in allgemeinen Zügen feststellen. Weil aus dem vollendeten Werk die Spuren, sowohl der Entstehungsgeschichte, als auch der Entwicklung, nicht eruiert werden können, sehen wir uns zur Erhellung dieser Fragen auf den Bericht unseres Autors verwiesen. Zur Genesis
bemerkt Canetti:

> "Ich beschloss eine 'Comédie humaine' an Irren zu schreiben und
> entwarf acht grosse Romane. Jeder von ihnen war um eine extre-
> me Figur angelegt, eine Figur am Rande des Irrsinns. Sie waren
> alle Uebersteigerungen, bestimmte Phänomene der Zeit. Es gab
> einen religiösen Fanatiker darunter, einen technischen Phantasten,
> einen Sammler, einen Verschwender, einen Gegner des Todes,
> den ich den Todfeind nannte, (31) einen gelehrten Pedanten usw.
> Mit diesen Figuren und ihren sehr abwechslungsreichen Schick-
> salen wollte ich die Wirklichkeit wie mit Scheinwerfern von aus-
> sen her, vom Rande her, ableuchten. Es schien mir nicht mehr
> möglich, die Welt mit den üblichen Mitteln des Realismus zu
> erfassen. Sie war sozusagen zu weit auseinandergegangen in al-
> len Richtungen. Ein volles Jahr schrieb ich an diesen Entwürfen,
> an allen durcheinander, je nachdem, welche der Hauptfiguren
> mich eben lockte. Es war geistig das ausschweifendste Jahr mei-
> nes Lebens, eine wunderbare Zeit." (32)

Halten wir zunächst folgendes fest. Canetti konzipiert acht verschiedene Romane,
deren Protagonisten er als Irre bezeichnet. Die Frage, weshalb er als tragende
Figuren seiner geplanten Roman-Reihe darauf verfiel, psychisch erkrankte Menschen zu wählen, gründet in seinem eminenten Interesse an der Psychologie. Ein
zweites Moment, welches ihn in seinem Entschluss nur bestätigen konnte, liegt in
einer topographischen Begebenheit. Canetti wohnte vom Jahre 1927 bis 1933 in
einem hochgelegenen Haus in Wien-Hacking. (33) Zum Kausalzusammenhang, der
zwischen seinem Wohnsitz und der Konzeption seiner Romane besteht, führt er
selbst aus:

> "Auf dem Hügel mir gegenüber, auf der anderen Seite des Tales,

hatte ich einen Anblick vor mir, der mich ... faszinierte ...:
das war die Stadt der Irren, Steinhof. Ich sah die Mauern,
die einzelnen Pavillons, die Kuppel der Kirche von Otto Wagner,
es gab nichts, das ich so deutlich und breit vor meinem Fenster
sehen konnte. Ich wusste, dass Tausende von Menschen da wohnten; ich war drüben zu Besuch und konnte mir darnach von der
ungeheuerlichen Verschiedenartigkeit der Existenz dort eine
beunruhigende und dringliche Vorstellung machen." (34)

In seinem Plan, eine "Comédie humaine an Irren" zu schreiben, führt Canetti "einen gelehrten Pedanten" an. In dieser Person erkennen wir den Protagonisten der
"Blendung", den Sinologen Dr. Peter Kien. Seit dem Sommer 1930 fühlte sich Canetti immer intensiver zu dieser Figur des Philologen hingezogen, und er beschloss,
sich ganz auf sie zu konzentrieren. Damit sein Schaffen zielstrebiger verlief und
er nicht von seiner Fabulierlust übermannt wurde, hatte er ständig Henri Beyle de
Stendhals Roman "Le Rouge et le Noir" bei sich. Dieses Buch bildete für ihn gleichsam eine stilistische Zuchtrute. (35)
Als Sechsundzwanzigjähriger, im Jahre 1931, schloss Canetti diesen Roman - sein
Arbeitstitel lautete "Kant fängt Feuer" (36) - ab. Nur seine engsten Freunde wuss-
ten um die Existenz dieses ungewöhnlichen Werks. Canetti, jeglicher Publizität
abgeneigt, gab es erst 1935 zur Veröffentlichung frei, denn er wollte, wie er selbst
ausführt, "Distanz dazu gewinnen". (37) Dieses Phänomen, eine eigenartige Langsamkeit und Publikationsscheu, ist typisch für Canetti. (38) Sie hängt mit seinem
Entschluss zusammen, ein Buch erst dann zu veröffentlichen, wenn es seinen hohen Anforderungen entspricht. Der tiefere Grund mag wohl darin liegen, dass Canetti in diesem Qualitätsanspruch die einzige Chance des Ueberlebens im Werk
erkennt. Er bemerkt zu diesem Problem:

"Ich möchte meinen Leser ernst nehmen. Mein grösster Wunsch
wäre es, noch in hundert Jahren gelesen zu werden. Das mag
heute lächerlich klingen, mir ist es ganz ernst damit. Uebrigens
hat dieser Wunsch auch grosse praktische Vorteile. Man legt
viel strengere Massstäbe an alles an. Damit es besteht, muss
es besonders gut sein, und das kann ja doch gewiss nicht scha-
den." (39)

Im Jahre 1936 erschien dieser Roman, auf Betreiben Stefan Zweigs, unter dem
Titel "Die Blendung" im Herbert Reichner Verlag, Wien. (40) Man begann vom
Schriftsteller Elias Canetti ernsthaft Kenntnis zu nehmen. In Literaten- und Kri-
tikerkreisen kam dem Roman sogleich die verdiente Beachtung zu. Unter den ersten Pressestimmen finden sich fast ausschliesslich wohlwollende Besprechungen. Unbestechliche Kritiker, Rezensenten und Schriftsteller - Namen von gutem
Klang im literarischen Bereich - setzten sich spontan für Canettis Roman ein.
Thomas Mann, der immer feinsinnige und aufmunternde Worte für junge Talente
fand, war "aufrichtig angetan von der krausen Fülle dieses Romans, dem Debor-
dierenden seiner Phantasie, der gewissen erbitterten Grossartigkeit seines Wurfs,
seiner dichterischen Unerschrockenheit, seiner Traurigkeit und seinem Ueber-

mut." (41) Auch Hermann Hesse fand für den Neuling anerkennende Worte. Mit
Nachdruck rühmt er die artistische Struktur und verweist ebenso auf die beherrschte Erzählweise wie auf die folgerichtige Psychologie, die den Roman auszeichnen.
Hesse meint: "Technisch ist die Erzählung vollkommen gemeistert, die drei Titel
des Romans 'Ein Kopf ohne Welt', 'Kopflose Welt' und 'Welt im Kopf' entwickeln
sich organisch auseinander, und das Gewebe der Einzelschilderungen ist überall
von gleicher Dichte ... Es gibt manchen Erzähler, den ich als Dichter viel höher
stelle und der an diesem Autor viel lernen könnte - soweit eben das Dichten er-
lernbar ist ..." (42)
Hermann Broch hob in einer einleitenden Ansprache, die einer Lesung Canettis
aus seinem Roman veranging "besonders die abstrakte Seelenlandschaft dieser
Dichtung" hervor und fuhr fort: "Damit ist nicht gesagt, dass seine Gestalten na-
turentfernt seien. Sie sind vielmehr von intensiver, intensivster, ja beinahe von
dämonischer Lebenserfülltheit. Es ist eine besondere Intensität des Sachlichen,
die angestrebt und erreicht wird, ein Aufbau der Gestalt aus der Logik ihres Seins,
die gleichzeitig die übergeordnete Logik der Gesamtheit ist und von dieser ihre
unverbrüchliche und feste Lebensgeltung erfährt." (43)
Aber nicht nur in Kritiken, Rezensionen und Vorträgen ist ein erstaunliches Echo
wahrnehmbar. Auch in der Privatkorrespondenz von Schriftstellern, in der sich
genug Raum fände, eifersüchtige Seitenhiebe auf Kollegen auszuteilen, wird Bewunderung für Canettis Werk fühlbar. So schreibt der Prager Lyriker Franz Baermann Steiner an Paul Brüll: "Haben Sie Canettis "Blendung" gelesen? Das ist so
ziemlich das grauenhafteste Buch, das ich kenne. Wenig Bücher der letzten Jahre
haben einen solchen Eindruck auf mich gemacht. Ein grosses Kunstwerk! ..."
(44)
Eine aufschlussreiche Analyse fand Canettis Werk 1936 in der "Frankfurter Zeitung". (45) Die Besprechung des Rezensenten, Peter von Haselberg - in Diktion
und Dialektik Georg Lukàcs verpflichtet - ist in zweifachem Sinne bemerkenswert.
Einmal war sie wohl eine der letzten freien und objektiven Meinungsäusserungen
eines jüdischen Rezensenten über das Werk eines jüdischen Schriftstellers, bevor
Hitler die deutsche Presse mundtot gemacht oder gleichgeschaltet hatte, und zweitens wurde in dieser Besprechung der erste Versuch unternommen, dieses recht
eigenwillige Werk einer bestimmten Richtung zuzuweisen. Haselbergs Feststellung,
dass "gleichsam der Schritt über den Ulysses von Joyce ... mit dem Roman Canettis getan sei," (46) muss widersprochen werden, denn solche Fixierungen sind
eher dazu angetan, Verwirrung zu stiften, als zu klären. Der Unterschied der
Technik in James Joyce' "Ulysses" und Canettis "Blendung" lässt sich zwar nicht
auf den ersten Anblick hin feststellen, denn, flüchtig besehen, arbeiten beide mit
denselben Mitteln, mit der Darstellung des "stream of consciousness", dem "inneren Monolog" der Figuren. Bei Joyce ist der "innere Monolog" ein Gestaltungs-
mittel, das in letzter Konsequenz den Erzähler ausklammert. Bei Canetti hingegen ist der Erzähler existent und erfüllt eine ihm zugewiesene Aufgabe. Wenn Canetti das freie Spiel der Assoziationen seiner einzelnen Figuren gestaltet, so ist
der Monolog bis ins Detail hinein exakt konzipiert und dem Intelligenzgrad, der
Tätigkeit und dem Typ des Assoziierenden angepasst. Diese Probleme sollen hier
nur gestreift werden, sie finden ihre genaue Analyse im Kapitel "Akustische Maske".

Im weiteren unterscheiden sich Joyce und Canetti wesentlich in ihrer Einstellung zur Sprache voneinander. Es ist kennzeichnend für Joyce' Prosa und seine artistische Manier, dass er oft Wörter erfindet oder bestehende Wörter willentlich verkürzt, um bestimmte Effekte zu erzielen. Ein solches Unterfangen ist Canetti fremd. Seine ausgeprägte Ehrfurcht vor Worten - eine Frucht der Sprachzucht Karl Kraus' - verbietet ihm derartige Experimente. Canetti selbst hat diesen Unterschied zwischen der Prosa von James Joyce und seiner eigenen in einer Eintragung vom Jahre 1947 wie folgt charakterisiert:

> "Ich habe auch eine andere Art Respekt vor Worten. Ihre Integrität ist mir beinahe heilig. Es widerstrebt mir, sie zu zerschneiden, und selbst ihre älteren Formen, solche, die wirklich gebraucht wurden, flössen mir Scheu ein, ich lasse mich mit ihnen nicht gern auf heillose Abenteuer ein. Das Unheimliche, das in den Worten enthalten ist, ihr Herz, will ich ihnen nicht herausreissen wie ein mexikanischer Opferpriester; diese blutigen Manieren sind mir verhasst. Es soll sich nur an Gestalten darstellen, immer nur auf sie bezogen, nie auf Worte unter sich. Worte allein, ohne den Mund, der sie ausgesprochen hat, haben für mich etwas Schwindelhaftes ..." (47)

Die abschliessende Erkenntnis aus Haselbergs Untersuchung - Fried zitiert sie in der Einleitung zum Auswahlbändchen "Welt im Kopf" aus unersichtlichen Gründen komprimiert und oft in willkürlicher Abfolge - (48) lauten in extenso: "In der 'Blendung' wird die Grenze zwischen den Vorgängen und den Phantasien dauernd, gleichsam experimentierend verschoben; die drei Abschnitte des Romans sind betitelt: 'Ein Kopf ohne Welt', 'Kopflose Welt' und 'Welt im Kopf' ... Zweierlei charakterisiert diesen Hexensabbath: eine ungeheure Spannung, die auch dem Leser sich mitteilt, und das völlige Fehlen liebevoller, menschlicher Züge ... Was der realistische Roman nie darzustellen vermochte, die verfliessende Grenze zwischen Geschehenem und Erlebtem und die Uebermacht der Umwelt, die der Mensch selber sich errichtet und die ihm dann fremd erscheint, feindlich und immer weiter wachsend, das versucht der Roman Canettis an einem neuen Fall und mit extremen Mitteln sichtbar zu machen ... Es ist fraglich, ob hier eine Grenze der Kunstform Roman erreicht ist oder vielleicht ein Weg zu neuen Möglichkeiten." (49)

Die Zusammenstellung dieser positiven Urteile aus Rezensionen, Kritiken und Briefen - Meinungen also aus der Oeffentlichkeit und der privaten Sphäre - legen die Vermutung nahe, Canetti sei mit diesem seinem ersten Roman der Durchbruch zum Erfolg gelungen. Das entspricht nicht den Tatsachen. Der Name Elias Canetti blieb trotz all dieser Anerkennung ein "Geheimtip" (50) und ist nicht in das Bewusstsein einer breiteren Oeffentlichkeit gedrungen. Der Gründe, weshalb diesem Werk die allgemeine Wertschätzung versagt blieb, sind viele. Einmal liegen sie im Roman selbst. Die unerbittliche, harte Darstellung eines oft ungeheuerlichen und abstrusen Geschehens, die Bankrott-Erklärung des reinen Intellekts, die ätzend scharfe Satire und die unverhohlene Gesellschaftskritik widerstreben dem etablierten Erfolgsschema des mittelmässigen und leichtverkäuflichen Romans.

Weitere Ursachen sind in der politischen Entwicklung dieser Zeit zu finden. (51)
Canetti gehört zu jenen österreichischen Autoren, die Otto Basil "die Generation
mit dem namenlosen Antlitz" nannte und die Ernst Schönwiese treffend als "die
verlorene Generation" charakterisierte. Es sind jene Schriftsteller, welche die
Auflösung des Nationalitätenstaates erlebten und die erst "nach seinem Zusammenbruch zu veröffentlichen begannen und - als die Zeit des Erfolges und der
Ernte für sie reif zu werden begann - erleben mussten, wie ihnen durch die Herrschaft des Faschismus und durch den zweiten Weltkrieg gerade diese Jahre verloren gingen. Es sind vor allem diese Autoren, die gleichsam 'übersprungen' wurden, denn nach dem zweiten Weltkrieg setzte sich mehr und mehr die Tendenz
durch, einerseits die ganz Alten, längst Arrivierten neu zu rezipieren, andererseits jedoch sich den ganz Jungen, den ganz Neuen zuzuwenden." (52)
Die nachhaltige Wirkung Canettis begann sich erst allmählich, vom Ausland her,
abzuzeichnen. Die paradoxe Situation, dass das Werk eines deutschsprachigen
Autors erst durch Uebersetzungen an Ansehen gewinnt und erst, nachdem sich
sein Schaffen im Ausland bewährt hat, bei uns seine ihm gebührende Anerkennung
findet, ist besonders bei österreichischen Schriftstellern kein singuläres Phänomen. Man denke hier beispielsweise an Broch, dessen "Tod des Vergil" erst
nach dem Erfolg der englischen Ausgabe 1945 in New York, im deutschen Sprachraum eine gewisse Resonanz fand. Aehnlich verhält es sich mit der Verbreitung
der Werke Kafkas. Zum tieferen Verständnis Kafkas musste das Organ des breiten Publikums durch empirische Leiderfahrungen der Angst, des Grauens, der
eigenen Unsicherheit, geschärft werden. Erst nachdem die Schrecken des zweiten Weltkrieges zu generellem Erlebnisgut geworden waren, konnte die allgemein
gültige Symbolik der Werke Brochs, Kafkas und Canettis erkannt werden.

b)   B e s c h r e i b u n g

Obwohl die "Blendung" das publizierte Erstlingswerk Canettis ist, zeugt dieser
Roman von einer erstaunlichen Reife. Mit Ausnahme der so völlig andersgearte-
ten "Buddenbrocks" - Thomas Mann schrieb diesen Familienroman im gleichen
Alter wie Elias Canetti seine "Blendung" - gibt es in der modernen deutschen Ro-
manliteratur kaum Werke, die als Beleg für eine derartige Frühreife genannt
werden können. In diesem Romanerstling findet sich, oberflächlich angedeutet,
schon alles, was im späteren Schaffen unseres Autors von Bedeutung ist.
Die Welt der "Blendung" ist real und doch gleichzeitig unwirklich. Mit dem Fortschreiten der Handlung weicht dieser Realismus phantastischen Begebenheiten.
Die anfänglich vertrauten Figuren erscheinen bald überzeichnet und mehr und
mehr unwirklich, ja grotesk in ihrer Gestalt und ihrem Tun. Das reale Fundament löst sich auf, und das Geschehen stösst vor in die weiten Sphären des Sym-
bolischen und Surrealen.
In stilistischer und sprachlicher Hinsicht ist der vielschichtige Roman kaum zu
erfassen. Wir begegnen in der "Blendung" Epik und Dramatik, bemerken deskrip-
tive, "imaginative" und symbolische Sprachformen. Bald überwiegt sachliche Prosa, bald wirken dramatische Fermente. Einmal überwiegen psychologische Moti-
vationen, dann soziologische Erkenntnisse, da Sinneneindruck, da Dialektik.
Traum - Wahn - Bildwelt - Phantasmagorie und Tatsachenbericht, dann wieder

sinnenhafter Wortzauber oder begriffliche Sprachgewalt - alle diese Elemente in ihrer Gesamtheit bewirken die unerhörte Dichte und suggestive Atmosphäre, die den Roman auszeichnen.

Dieses Fluktuieren zwischen Wirklichkeit und Unwirklichkeit wehrt sich dagegen, ein nacktes Handlungsgerüst erkennen zu lassen. Ebenso ist es der ausserordentliche Gestalten- und Gedankenreichtum, der es nahezu unmöglich macht, die Fabel der "Blendung" nachzuerzählen. Besinnen wir uns auf das äussere Geschehen, so erkennen wir, dass die Eigenart dieses Werks weniger auf Handlung als auf Schilderung gründet. Der Versuch, den inneren Gehalt durch eine gedrängte Inhaltsangabe erfassen zu wollen, ist wohl zum Scheitern verurteilt, denn es will nicht gelingen, die einzigartige, bedrückende Atmosphäre einzufangen. Eine geraffte Nacherzählung, welche sich nur an äussere Fakten hält, bedeutet gewichtigen Substanzverlust. Um aber dem Leser eine Orientierung zu ermöglichen, sei versucht, die Fabel im Groben nachzuzeichnen.

Der Romanheld, Dr. Peter Kien, ein wortkarger Privatgelehrter, ist Sinologe, eine weltbekannte Kapazität dieses extremen Wissenschaftszweigs. Kien, vierzigjährig, lebt in totaler Abgeschlossenheit von der Welt. Seine einzigen Interessen sind das Studium und seine Bücher. Er vegetiert in einer voluminösen Bibliothek, deren Regale über 25000 Bände stapeln. Kiens Kontrakte zu seiner Umwelt sind auf ein Mindestmass reduziert. Zugang zur Welt findet er nur über die Bücher, und diese Bücher wiederum bedeuten seine Welt. Wünscht der Gelehrte Gesellschaft, so unterhält er sich mit seinen Büchern. In diesem Haushalt lebt auch eine Wirtschafterin, Therese Krumbholz, eine betont rechtschaffene, sechsundfünfzigjährige Jungfer. Sie, die ihre Dienste schon acht Jahre bei Kien versieht, fällt ihm besonders positiv auf durch ihre gewissenhafte Sorgfalt, mit der sie seine Lieblinge, die Bücher umhegt. Kiens Tragödie beginnt, als er sich, zum Wohle seiner Bibliothek, zu einer Ehe mit Therese betrügt. Nach der Vermählung nimmt Therese, die uns zuerst als harmlos und unterwürfig erscheint, von Kapitel zu Kapitel monströsere Formen und Eigenschaften an; dumm, habgierig, eitel und selbstgefällig drängt sie den Gelehrten zusehends in die Defensive. Nachdem sie erfahren hat, dass Kien keineswegs so reich ist, wie sie sich ausgemalt, misshandelt sie ihn. Kien, von Grauen und Furcht vor seiner Gemahlin erfasst, flieht aus seinem Heim.

Obdachlos, mit einigem Geld versehen, fällt der kontaktarme und weltfremde Sinologe einem geriebenen und habgierigen Zwerg namens Fischerle in die Hände. Von seinen geliebten Büchern getrennt, ist Kien fortan von der fixen Idee besessen, er trage seine Bibliothek im Kopf bei sich. Fischerle, ein Parasit, und vermeintliches Schachgenie, gelingt es, Kiens Vertrauen zu gewinnen und sich unentbehrlich zu machen. Schamlos nutzt der bucklige Gnom seinen Herrn aus. Nachdem Kiens Bankkonto dank Fischerles Listen erschöpft ist, überlässt er ihn Benedikt Pfaff, einem pensionierten Polizisten, der an Kiens vormaligen Wohnort den Dienst als Hausbesorger versieht. Dieser nützt nun Kiens lamentablen Zustand aus, um seinen pervertierten, brutalen Machttrieb am Gelehrten zu befriedigen.

Nach all den erniedrigenden und fatalen Martyrien, die Kien durchlitten hat, erscheint sein Bruder Georg, ein Irrenarzt. Er stellt die alte Ordnung wieder her, entfernt die Wirtschafterin und den Hausbesorger aus des Sinologen Umwelt und installiert diesen wiederum in seiner Bibliothek. Die Welt scheint durch das Ein-

greifen des Psychiaters geheilt. Doch plötzlich schichtet Kien, von Wahnideen gequält, seine abgöttisch geliebten Bücher zu einem Haufen, legt Feuer und kommt
in den Flammen um.

c) Struktur

Von einem vorwiegend intellektuellen Künstler wie Elias Canetti, einem Schriftsteller, der dem Schaffen aus dem reinen Empfinden, aus der spontanen Eingebung
heraus mit gesundem Skeptizismus gegenübersteht, kurz von einem Schriftsteller,
der nach Nietzsche einem "Artisten" entspricht, erwarten wir mit Recht, dass er
eine klare, übersichtlich geordnete Gliederung in seinem Werk anstrebt. Dieser
Erwartung wird Canetti in seiner "Blendung" nur teilweise gerecht. Das besagt
jedoch nicht, im Roman herrsche Willkür; denn das Streben nach Bändigung der
grossen epischen Fülle ist wohl spürbar, aber nicht befriedigend realisiert.
Der äusseren Form nach unterteilt Canetti seinen Roman in drei Hauptabschnitte.
Jeder dieser Teile zerfällt wiederum in einzelne Kapitel. Der erste Abschnitt teilt
sich in vierzehn, der zweite Teil in zehn und der dritte in sechs Kapitel. Diese
rein statistische Bestandesaufnahme zeigt uns nur, dass in den drei Teilen die
Anzahl der einzelnen Kapitel kleiner wird - über den Umfang der einzelnen Abschnitte sagt dieses Inventar nichts aus.
Die "Blendung" lässt sich in ihrer äusseren Form mit einem Triptychon verglei-
chen. Die einzelnen Flügel - wenn wir bei unserem Vergleich bleiben wollen -
sind so überschrieben, dass sie in ihrer jeweiligen Abfolge das Geschehen in einem Bilde charakterisieren. Betrachten wir die Abschnitte genauer, so stellen
wir fest, dass diese Ueberschriften vom Protagonisten Dr. Peter Kien her konzipiert sind und dass sie in direktem Bezug zu den beiden sich rivalisierenden Sphären des Romans stehen, nämlich dem "Kopf" und der "Welt".
Der erste Teil ist überschrieben "Ein Kopf ohne Welt". Der Titel entspricht genau
dem Romangeschehen dieses Abschnittes: Kien, der Kopf, lebt in absoluter Isolation von der Welt. Ein Gelehrter im elfenbeinernen Turm. Der Mittelteil trägt der
Handlung gemäss die Ueberschrift "Kopflose Welt", denn der Romanheld, seiner
Wohnung und seiner Bibliothek verlustig gegangen, irrt nun "kopflos" in der ihm
fremden Umwelt umher. Im dritten und letzten Hauptabschnitt "Welt im Kopf" zeigt
es sich, dass Kien zwar wiederum in seine Welt, in die Welt der Bücher nämlich,
zurückgekehrt ist, dass er sich aber, durch das "Weltliche" infiziert, in seiner
Welt nicht mehr zurechtfindet und scheitern muss.
Die einzelnen Hauptabschnitte divergieren in quantitativer und qualitativer Hinsicht
beträchtlich. Der erste Teil "Ein Kopf ohne Welt" wirkt durchaus homogen. Wir
werden mit der Handlung und den agierenden Figuren sachlich vertraut gemacht.
Die epische Komposition - durchwirkt von dramatischen Fermenten - ist von be-
zwingender Dichte. Das Material ist konsequent verarbeitet "und es ist messer-
scharf und oftmals brillant formuliert". (53) Der zweite Teil "Kopflose Welt" übertrifft an Umfang, nicht aber an Qualität den ersten. In ihm zerfällt das Geschehen
in einzelne Episoden. Das Erzählen wirkt additiv, das sonst so sichere Gefühl der
Komposition scheint Canetti abhanden gekommen zu sein. Das "debordierende seiner Phantasie" (Thomas Mann) wird zum Fallstrick für den Autor. Die Fabulierlust übermannt Canetti förmlich, (54) und die Handlung fächert in Szenen auf. Der

dritte Teil "Welt im Kopf" mag einer Prüfung noch weniger standzuhalten. Dem Autor geht der epische Atem vollends aus. Die vordem noch einigermassen geschlossene Form erscheint gesprengt, und fragmentarische Eigenart wird zum Kennzeichen dieses nur noch kurzen Teils. Vom notwendig fragmentarischen Charakter, den Georg Lukàcs für den grossen Roman fordert, kann hier kaum gesprochen werden, denn diese Eigenart resultiert aus unmotivierter Aufschichtung von Materialien, die nicht mehr verarbeitet werden können und die nur in bedingter Kohärenz mit dem Gesamtgeschehen des Romans stehen. In diesem Teil liegt "zu heftig ... der Soziologe und Ethnologe im Kampf mit dem Künstler" (55), wie Günter Blöcker treffend bemerkt. Canettis Erkenntnisse über die Phänomene der Masse, ebenso seine Ideen über die Welt der Irren (56) sind gewiss bemerkenswert, hier aber werden sie in allzu theoretischer, oft sogar doktrinärer Form aus dem Munde der Figuren oder vom reflektierenden Erzähler vorgetragen und daher vom Leser kaum mehr rezipiert.

Wenn wir unsere Aufmerksamkeit den einzelnen Titeln, die im Roman Verwendung finden, zuwenden, gelangen wir nach eingehender Untersuchung zu wesentlich positiveren Resultaten.

Ganz allgemein entspricht die Setzung eines Titels über einzelne Kapitel dem künstlerischen Bestreben, die Erzählfolgen nicht nur mit abstrakten Zahlenbegriffen zu bezeichnen, sondern sie konkret, durch knappe Charakterisierung voneinander abzuheben. Dabei sollte der Titel organisch wirken, d.h., er muss sich den Gesetzen der Komposition unterordnen. Keinesfalls aber darf eine Ueberschrift die Spannung beeinträchtigen. Sie sollte in klarer Beziehung zum Inhalt eines Abschnittes oder Kapitels stehen, damit durch sie nicht die Einfühlung oder das Interesse des Lesers irregeleitet wird. Darum sind jene Titel am besten, welche die Spannung im Leser zu erhöhen vermögen, ja ihn unmittelbar zur Lektüre anreizen. Für eine genaue Untersuchung der Titel in der "Blendung" kommen einerseits die Hauptüberschriften der drei Romanteile in Betracht - diese haben wir bereits interpretiert und in ihnen eine erstaunliche künstlerische Konzeption festgestellt - andererseits aber auch die eigentlichen Kapitelüberschriften. Bei letzteren lassen sich mannigfache Absichten erkennen, nach welchen die Titelsetzung vorgenommen wurde. Zum besseren Verständnis unseres Vorgehens werden zum Vergleich zwei in ihrer Titelgebung extrem gegensätzliche Romane beigezogen.

Die wohl grösste Zahl der Ueberschriften, denen wir in Romanen begegnen ist o b j e k t i v - z u s a m m e n f a s s e n d e r Art. Mit einigen Worten soll dem Leser das Geschehen angedeutet werden. Solche Titel finden sich besonders ausgeprägt in Alfred Döblins Roman "Berlin Alexanderplatz". So klärt zum Beispiel der Titel "Sieg auf der ganzen Linie! - Franz Biberkopf kauft ein Kalbsfilet" (57) den Leser nur andeutungsweise über die zu erwatende Handlung dieses Kapitels auf; die Spannung auf das Geschehen bleibt gewahrt. In Canettis "Blendung" treten diese objektiv-zusammenfassenden Ueberschriften häufig auf. Im Vergleich zu Döblins Werk, erscheinen sie kürzer und komprimierter. Gleich die erste Kapitelüberschrift "Der Spaziergang" kann der genannten Kategorie zugeordnet werden.

In Titeln wie "Konfuzius, ein Ehestifter", "Liebste Gnädigste" und "Listenreicher Odysseus" kommt zum Willen des Orientierens noch ein Moment hinzu. Ironie und Satire scheint auf. Als paradigmatisch für die Art von Titeln, in denen Satire spürbar wird, muss das Kapitel "Der gute Vater" genannt werden. Die Handlung steht genau im Gegensatz zur Aussage des Titels. Hier ist es nicht der "gute Vater", der agiert, sondern ein monströser Unhold treibt sein perverses Spiel. Durch solche Kapitelüberschriften wird der Leser vom Autor bewusst irregeleitet, aber erst retrospektiv wird ihm klar, dass er vom Verfasser gegängelt wurde. Diese Titel erfordern vom Autor ein ausgesprochenes Organ für die Doppeldeutigkeit der Worte und dürfen als effektvoller Kunstgriff erkannt werden.

Wesentlich anders geartet sind die s t i c h w o r t a r t i g e n Titel. Mit einem einzigen Wort wird dabei versucht, die zentralen Vorgänge zu erfassen. Sie finden sich häufig bei Gustav Meyrink. In seinem Roman "Der Golem" (58) begegnen wir ausschliesslich dem genannten Typus, hier reduziert auf einsilbige Wörter. Kapitelüberschriften wie etwa "Punch", "Nacht", "Spuk", sind sehr dazu angetan, traumhafte Spannung zu erzeugen. Der Informationswert dieser Titel ist zwar gering, ihre Vieldeutigkeit aber kann den Leser zur Lektüre animieren. Solchen Ueberschriften, die nur durch ein Kernwort das Geschehen eines Kapitels in knappester und gedrängtester Form, punktuell aufscheinen lassen, begegnen wir in der "Blendung" oft. Zu ihnen gehören "Prügel", "Enthüllungen", "Verhungert", "Hosen" und "Umweg".

Auch e n i g m a t i s c h e Titel, solche die dem Leser gewissermassen ein Rätsel aufgeben, zeichnen die "Blendung" aus. Diese Ueberschriften bewirken eine gewisse Unsicherheit, stacheln zum Lesen an, denn die Spannung, die durch einen enigmatischen Titel erzeugt wird, ist im Grunde die gleiche, die den Anreiz zur Lösung eines Rätsels bildet. Schon die zitierten Titel der drei Romanteile "Ein Kopf ohne Welt", "Kopflose Welt" und "Welt im Kopf" sind diesem Typus beizuordnen. Ueberschriften wie "Das Geheimnis", "Die Erstarrung" und etwa "Die Erfüllung" zeichnen sich ebenfalls durch ihren enigmatischen Charakter aus.

Ganz allgemein konstatieren wir, dass Canetti auch Detailfragen - und Titel sind es gewiss - die höchste Aufmerksamkeit angedeihen lässt. Er beschränkt sich nicht auf eine der zitierten Titelarten, sondern wählt mit sicherem Kunstverstand jene, die ihm für ein Kapitel angemessen erscheint.

Abschliessend sollen zur Struktur der "Blendung", die, wie wir festgestellt haben, nicht durchwegs zu befriedigen vermag, noch einige, nicht unwesentliche Fakten berücksichtigt werden, die zum Qualitätsgefälle geführt haben mögen. Canetti schrieb die "Blendung" mit sechsundzwanzig Jahren. Sie stellt einen Teil einer projektierten, achtteiligen, nicht ausgeführten Romanfolge dar. Auf die Vollendung der restlichen sieben Romane verzichtete Canetti, nachdem ihn die Figur des Philologen derart faszinierte. Die bereits vorhandenen Materialien für die restlichen Bücher, das eine oder andere Thema, diese oder jene Figur, übernahm er und verwob sie in das Romangeschehen der "Blendung". Diese etwas fragwürdige Konstruktion ist seiner Jugend zuzuschreiben, die einerseits die Arbeitsdisziplin, wie sie den späteren Canetti kennzeichnet, noch nicht kannte und andererseits die heute bewusst objektiv-distanzierende Haltung gegenüber dem Stoff noch nicht einnahm. Diese Erkenntnis führt zum Schluss, dass Canetti in der "Blendung" der Fülle des Stoffes unterlag, dass sein damaliges Gestaltungsvermögen, das selbst Einzelheiten erfasst, eher dazu angetan gewesen wäre, Kleinprosa durchzuformen.

Eine Untersuchung von "Masse und Macht" zeigt, dass unsere Feststellung keine

Spekulation ist, denn in diesem Werk des gereiften Autors begegnen wir einer
Stoffülle, die in der Darstellung nun in knappe Einzelschilderungen umstrukturiert
ist, die wie novellistische Einschübe wirken und die Lektüre zu einem unvergess-
lichen Erlebnis werden lassen. Auch die jüngste Publikation Canettis, "Die Stimmen von Marrakesch", eignen sich vorzüglich zur Stützung unserer Feststellung,
denn dieser Erlebnisbericht wird nicht in epischer Breite vorgetragen, sondern
er gleicht in seiner Form durchkonzipierter Kleinprosa und gewinnt dadurch wesentlich an Leichtigkeit, Anmut und dichterischem Wert.

d) "Akustische Maske"

Jede Figur, die in Canettis Werken auftritt, sowohl in der "Blendung", als auch
in den Dramen, zeichnet sich durch ihre individuelle, unverwechselbare Sprache
aus. Canetti nennt diese Sprechweise seiner Typen die "akustische Maske". Wenn
wir zu einem tieferen Verständnis seines schriftstellerischen Schaffens vordrin-
gen wollen, so ist es unerlässlich, dass wir uns eingehend mit dem Terminus der
"akustischen Maske" befassen.
Im April 1937 trat Canetti zum ersten Mal mit diesem Begriff an die Oeffentlichkeit. Anlass dazu bot ein Gespräch, das er mit einem Mitarbeiter der Wiener
Zeitung "Der Sonntag" führte. Diesem Interview kommt nicht nur rein dokumentarischer Wert zu, denn in ihm werden von Canetti die erforderlichen Voraussetzungen geschaffen, die zum Begreifen seiner Sprachtheorie und zum Verständnis
seines Werks nötig sind. Weil der Verfasser von der Bedeutung dieses Dokumentes überzeugt ist und sich Canettis Ausführungen an heute schwer zugänglicher
Stelle publiziert finden, wollen sie in extenso zitiert sein. (59)

> "Das Drama lebt auf eine ganz eigene Art in der Sprache. Fast
> könnte man, wenn es nicht so missverständlich wäre, sagen:
> es lebt in den Sprachen. Denn für das wichtigste Element
> dramatischer Gestaltung halte ich die "akustische Maske".
> Es ist nicht leicht, diesen Begriff in wenigen Sätzen klar zu
> fassen. Ich muss dabei Gedanken streifen, die mich seit
> Jahren beschäftigen und die ich in einem grösseren Werk
> über das Wesen des Dramas der Oeffentlichkeit vorzulegen
> gedenke.
> Gehen Sie in ein Volkslokal, etwa das allbekannte O.K. (60),
> setzen Sie sich an irgend einen Tisch und machen Sie die
> Bekanntschaft eines Ihnen wildfremden Menschen. Am Anfang
> werden Sie nicht umhin können, ihn mit einigen entgegenkom-
> menden Sätzen aufzumuntern. Sobald er aber richtig ins Spre-
> chen gekommen ist - und er wird gerne sprechen, dazu geht er
> ins O.K. - halten Sie einmal konsequent den Mund und hören
> Sie ihn sich einige Minuten hindurch genau an. Unternehmen
> Sie keinerlei Versuch, ihn zu verstehen, forschen Sie nicht
> nach dem, was er meint, fühlen Sie sich nicht in ihn ein -
> achten Sie ganz einfach auf das Aeussere seiner Worte. Dieser
> Rat soll ja beileibe nicht für immer gelten. Er dient nur dazu,

ein für allemal und möglichst rasch das zu erleben, was soeben als akustische Maske bezeichnet wurde.

Da werden Sie nun finden, dass Ihr neuer Bekannter eine ganz eigentümliche Art des Sprechens an sich hat. Es genügt nicht festzustellen: er spricht Deutsch oder er spricht im Dialekt, das tun alle oder die meisten Menschen in diesem Lokal. Nein, seine Sprechweise ist einmalig und unverwechselbar. Sie hat ihre eigene Tonhöhe und Geschwindigkeit, sie hat ihren eigenen Rhythmus. Er hebt die Sätze wenig voneinander ab. Bestimmte Worte und Wendungen kehren immer wieder. Ueberhaupt besteht seine Sprache aus nur fünfhundert Worten. Er behilft sich recht gewandt damit. Es sind seine fünfhundert Worte. Ein anderer, auch wortarm, spricht andere fünfhundert. Sie können ihn, wenn Sie ihm gut zugehört haben, das nächste Mal an seiner Sprache erkennen, ohne ihn zu sehen. Er ist im Sprechen so sehr Gestalt geworden, nach allen Seiten hin deutlich abgegrenzt, von allen übrigen Menschen verschieden, wie etwa in seiner Physiognomie, die ja auch einmalig ist. Diese sprachliche Gestalt eines Menschen, das Gleichbleibende seines Sprechens, diese Sprache, die mit ihm entstanden ist, die er für sich allein hat, die nur mit ihm vergehen wird, nenne ich seine akustische Maske.

Es soll nun damit nicht gesagt sein, dass der Dramatiker als wandelnder Phonograph zu existieren habe, der die Sprechweisemöglichkeiten vieler Menschen registriert und dann je nach Bedarf, aus der vorhandenen Kollektion von akustischen Masken Dramen zusammensetzt. Das wäre ja nun wieder eine der zahlreichen Formen mechanischer Abschreiberei des Lebens, die an sich mit Kunst nicht das mindeste zu tun haben. Aber hören muss der Dramatiker schon können; er muss ein gerüttetes Mass sprachlichen Lebens in sich haben; in ihm muss sich das Gehörte gründlich mischen und gründlich wieder sondern, damit die Gestalten, die zu ihrer Zeit entstehen, eben in ihrer akustischen Maske deutlich und wirksam sind. " (61)

Wenn wir Canettis Ausführungen überschauen, so wird verständlich, dass er, analog zu Nestroy etwa, seine Figuren von ihrer individuell geprägten Sprache her begreifen will. Um diese Prämissen erfüllen zu können, benötigt der Schriftsteller ein ausgeprägtes Beobachtungstalent - er muss wie Martin Luther sagt, "... dem gemeinen Mann auf dem Markt ... aufs Maul sehen ..." (62) - und konsequenterweise, über ein ausserordentliches akustisches Talent verfügen. Sein Ohr muss für Tonmodulationen, Rhythmus der Sprache, Sprechgeschwindigkeit und Spracheigentümlichkeiten empfänglich sein. Bei Canetti sind diese Voraussetzungen durch sein genuines Verhältnis zur Sprache gegeben und durch die Sprachzucht bei Karl Kraus noch erheblich verstärkt worden.

Mit dieser seiner Theorie arbeitet Canetti aber nicht nur in seinen Dramen, auch in der "Blendung" scheinen die Figuren in ihren "akustischen Masken" zu leben. Es mag bedenklich stimmen, wenn eine Theorie, die nur für das Drama entworfen scheint, auf das Gebiet der Epik übertragen wird. Bei Canetti aber sind die Grenzen zwischen den beiden literarischen Gattungen fluktuierend. Auf die Frage Horst Bieneks, dem es auffiel, wie eng Canetti den Begriff des Dramatikers mit dem des Romanciers verbindet, antwortet er:

> "Ich nehme jede der Gattungen, in denen ich mich versuche, sehr ernst und wünsche mir, etwas zustande zu bringen, was so vorher noch nie da war. A b e r i c h g l a u b e , e s i s t i m K e r n a l l e s , w a s i c h m a c h e , d r a m a t i - s c h e r N a t u r . Damit hängt wohl auch zusammen, dass ich am liebsten Dramen schreibe." (63)

Bei der Betrachtung der "Blendung" haben wir schon mehrfach auf die dramatischen Morpheme verwiesen, die im Roman fühlbar werden. In diesem finden wir neben beschreibender Prosa häufig die "direkte Rede" - kennzeichnend für sie ist ihre spontane und dramatische Wirkung - daneben erscheint an vielen Stellen die "indirekte Rede" - sie schafft den Eindruck einer leichten Verschleierung. Diese "indirekte Rede" wird bei Canetti aber meist in die "erlebte Rede" oder in den "innern Monolog" umfunktioniert. Der "innere Monolog" verselbständigt sich bei Canetti jedoch nicht zum alleinigen Gestaltungsprinzip, wie wir ihn am Schluss des "Ulysses" von James Joyce oder auch bei Virginia Woolf finden; bei diesen Autoren wird der "innere Monolog" zum Bewusstseinsstrom der Figuren, und, wenn die epische Distanz gänzlich verlassen wird, zum "stream of consciousness" des Erzählers selbst. Hier kommt es zur totalen Identifikation des Betrachters mit dem Gegenstand seiner Betrachtung. Dieser Verlust der epischen Distanz führt zu einer völligen Lyrisierung des Romans. Das erkannte Hermann Broch, wenn er in einer Selbstrezension über sein Werk "Der Tod des Vergil" ausführt: "Das Brochsche Buch ist ein innerer Monolog und demgemäss als ein lyrisches Buch anzusehen." (64)
Canetti ist sich bewusst, dass es nicht mehr ausreicht "die Welt mit den üblichen Mitteln des Realismus zu erfassen". (65) Daher sucht er nach neuen stilistischen Möglichkeiten. In diesem Willen wird ein typisches österreichisches Phänomen manifest, denn die österreichischen Schriftsteller haben, dies stellt Herbert Eisenreich fest, "eo ipso eine Reserve gegenüber jedwelcher Modernität. Diese Reserve zeigt sich erst recht gegenüber den literarischen Moden. Oesterreicher haben zwar oft stilbildend gewirkt, aber kaum je haben sie experimentiert um des Experimentierens willen". (66) Canetti findet eine ihm gemässe Ausdrucksform, indem er diverse Personen in ihrer "akustischen Maske" auftreten lässt, und um seinen Figuren plastische Intensität verleihen zu können, wählt er die "erlebte Rede" oder den "inneren Monolog". Die Distanz zwischen dem Erzähler und seinen Figuren wird zwar nicht total aufgegeben, sondern gleichsam nur verjüngt, denn Canetti versucht durch die "akustische Maske" seine Typen von aussen her mit der "direkten Rede" zu erfassen, und ebenso bemüht er sich, mit der "erlebten Rede" oder dem "inneren Monolog" die Sprache im Innern seiner Figuren darzustellen. Wenn als das Wesen der "direkten Rede" ihre spontane und dramatische Wirkung erkannt wurde, so können die "erlebte Rede" und der "innere Monolog" auch als ein dramatisches Ferment betrachtet werden, dies aber nur dann,

wenn die Rede, die sich im Innern einer Figur vollzieht, mit der Denkart und der Sprechweise dieser Person exakt übereinstimmt. Die "akustische Maske" dient also dazu, den Figuren von aussen her durch Beschreibung und durch die Lautung, aber auch von innen her, im Monolog der sprechenden oder denkenden Person, Kontur zu verleihen. Das Resultat dieses Verfahrens ist, dass bei Canetti alle Figuren über eine ganz spezifisch plastische Eindringlichkeit verfügen, die ihr Aussehen und ihre Sprechweise unvergesslich werden lassen. Daher kann die "Blendung" nach intensiver Lektüre, nachdem sich die "akustische Maske" dem Leser unverlierbar eingeprägt hat, an beliebiger Stelle aufgeschlagen werden, und man ist befähigt, sofort zu erkennen, welche Figur - sei es in "direkter" oder "erlebter Rede" - zur Zeit spricht.

Der Ausgangspunkt bei Hermann Broch und Elias Canetti ist derselbe. Beide sind auf der Suche nach neuen Ausdrucksmöglichkeiten im Roman, und beide verbindet ein wacher Skeptizismus gegenüber den traditionellen Formen des Romans und einem planen Realismus. Als progressive Schriftsteller wollen sie sich nicht an die Theorien des realistischen Erzählers Otto Stoessl halten, "der mit seiner Forderung der 'distanzierenden Mittelbarkeit' verlangt, dass lyrische sowie auch dramatisch erzählende Fermente aus der epischen Dichtung zurückgedrängt werden müssen". (67) Hermann Broch arbeitet mit dem "inneren Monolog", um die Welt des sterbenden Vergil erstehen zu lassen, und es ist dieser grandiose Monolog, der hinführt zur Auflösung der traditionellen Romanform durch seine lyrischen Fermente. Elias Canetti seinerseits bemüht sich in der "Blendung" durch möglichst viele "akustische Masken" und durch seine "Schreibweise, die zwischen 'erlebter Rede' und 'innerem Monolog' die Mittel hält" (68), dramatische Morpheme wirken zu lassen, die dann die konventionelle Form des Romans sprengen.

Unsere Ausführungen sollen nun an einem beliebigen Beispiel aus der "Blendung" konkretisiert werden.

> "Das tut sie nicht. Sie ist eine anständige Frau. Manchmal kommt
> es doch heraus und dann wird man eingesperrt. Einsperren gehört
> sich nicht für eine anständige Frau. Es wäre Vieles schöner, wenn
> man nicht gleich eingesperrt würde. Man darf sich nicht rühren.
> Kaum kommt was heraus, schon ist die Polizei da und sperrt einen
> ein. Die nehmen keine Rücksicht darauf, dass eine Frau das nicht
> aushält. Die müssen in alles ihre Nase hereinstecken. Was geht
> die das an, wie eine Frau mit ihrem Mann lebt? Die Frau muss
> sich alles gefallen lassen. Die Frau ist kein Mensch. Dabei ist der
> Mann zu nichts zu gebrauchen. Ist das ein Mann? Das ist ja kein
> Mann. Um so einen Mann ist es nicht schad'. Am besten wär's
> noch, der Geliebte nähm eine Hacke und gäb' ihm damit eine über
> den Kopf, wenn er schläft. Aber er sperrt sich ja nachts immer
> ein, weil er Angst hat. Der Geliebte soll schau'n, wie er es selber macht. Er sagt ja, es kommt nichts heraus. Sie tut das nicht.
> Sie ist eine anständige Frau." (69)

Soweit Therese, die Wirtschafterin und spätere Gattin des Sinologen Kien. Die ständigen Wiederholungen wie etwa "... Sie ist eine anständige Frau ... Einsperren gehört sich nicht für eine anständige Frau ... Sie tut das nicht. Sie ist eine anständige Frau ..." sind sprachliche Stereotypien, die den niedrigen Intelligenzgrad der Sprecherin veranschaulichen. Sinnentleerte Aussprüche wie "... Die Frau ist kein Mensch ..." zeigen, dass dieser Sprache nur noch geringer Informationswert beigemessen werden kann. Der parataktische Satzbau, die Inkohärenzen, das Abbrechen begonnener Satzkonstruktionen oder die unpassenden Redensarten und Floskeln, die sich in ihrer Sprache finden, lassen genaue Rückschlüsse auf die Sprecherin zu.

Wenn ein Autor versucht, das Sprechen und Denken eines Individuums exakt wiederzugeben, seine "akustische Maske" herzustellen, um in Canettis Terminologie zu verbleiben, so muss er über eminente psychologische Kenntnisse verfügen. Canetti gelingt dies überzeugend - und darin liegt unbestreitbar seine Meisterschaft - das Sprechen und Denken seiner Figuren, die alle in den Grenzen ihrer Wahnsysteme gefangen sind, auf das genaueste logisch und schlüssig zum Ausdruck zu bringen. (70)

Auf welche Art sich bei Canetti der Erzählertypus konstituiert, soll sich in der folgenden Untersuchung anhand von verschiedenen Aeusserungen zu diesem Problem herauskristallisieren.

In seinem Notizbuch zum "Mann ohne Eigenschaften" schreibt Robert Musil 1932: "Dieses Buch hat eine Leidenschaft, die im Gebiete der schönen Literatur heute einigermassen deplaziert ist, die nach Richtigkeit und Genauigkeit. Die Geschichte dieses Romans kommt darauf hinaus, dass die Geschichte, die in ihm erzählt werden soll, nicht erzählt wird." (71) Dieser Eintrag zeigt, dass Musil sich der angestrebten "Richtigkeit und Genauigkeit" wegen gegenüber dem überkommenen Begriff des Erzählers und der Art des Erzählens recht skeptisch verhält. Analoge kritische Anmerkungen über den Erzähler und das Erzählen sind in Werken von Thomas Mann, Hermann Broch und anderen modernen Schriftstellern nachzuweisen. Solche Aufzeichnungen wurden oft als das Eingeständnis zeitgenössischer Autoren interpretiert, sie seien nicht mehr befähigt, "echte" Romane zu schreiben. So finden sich in Wolfgang Kaysers poetologisch-literaturhistorischem Essay "Entstehung und Krise des modernen Romans" folgende vieldeutige Bemerkungen: "Wer aber um der durchgehaltenen Unsicherheit willen den Erzähler aus ihm (dem Roman) verdrängen will, der beraubt ihn seines Wesens. Der Tod des Erzählers ist der Tod des Romans." (72)

Diese apodiktische Feststellung Kaysers trifft auch Canettis Roman. Wie viele andere zeitgenössische Schriftsteller folgt Canetti nicht mehr den verbindlich gültigen Regeln des bürgerlichen Romans, er sucht nach neuen Möglichkeiten ausserhalb der etablierten Direktiven des 19. Jahrhunderts und findet für sich eigene Erzählgesetze und Methoden. Musils Aeusserung, dass durch ein leidenschaftliches Trachten nach "Richtigkeit und Genauigkeit" das Geschehen des Romans nicht mehr erzählt werden könne, tangiert Canettis Roman kaum, denn trotz aller gewissenhaften Exaktheit scheint es, dass Canetti die Gabe des Erzählens - jenes "Vermögen, das uns unveräusserlich schien, das Gesichertste unter dem Sicheren" (73), wie Walter Benjamin lakonisch sagt - nicht abhanden gekommen ist. In der "Blendung" wird noch erzählt, präzise und genau, obwohl auch hier eine wache Skepsis gegenüber der traditionellen Romanform spürbar ist, und die starre Form des Romans sich zusehends aufzulösen beginnt. In der "Blendung" lebt der Erzähler noch und versieht die ihm zustehenden Aufgaben, aber nicht überdeutlich, denn meist hält er sich im Hintergrund verborgen.

So vielschichtig sich der Roman präsentiert, so vieldeutig manifestiert sich auch der Erzähler.

Auf der Suche nach dem Erzähler in der "Blendung" bedienen wir uns der Typologie Franz K. Stanzels, die er in seiner Untersuchung, "Typische Formen des Romans" (74) erarbeitet hat. Nach Stanzels Definitionen begegnen wir in Canettis Roman in zwangsloser Folge der "auktorialen" und der "personalen Erzählsituation".

Als das Kriterium für die "auktoriale Erzählsituation" erkennt Stanzel die persönliche Anwesenheit eines Erzählers, der "sich in Einmengung und Kommentaren zum Erzählten" (75) artikuliert. Als ein charakteristisches Merkmal des "auktorialen" Erzählens nennt Stanzel seine eigenständige Gestalt, die gleich den Charakteren, die im Roman leben, vom Schriftsteller geschaffen wurde; dabei müssen aber die Gedanken, die der Erzähler ausspricht, nicht unbedingt identisch sein mit dem Denken des Autors. Indizien für den "auktorialen" Erzähler finden sich in der "Blendung" dort, wo sich der Erzähler unversehens aus dem Hintergrund löst und in kühler, bewusst arm instrumentierter Sprache selbständig auftritt. Dieser Erzähler berichtet in einem eigentümlich konzisen, oft mit Austriazismen durchsetzten Sprachgestus - sein charakteristischer Purismus kann als jüdisches Erbe Canettis erkannt werden - vom ungeheuerlichsten Geschehen in sachlicher Gelassenheit. Ein typisches Beispiel dieser Erzählhaltung findet sich in der "Blendung" in jenen grotesken Szenen, die den entsetzlichen Tod des bucklichen Zwerges Fischerle beschreiben. Nur zweimal unterbricht der Erzähler seine makabre Schilderung mit kurzen affektgeladenen Einschüben in "direkter Rede", wodurch die Wirksamkeit der Mitteilung noch gesteigert wird.

> "Der Blinde schleudert ihn zu Boden und holt vom Tisch in der
> Ecke des Kabinetts ein Brotmesser. Mit diesem zerfetzt er An-
> zug und Mantel und schneidet Fischerle den Buckel herunter. Bei
> der schweren Arbeit ächzt er, das Messer ist ihm zu stumpf und
> Licht will er keines machen. Die Pensionistin sieht ihm zu und
> zieht sich indessen aus. Sie legt sich aufs Bett und sagt: 'Komm!'
> Aber er ist noch nicht fertig. Er wickelt den Buckel in die Fetzen
> des Mantels, spuckt ein paarmal drauf und lässt das Paket so lie-
> gen. Die Leiche schiebt er unters Bett. Dann wirft er sich auf die
> Frau. 'Kein Mensch hat was gehört', sagt er und lacht. Er ist mü-
> de, aber die Frau ist dick. Er liebt sie die ganze Nacht." (76)

Auch in weiteren Szenen begegnen wir dem "auktorialen" Erzähler. Er ist der Allwissende in der "Blendung", ihm entgeht nichts, er lebt in sicherer Distanz. Oft gibt er indessen seine distanzierte Haltung auf und versucht, dem Leser mit Darlegungen und Abhandlungen zu suggerieren, dass eine Romanfigur, obwohl sie in ihrer Wahnwelt gefangen ist, logisch und normal zu denken imstande sei. Gelingt es dem Erzähler, den Leser durch falsche Fakten zu überzeugen, so zieht er sich zurück, überlässt den irritierten Leser sich selbst und freut sich hämisch über den gelungenen Streich. Dieser skizzierten Situation entspricht folgendes Beispiel, in dem Kien in der Blindheit eine Waffe gegen Zeit und Raum erkennt. Der Erzähler spinnt die Gedanken Kiens weiter und erklärt dem Leser:

"Kien erfindet die Blindheit nicht, er wendet sie nur an, eine natürliche Möglichkeit, von der die Sehenden leben. Benützt man heute nicht alle Energien, deren man habhaft wird? Auf welche Möglichkeiten haben die Menschen noch keine Hand gelegt? Tölpel hantieren mit Elektrizität und komplizierten Atomen. Gebilde, für die einer wie der andere mit Blindheit geschlagen ist, erfüllen Kiens Zimmer, Finger und Bücher. Diese bedruckte Seite, so klar und gegliedert wie nur irgendeine, ist in Wirklichkeit ein höllischer Haufe rasender Elektronen. Wäre er sich dessen immer bewusst, so müssten die Buchstaben vor seinen Augen tanzen. Wie feine Nadelstiche empfänden die Finger den Druck jener bösen Bewegung. Am Tag brächte er eine schwache Zeile hinter sich, mehr nicht. Es ist sein Recht, die Blindheit, die ihn vor solchen Sinnesexzessen schützt, auf alle störenden Elemente in seinem Leben zu übertragen. Die Möbel existieren für ihn so wenig, wie das Heer von Atomen in ihm und um ihn. 'Esse percipi', Sein ist Wahrgenommenwerden, was ich nicht wahrnehme, existiert nicht. Wehe den schwachen Geschöpfen, die sich sehen und gehen lassen, wie es sich trifft! Woraus sich mit zwingender Logik ergab, dass Kien sich keineswegs selbst betrog. " (77)

Wir erkennen, dass es der Erzähler im ganzen Abschnitt nur darauf anlegt, den Leser davon zu überzeugen, dass Kiens Gedanken der Realität entsprechen, und dies will ihm, denn er argumentiert geschickt, auch fast gelingen. Im Schlusssatz allerdings, in dem sich der Autor aus ironischer Distanz an den Leser wendet, wird klar, dass der Erzähler sich selbst über die Bereitwilligkeit des Lesers mokiert, seinem Vortrag zu glauben.
Die bewusst distanzierte Haltung des Erzählers aber birgt die Gefahr in sich, dass ein engeres Engagement des Lesers mit dem Romangeschehen fragwürdig wird. Dadurch büsst das Erzählte zwangsläufig an didaktischer Substanz ein. Canetti, der um diese Gefährdung weiss, gibt aus diesem Grund oft die "auktoriale" Erzählweise auf.
Die zweite Erzählsituation, der wir in der "Blendung" begegnen, ist gemäss Stanzels Terminologie, die "personale". In der "personalen Erzählsituation" verzichtet der Erzähler auf "seine Einmengung in die Erzählung". (78) Er tritt so weit "hinter die Charaktere des Romans zurück, dass seine Anwesenheit dem Leser nicht mehr bewusst wird, dann öffnet sich dem Leser die Illusion, er befände sich auf dem Schauplatz des Geschehens oder er betrachte die dargestellte Welt mit den Augen einer Romanfigur, die jedoch nicht erzählt, sondern in deren Bewusstsein sich das Geschehen gleichsam spiegelt. Damit wird diese Romanfigur zur p e r s o n a , zur Rollenmaske, die der Leser anlegt." (79) Die Definition Stanzels zeigt, dass der Typus des "personalen" Romans der dramatisch-mimetischen

Situation am nächsten steht. Daher ist es nicht erstaunlich, dass Canetti, der von sich selbst bekennt, "es ist im Kern alles, was ich mache, dramatischer Natur" (80), sich vorzüglich diesem Erzähltypus zuwendet. Das folgende Beispiel soll die fluktuierende Grenze zwischen der "auktorialen" und der "personalen" Erzählsituation illustrieren. Es dient aber auch dazu, zu veranschaulichen, wie im "personalen" Roman der Erzähler allmählich zurücktritt, sich neutralisiert, und wie sich dann der Atem des Erzählers mit dem seiner Romanhelden mischt, d.h. nach Canettis Terminologie, wie sich der Erzähler mit der "akustischen Maske" der Figuren identifiziert. Zur Erläuterung dieser Szene sei erinnert: Kien liegt krank im Bett und wird vom Hausbesorger, nicht aus Mitleid, sondern aus der Absicht, die klar aus dem Text hervorgeht, besucht:

"Der Hausbesorger, der den Professor täglich besuchen kam, war anderer Meinung. Von dem Weib hatte er bestimmt nichts zu erwarten. Befürchtungen wegen seines monatlichen Douceurs stiegen in ihm auf. Er hielt das saftige Stück Geld für sicher, solange der Professor am Leben war. Wer konnte sich bei einem Weib darauf verlassen? Er zerschlug den gewohnten Gang seines Tages und sass jeden Vormittag eine volle Stunde, zu persönlicher Ueberwachung, am Bett des Professors.
Therese führte ihn schweigend herein und verliess, sie fand ihn gemein, sofort das Zimmer. Bevor er sich setzte, stierte er höhnisch auf den Stuhl. Dann sagte er entweder: 'Ich und der Stuhl!' oder er tätschelte ihm voller Mitleid den Rücken. Solange er sass, schwankte und krachte der Stuhl wie ein untergehendes Schiff. Der Hausbesorger hatte das Sitzen verlernt. Vor seinem Guckloch kniete er. Wenn er schlug, stand er. Wenn er schlief, lag er. Zum Sitzen blieb ihm keine Zeit. Trat auf dem Stuhl zufällig Ruhe ein, so wurde er unruhig und warf einen besorgten Blick auf seine Schenkel. Nein, sie waren nicht schwächer geworden, sie konnten sich sehen lassen. Erst wenn sie sich wieder hören liessen, setzte er seine unterbrochene Rede fort.
'Die Weiber gehören totgeschlagen. Alle, wie sie sind. Ich kenn' die Weiber. Jetzt bin ich neunundfünfzig. Dreiundzwanzig Jahre war ich verheiratet. Das ist bald mein halbes Leben. Immer mit meiner Frau. Ich kenn' die Weiber. Alle sind Verbrecher. Zählen Sie die Giftmorde zusammen, Herr Professor, Sie haben die Bücher, da sehn'n Sie's eh. Feig sind die Weiber. Ich weiss das. Wenn mir einer was sagt, ich schmier ihm eine, dass er dran denkt. Scheissgefriess, elendiges, sag' ich, du traust dich? Jetzt gehn Sie zu einem Weib. Die rennt ihnen davon, um meine Fäuste wett' ich, schaun S'her, die sind was wert. Ich kann zu einem Weib sagen, was ich will, die rührt sich nicht. Warum rührt die sich nicht? Weil sie eine Angst hat! Warum hat sie eine Angst? Weil sie feig ist! Ich hab' Weiber verhaut, da hätten sie zuschau'n müssen.'" (81)

In der angeführten Szene wird deutlich, wie sich der Erzähler behutsam der "akustischen Maske" des Hausbesorgers nähert. Redensarten wie "das s a f t i g e Stück Geld", "er z e r s c h l u g den gewohnten Gang seines Tages" und "er sass zu persönlicher U e b e r w a c h u n g am Bette des Professors" stammen aus dem Wortarsenal des Hausbesorgers. Losgelöst vom Kontext sind die zitierten Ausdrücke nicht ohne weiteres verständlich, hier aber erfüllen sie eine legitime Funktion; sie zeigen die Annäherung des Erzählers an die "akustische Maske" der handelnden Figur.

Diese Formulierungen "das saftige Stück Geld" anstatt etwa "das schöne Stück Geld" oder "er zerschlug den gewohnten Gang seines Tages" anstelle von "er änderte den gewohnten Gang seines Tages" und auch der Begriff "Ueberwachung" für "Aufsicht" sind bewusst verwendet, denn sie entsprechen dem Vokabular und der Sprachschicht des Unholds Benedikt Pfaff, des pensionierten Polizeibeamten, der "akustischen Maske" dieses Unmenschen. Analogien zu dieser Situation treten im Romangeschehen häufig auf. Es sei hier noch ein Beispiel angefügt. Wie aus unseren Darlegungen hervorgeht, ist die Wirtschafterin Therese alles andere als eine gutmütige, intelligente Frau. Ihre Sprache ist dürftig instrumentiert, und charakteristisch für ihre Rede sind stereotype Wendungen. Wenn sich der Erzähler ihrer "akustischen Maske" nähert, so kann er sich nicht eines barocken Wortgepräges bedienen, sondern muss, um einen fugenlosen Uebergang zu schaffen, sich dem ärmlichen Vokabular der Sprecherin anpassen. Im Roman geschieht das auf folgende Weise:

> "H a l b aufgebracht, h a l b resigniert liess sie (Therese)
> die h a r t e n Hände auf den h a r t e n Rock sinken und er-
> starrte zu einer Holzpuppe. 'So ein Unglück!' flüsterte sie, 'so
> ein Unglück! ' ..." (82)

Dieses stilistische Prinzip, ein Kunstgriff vielleicht, sich den agierenden Figuren konsequent in ihrer eigenen Sprache zu nähern, um sprunghafte Uebergänge zu vermeiden, wurde Canetti von einigen Rezensenten in Unkenntnis seiner Sprachtheorie als stilistische Entgleisung angekreidet. Es beweist indessen, dass der Roman "Die Blendung" ohne Wissen um die Theorie der "akustischen Maske" und ohne die Vertrautheit mit dem dauernd wechselnden Standort des Erzählers kaum begriffen werden kann. Und dadurch legitimiert sich auch unser Vorgehen, das darauf abzielt, das notwendige Rüstzeug zu einem Interpretationsversuch zu beschaffen.

e) T o p o g r a p h i s c h e s

Die Frage, in welcher Stadt sich das turbulente Geschehen der "Blendung" abspielt, kann, obwohl der Handlungsort nicht namentlich erwähnt wird, aus sprachlichen und topographischen Anhaltspunkten, eindeutig beantwortet werden. Die Sprache des Erzählers - sie ist mit typischen Austriazismen durchsetzt - verrät uns, dass sich der Schauplatz in Oesterreich befinden muss. Weiter werden wir uns schon nach einigen Seiten Lektüre bewusst, dass sich die Handlung nur in einer Grossstadt vollziehen kann. Einmal wird diese Stadt als "Hauptstadt" (83) bezeichnet. Durch die verschiedenen Sprachschichten der handelnden Figuren - der Sprache des gebildeten Kien, dem Rotwelsch und der jiddischen Mauschelei Fischerles, der Beamten-

sprache Benedikt Pfaffs und der stereotypen Diktion der Wirtschafterin Therese –
konstituiert sich ein vielschichtiger Sprachkosmos, der durch seine spezifische
Musikalität und Bildlichkeit nur als der Wiens erkannt werden kann. Der Dialekt
dieser Stadt, der in allen seinen Schattierungen in der "Blendung" hörbar wird,
hat wohl Claudio Magris zu der treffenden Bemerkung veranlasst, dass in diesem
Roman der "Wiener Dialekt für einige Augenblicke zur Seelensprache der ganzen
Welt" (84) werde. Diese sprachlichen Indizien beweisen, dass der Entstehungs-
mit dem Handlungsort der "Blendung" identisch sein muss.

Diese Stadt, das Wien der "fröhlichen Apokalypse" (Hermann Broch), diese "Ver-
sichsanstalt für Weltuntergänge" (Karl Kraus), ist als Schauplatz für das symbolische Geschehen des Romans vorzüglich geeignet. Bei Canetti ist diese Grossstadt
keineswegs mehr "romantisch", keine "Art künstlicher Märchenwald" (85), sondern sie ist erfüllt von einer dämonischen Untergangsstimmung, ähnlich der Atmosphäre, wie sie Georg Heym in seinen Gedichten heraufbeschwört. Zahlreich
auch sind jene Aspekte, die an die Traumstadt Perle im surrealistischen Unter-
gangsprotokoll Alfred Kubins "Die andere Seite" erinnern.

Wenn wir uns auf den Inhalt der "Blendung" besinnen, so stellen wir fest, dass der
Handlungsablauf nicht durch nebensächliche topographische Erläuterungen gehemmt
wird. Im Mittelpunkt des Geschehens steht der Mensch, und die topographischen
Einzelheiten dienen nur dazu, die jeweiligen Situationen zu veranschaulichen oder
Motive zu sekundieren. Es wäre jedoch falsch, wenn wir die Topographie Wiens in
der "Blendung" nur als Staffage bezeichnen würden – so wie sich uns etwa die Stadt
Berlin in Robert Walsers "Jakob von Gunten" darstellt. Bei Canetti kommt der
Ortsbeschreibung eine bedeutende Funktion zu. Er weicht bewusst jeder Fixierung
der Realität aus und vermittelt dem Leser nur so viele Anhaltspunkte topographischer Gegebenheiten, dass es ihm möglich wird, das Romangeschehen an bestimmte Oertlichkeiten zu binden. Dieses Verfahren hat in Robert Musils Roman "Der
Mann ohne Eigenschaften" eine Entsprechung; dort hat der Leser die Möglichkeit,
zu Beginn der ohnehin spärlichen Handlung die Hauptstadt "Kakaniens" als das Wien
des Jahres 1913 zu erkennen. Musil "stellt österreichische Welt dar – jedoch in
ihrem für die geschichtliche Welt stellvertretenden Charakter" (86). Sein betont
distanzierendes Verhältnis zur Realität und damit auch seine Skepsis gegenüber
dem Gelingen einer exakten Wirklichkeitserfassung drückt er wie folgt aus: "Nun,
es könnte wahrscheinlich auch anders sein." (87)

Eine ähnlich distanzierte Haltung gegenüber der topographischen Realität wird bei
Albert Paris Gütersloh sichtbar. Sein barocker Roman "Sonne und Mond", dessen
Handlungsablauf nur schwer zu durchschauen ist, spielt, so versichern uns die
meisten Literaturlexika, in einer imaginären, süddeutschen Landschaft mit Schloss
und Kleinstadt. Der Leser aber merkt bald, dass viele topographische Einzelheiten Wiens und seiner näheren Umgebung sich im Roman verwoben finden. Zu erkennen ist jedenfalls der Brühl, der südlich der Residenz liegt, aber ebenso sind
weitere ortsgebundene Details aus dem XX. Wiener Gemeindebezirk zu belegen.

In der "Blendung" unterordnet Canetti die Topographie der metaphorischen Handlung. Die Realität wird bei ihm – im Gegensatz etwa zu Doderer, der bestrebt ist,
durch präzise Erfassung örtlicher Details seine Handlung zu befestigen – bewusst
relativiert. Er bezweckt und erreicht Ubiquität, das heisst, das Geschehen des

Romans ist überall, nicht nur in Wien, möglich. Das bewirkt eine wesentliche Erhöhung der Symbolkraft und der allegorischen Wirkung des Romans. Ebenso bewusst wie Canetti die Fixierung der Wirklichkeit ablehnt, enthält er sich einer Bestimmung der Zeit. Durch den Verzicht einer zeitlichen Bindung erreicht er, dass sich das Romangeschehen jederzeit wiederholen könnte, und dies trägt zur fortdauernden Aktualität des Werks wesentlich bei.

Wie wir schon feststellten, ist der Standpunkt des Erzählers nicht determiniert. Der Wechsel zwischen der "auktorialen" und der "personalen Erzählsituation" zeigt uns das Bild der Stadt einmal aus der Perspektive des Erzählers, ein anderes Mal aus dem Blickwinkel und der Bewusstseinslage der handelnden Figuren. Dadurch wandelt sich das Bild der Stadt dauernd, und die topographischen Einzelheiten werden je nach Perspektive oder Gefühlssituation des Handlungsträgers anders gesehen. Es ergeben sich verschiedene und unterschiedliche Variationen desselben Details, und das Geschaute verliert die gewohnten Proportionen. Die Realität wird relativiert und umgewertet. Der Leser kann sich an der Topographie kaum mehr orientieren, die Welt erscheint ihm verfremdet und wird ihm unheimlich.

Hier einige Beispiele, um die angeführten Beobachtungen zu verdeutlichen:

Als genereller Handlungsort der "Blendung" wurde der Raum der Stadt Wien erkannt. Nur einmal bemüht der Erzähler den Leser, die österreichische Hauptstadt zu verlassen und nach Paris zu wechseln. In unserem Zusammenhang interessiert uns nur das Bild Wiens, wie es in Canettis Werk aufscheint. Das Geschehen in Paris wird bewusst ausgeklammert, weil es, obwohl funktionell bedingt, eher dazu angetan ist, den dynamischen Charakter, den chronologischen Ablauf und das Handlungsgefüge des Romans zu stören.

Der Versuch, sich dem Schauplatz durch die ohnehin spärlichen Orts- und Strassennamen nähern zu wollen - eine Methode, die im konsequent realistischen Roman meist zum Ziel führt - schlägt bei Canetti fehl. Wenn wir dem Erzähler vertrauen und seine topographischen Angaben überprüfen, werden wir irregeleitet, wie das folgende Beispiel zeigen wird. Als Wohnort Kiens etwa wird uns die "Ehrlichstrasse 24" (88) genannt. Eine Strasse dieses Namens existiert zwar im XIX. Wiener Gemeindebezirk, nicht aber ein Gebäude mit der angegebenen Nummer, (89) wovon sich der Verfasser anlässlich eines Augenscheins in diesem Stadtteil selbst überzeugen konnte. Dieser eher ländlichen, noch nicht vollends überbauten Gegend fehlt auch jene charakteristisch bedrückende Stimmung, die schon im ersten Teil der "Blendung" spürbar wird. In Wien sind die Bezirke nicht nur postalische Nummern, wie es etwa in anderen Städten Europas der Fall ist, sondern Charakter, Atmosphäre und Sprache ändern sich von Gemeindebezirk zu Gemeindebezirk. Diesem Umstand verdankt Wien wesentlich sein faszinierend vielschichtiges Bild. Weshalb Canetti das Haus, in dem sich das groteske Geschehen abspielt, bewusst an eine "Ehrlichstrasse" verlegt, wird im weiteren Verlauf unserer Untersuchung deutlich werden.

Ein zweiter Weg, sich dem Schauplatz zu nähern, bietet sich uns an, wenn wir Kien auf seinem Morgenspaziergang begleiten. Täglich kommt er, so versichert uns der Erzähler, an einem markanten Gebäude vorbei, das dem Leser genügend Indizien gibt, sich zu orientieren.

"Als er am D o m   vorüberkam, schlugen warme, unheimliche

Laute an sein Ohr. In dieser Tonart hätte er jetzt selbst gesungen, wäre ihm seine Stimme so zu Willen gewesen wie seine Stimmung. Plötzlich wurde er mit Dreck beworfen. Neugierig und erschreckt sah er an den S t r e b e p f e i l e r n hinauf. Tauben schnäbelten sich und gurrten, am Dreck war keine Schuld. Seit zwanzig Jahren hatte er diese Laute nicht gehört, bei seinem Spaziergang kam er täglich hier vorüber. Doch war ihm das Gurren aus Büchern wohlvertraut. 'Stimmt!' sagt er leise und nickte, wie immer, wenn eine Wirklichkeit ihrem Urbild im Druck entsprach. Heute hatte er an dieser nüchternen Bestätigung keine Freude. Auf das H a u p t C h r i s t i , der krank und mager, mit schmerzverzerrtem Gesicht, aus einem Postament wuchs, setzte sich eine Taube. Sie blieb ungern allein, das merkte eine zweite und setzte sich gleich zu ihr. Dem Volke leidet dieser Christus zu sehr, es meint, er habe Zahnweh. Das ist es aber nicht, er hält es nicht aus unter diesen Tauben, die treiben das wahrscheinlich den ganzen Tag so. Da denkt er daran, wie einsam er ist. Daran darf man nicht denken, sonst bringt man es zu nichts. Für wen wäre er denn gestorben, wenn er am Kreuz an seine Einsamkeit gedacht hätte?" (90)

Aus dieser Darstellung erkennt der Leser - denn es wird von einem "Dom" mit "Strebepfeilern" gesprochen - dass es sich um ein gotisches Baudenkmal handeln muss. Obwohl es in Wien viele Kirchen in gotischem Baustil gibt, trägt nur ein Sakralbau den Titel eines "Doms": der Stephansdom. Ein zweiter Hinweis, der uns dazu dient, unsere Beobachtung zu überprüfen, findet sich in der erwähnten populären Halbfigur des Schmerzensmannes, die der Wiener Volksmund als "Zahnweh-Herrgott" (91) bezeichnet. Aus diesem topographischen Befund geht eindeutig hervor, dass Kien sich auf seinem täglichen Rundgang im I. Wiener Gemeindebezirk, in der Innenstadt, bewegt.

Weitere Anhaltspunkte finden sich in exakt lokalisierbaren Ortsangaben, die uns Kiens Haushälterin Therese vermittelt. Eines Tages macht sich diese überhebliche und heuchlerische Person auf und besucht "die grösste Kirche der Stadt, den Dom. Eine kleinere hätte sie nur daran erinnert, dass ihr mehr gebühre". (92) In diesem Sakralbau gewahrt sie ein Bild, das sie eingehend betrachtet. Der Erzähler schildert es mit äusserster Sorgfalt aus der Perspektive und dem Gemütszustand der Beschauerin.

"Da hing ein Bild mit dem A b e n d m a h l , in teuren Oelfarben gemalt. Der Rahmen war ganz vergoldet. Das Tischtuch gefiel ihr nicht. Die Leute wissen nicht, was schön ist, ausserdem war es schon schmutzig. Den Beutel hätte man greifen können, dreissig schöne Silberstücke steckten drin, die sah man nicht, aber der Beutel war doch wie lebend. Der Judas hielt ihn gepackt. Der hätt' ihn nicht hergegeben, der war ja so geizig. Der vergönnte niemandem was. Der war wie ihr Mann. Drum hat er den Heiland betrogen. Ihr Mann ist mager, der Judas ist dick und hat einen roten Bart. In der Mitte von allen sitzt der interessante Mensch. So ein schönes Ge-

sicht hat er, ganz blass, und die Augen genauso wie es sich gehört. Der weiss alles. Es ist interessant, aber er ist auch ge-
scheit. Er schaut sich den Beutel gut an. Bitte, er will wissen
wieviel. Ein anderer muss die Schillinge nachzählen, er braucht
das nicht, er kenn das von aussen." (93)

Aus dieser Textstelle geht eindeutig hervor, dass Therese eine Reproduktion der
weltberühmten Fresken Leonardo da Vincis "l'ultima cenã" betrachtet. (94) Bei
diesem Bild muss es sich somit um eine exakte Kopie handeln. Die Frage, wo sich
in Wien eine solche Darstellung findet, lässt sich eindeutig beantworten. Nicht im
"Dom", nicht in "der grössten Kirche der Stadt", sondern in der Minoritenkirche
befindet sich das "Letzte Abendmahl". Diese Kopie ist auch nicht in "teuren Oelfarben" (95) ausgeführt, sondern wurde von Giacomo Raffaeli in der Technik der
romanischen Mosaiken, massstabgetreu nachgebildet. (96)
Das Fazit unserer Betrachtung: Canetti erwähnt topographische Gegebenheiten, beschreibt sie bis in ihre Details präzise und genau. Da er sie aber bewusst aus der
subjektiven Perspektive der handelnden Figuren und ihrer Seelenlage betrachtet,
ergibt sich kein objektives Abbild der Wirklichkeit. Mit diesem Kunstgriff beabsichtigt er eine Verfremdung der Realität, die sich auf den Leser, dem nicht alle
topographischen Einzelheiten bekannt sein können, verwirrend auswirkt. Ein genauer Bezug zur Wirklichkeit bleibt ihm verwehrt, und als Folge davon siedelt er
die Handlung in imaginären Bereichen an. Die Begrenzung durch den Raum Wien
hebt sich auf, der Roman gewinnt an Dimensionen, und dadurch wird letztlich sein
parabolischer Charakter wesentlich verstärkt.
Der Schauplatz des zweiten Romanteils mit dem programmatischen Titel "Kopflose Welt" lässt sich, abgesehen von einigen dürftigen topographischen Anhaltspunkten, durch die gelungene Darstellung der Menschentypen, besonders aber durch
die charakteristische Atmosphäre, genau lokalisieren. Mit dem veränderten Bild
der Stadt hat sich auch die Sprache und das seelische Grundgefüge der Figuren
massgebend gewandelt. Er handelt hauptsächlich im Wien der "enteren Gründ",
(97) im II. Gemeindebezirk, in der Leopoldstadt. In diesem Stadtteil, er wird im
Volksmund bezeichnenderweise "Hieb" genannt, siedeln seit 1622 die Juden, nachdem sie 1421 aus dem I. Bezirk verbannt worden waren. Der Charakter der Leopoldstadt ist kleinbürgerlich, die Nebengassen der beiden repräsentativen Chaus-
seen - der Tabor- und der Praterstrasse - sind winklig und oft unheimlich. Den
wohl stärksten Eindruck dieses Milieus vermittelt Josef Roths Roman "Die Rebel-
lion". Roth schildert dieses "freiwillige Getto" mit den zahllosen Kaffeehäusern,
die er aus eigener Anschauung vorzüglich kannte, wie folgt: "Es sind jüdische
Cafés. Ihre Besitzer sind meist jüdisch, ihre Gäste fast durchwegs. Die Juden
gehen gerne ins Kaffeehaus, um Zeitungen zu lesen, Tarock und Schach zu spielen und Geschäfte zu machen." (98)
In dieses Milieu wird der Gelehrte Kien verschlagen. Durch den Szenenwechsel
symbolisiert sich sein Abstieg von der ehemals wohlhabenden, geordneten Welt
der Innenstadt an die Peripherie in sozialer und topographischer Hinsicht. Müde
und abgehetzt von seiner sinnlosen Tätigkeit, findet er sich plötzlich vor einem
Kaffeehaus, dessen Aushängeschild mit der vieldeutigen Aufschrift "Zum idealen
Himmel" ihn zu einem Besuch animiert. Dass die Vorgänge in diesem Etablisse-

ment in krassem Gegensatz zu seinem Namen stehen, dessen wird sich der Leser sogleich bewusst, nicht aber der weltfremde Kien. Nichtsahnend betritt er diese dubiose Spelunke:

> "Er schlug die dicken Vorhänge zurück. Ein entsetzlicher Dunst benahm ihm den Atem. Wie zur Abwehr ging er mechanisch zwei Schritte weiter. Seine scharfe Gestalt durchschnitt, ein Messer, die dicke Luft. Seine Augen tränten; er riss sie weit auf, um zu sehen. Da tränten sie noch mehr und er sah nichts. Eine schwarze Gestalt eskortierte ihn an einen kleinen Tisch und befahl ihm, hier Platz zu nehmen. Er gehorchte. Die Gestalt bestellte für ihn einen Doppelmokka und verschwand im Nebel. In dieser fremden Weltgegend klammerte sich Kien an die Stimme seiner Eskorte und stellte fest, dass sie männlich, aber verschwommen und drum widerwärtig war, wie er von Menschen im allgemeinen dachte. Eine dicke Hand schob den Doppelmokka vor ihn hin. Er dankte höflich. Die Hand blieb einen Moment erstaunt liegen; dann presste sie sich flach gegen den Marmor und streckte alle Fünfe von sich. Worüber grinst sie denn so? fragte er sich, sein Misstrauen wurde rege." (99)

Anschaulich beschreibt der Erzähler die nebulose und unheimliche Atmosphäre dieses Kaffeehauses. Dem Leser wird klar, dass in diesem Milieu Kien nur Unheil droht. Der Menschenschlag, der dieses Lokal bevölkert und die ihm innewohnende Stimmung, werden durch weitere Schilderungen lebendig:

> "Der ideale Himmel war sehr niedrig und hing voll schmieriger, graubrauner Wolken. Hie und da durchbrach der Rest eines Sterns die trüben Schichten. Vor Zeiten war der ganze Himmel mit goldenen Sternen übersät. Die meisten waren vom Rauch ausgelöscht worden; die übrigen krankten an Lichtschwund. Klein war die Welt unter diesem Himmel. Sie hätte in einem Hotelzimmer bequem Platz gefunden. Nur solange der Nebel täuschte, erschien sie weit und wirr. Jedes Marmortischchen führte ein gesondertes Planetendasein. Den Weltgestank erzeugten alle gemeinsam. Jedermann rauchte, schwieg oder schlug mit der Faust auf den harten Marmor. Aus winzigen Nischen vernahm man Hilferufe. Plötzlich machte ein altes Klavier von sich hören. Kien suchte es vergeblich. Wo hatte man denn das versteckt?" (100)

Durch diese pointierten Schilderungen wird offenbar, weshalb Canetti auf den grotesken Einfall verfiel, dieses Lokal mit dem sprechenden Namen "Zum idealen Himmel" auszustatten. Das Treiben und die Stimmung in seinem Innern sprechen dem Aushängeschild Hohn. Es zeigt sich aber auch, dass es Canetti gelingt, durch diesen Namen nicht nur satirische Kontraste zu schaffen, sondern dass er sich vorzüglich dazu eignet, erheiternde Wortspiele oder doppeldeutige Wortwitze zu

machen, zum Beispiel dann, wenn der Erzähler die zweifelhaften Stammgäste als
"Himmelsbewohner" apostrophiert.
Die "enteren Gründ" sind nicht dauernd der Schauplatz der Handlung des zweiten
Teils. Die unheimliche Szenerie wechselt bisweilen mit der Innenstadt, denn Fischerle - nachdem er den geriebenen Plan gefasst hat, sich in den Besitz von Kiens
Barschaft zu bringen - ermuntert den Professor zu einem Besuch im Versatzamt,
das sich im I. Bezirk befindet.
Der Erzähler nennt diese Pfandleihanstalt "Theresianum" (101) und als dessen Grün-
derin die Kaiserin Maria Theresia. In Wirklichkeit handelt es sich bei diesem Unternehmen um das "Dorotheum". (102) Hier wird das Bestreben, durch Umbenennung
stadtbekannter Institutionen den Leser zu befremden und zu irritieren, erneut sichtbar.
Das "Dorotheum" wurde "laut Gründungspatent vom 14. März 1707 unter Josef I.
gegründet" (103) und im Verlauf der Jahre wesentlich erweitert, so dass das prosperierende Unternehmen heute über ein Dutzend Zweigniederlassungen allein in
Wien verfügt. (104) Die Erträgnisse kamen früher einem Armenhaus an der Alser
Strasse zugute, heute erfüllt dieses Unternehmen neben "seiner primären, fast
karitativen Aufgabe der billigen Darlehensgewährung" (105) weitere volkswirt-
schaftliche Funktionen. Es muss einen Teil des Reingewinns an die Fiskalbehörde
und an den Staatshaushalt abliefern. In der Einleitung zum Kapitel "Grosses Erbarmen" wird der Leser mit der Institution und den Praktiken dieser Anstalt aus
satirischer Perspektive, ex negativo also, vertraut gemacht:

"Die staatliche Pfandleihanstalt trägt nach einer frommen und haus-
fraulichen Fürstin, welche einmal im Jahr die Bettler zu sich kommen liess, den passenden Namen Theresianum. Den Bettlern wurde
schon damals das Letzte genommen, was sie besassen: jenes viel-
beneidete Stück Liebe, das ihnen Christus vor rund zweitausend Jahren schenkte, und der Schmutz an ihren Füssen. Während die Fürstin
diesen wegwusch, lag ihr der Titel einer Christin nahe am Herzen,
den sie zu ihren zahllosen anderen alljährlich frisch erwarb. Die
Pfandleihanstalt liegt, ein wahres Fürstenherz, mit prächtigen, dik-
ken Mauern, nach aussen wohlverschlossen, stolz und vielstöckig da.
Zu bestimmten Stunden hält sie Audienz ab. Mit Vorliebe lässt sie
Bettler ein oder solche, die es werden wollen. Die Leute werfen sich
ihr zu Füssen und bringen wie zu alten Zeiten einen Zehnten daher,
der aber nur so heisst. Denn für das Fürstenherz ist er ein Million-
stel, für die Bettler das Ganze. Das Fürstenherz nimmt alles, es
ist weitläufig und geräumig, enthält tausenderlei Kammern und ebensoviel Bedürfnisse. Den zitternden Bettlern wird huldvoll gestattet
sich zu erheben, und sie erhalten ein kleines Gegengeschenk als Almosen, bares Geld. Darüber geraten sie aus dem Häuschen und aus
dem Haus. Von der Sitte des Füssewaschens ist die Fürstin, seit sie
nur noch als Anstalt lebt, abgekommen. Dafür hat sich ein anderer
Brauch eingebürgert. Für das Almosen zahlen die Bettler Zinsen.
Die letzten werden die ersten sein, drum ist ihr Zinsfuss der höchste. Eine Privatperson, die ebensoviel Zins zu fordern wagt, kommt

wegen Wuchers vor Gericht. Für die Bettler macht man eine Ausnahme, da es sich bei ihnen ohnehin nur um Bettelsummen handelt. "
(106)

Eine Betrachtung des abschliessenden, dritten Teils des Romans ist in topographischer Hinsicht irrelevant, denn was sich in diesen Kapitelfolgen abspielt - abgesehen etwa vom missfälligen Schauplatzwechsel nach Paris - vollzieht sich
grösstenteils innerhalb der Mauern des Hauses an der Ehrlichstrasse 24. Die ver-
logenen, sadistischen und grotesken Vorkommnisse in diesem Gebäude - zuerst
am düsteren Aufenthaltsort des Hausbesorgers und dann in der Wohnung Kiens -
kontrastieren sinnfällig mit dem Namen der Strasse. Man begreift, weshalb Canetti auf die Wahl dieses Strassennamens verfiel, denn die Ereignisse und die Lebensform in diesem Hause wirken antagonistisch, kontrapunktisch zum gewählten
Strassennamen.

f) Deutungsversuch

Im folgenden wird angestrebt, sich den profilierten Gestalten, die in der "Blendung" agieren, zu nähern. Aus methodischen Gründen werden die Figuren zuerst
von aussen her betrachtet, so wie sie sich uns selbst vorstellen oder wie sie uns
der Erzähler vorführt. Danach beobachten wir ihr Verhalten, hören uns ihre Sprache an, versuchen, ihr Charakterbild zu zeichnen und damit ihre psychische Struktur freizulegen.
Der Protagonist des Romans, Dr. Peter Kien, wird uns "als langer, hagerer
Mensch" (107) vorgestellt. Einmal wird er treffend "ein langbeiniger, einsamer
Marabu" (108) genannt. Der Erzähler widmet der Beschreibung seines Gesichts
(109) besondere Aufmerksamkeit:

> "Er hatte wasserblaue Augen und überhaupt keine Wangen. Seine
> Stirn war eine zerrissene Felswand. Die Nase stürzte, ein senk-
> rechter, schwindelnd schmaler Grat, in die Tiefe. Zuunterst,
> ganz versteckt, kauerten zwei winzige schwarze Insekten. Nie-
> mand hätte dahinter Nasenlöcher vermutet. Der Mund war ein
> Automatenschlitz. Zwei scharfe Falten liefen, wie künstliche Nar-
> ben, von beiden Schläfen zum Kinn und trafen sich in seiner Spitze.
> Durch sie und die Nase zerfiel das Gesicht, ohnehin lang und schmal,
> in fünf beängstigend enge Streifen, eng, aber streng symmetrisch,
> zum Verweilen war nirgends Platz, und Kien verweilte auch nur
> kurz. Denn als er sich selber sah, er pflegte sich nie zu sehen,
> wurde ihm plötzlich sehr einsam zumute. " (110)

Dieses Gesicht mutet monströs, ja grotesk an. Wenn wir fragen, womit der Erzähler in dieser Darstellung den Eindruck des Grotesken erziele, so erkennen wir,
dass er wesentlich aus der Ueberzeichnung natürlicher Proportionen sowie der
"Vermengung der Bereiche" (111) hervorgeht. So wird aus der Stirne eine "Fels-
wand" und die Nase wird ein "senkrechter, schwindelnd schmaler Grat". Dies
alles sind Bezeichnungen, die man allenfalls in geologischen oder petrographi-

schen Erläuterungen erwarten würde, hier aber, in der menschlichen Sphäre, in der Darstellung anatomischer Gegebenheiten rufen sie den Eindruck des Grotesken hervor. Auch die Vermischung des Mechanischen mit dem Organischen - der Mund wird zum "Automatenschlitz" - oder des Menschlichen mit dem Animalischen - der Erzähler vergleicht die Nasenlöcher mit "winzigen, schwarzen Insekten" - gehören wesenhaft zu den Ausformungen des Grotesken, wie sie Wolfgang Kayser in seinem Versuch "Das Groteske in Malerei und Dichtung" erarbeitet hat.

Nicht nur die Gestalt Kiens, auch viele seiner Eigenschaften wirken grotesk, so zum Beispiel die starre, konsequente Einteilung seines Tagesablaufs. Diese exakt eingehaltene Tageseinteilung - "Punkt acht Uhr begann er seine Arbeit ...", (112) "Unpünktlichkeit verursacht ihm Brechreiz", (113) - zeigt die Verlagerung übertriebener bürokratischer Mentalität in die Gefühls- und Gewohnheitssphäre eines erstarrenden Menschen. Der Sinn für pedantische Ordnung - einer übersteigerten österreichischen Dienstpragmatik ähnlich - findet ihren Ausdruck in der methodischen Strenge und geht bis zur skrupelhaften Pedanterie. Es zeigt sich eine Mechanik, die Kien zum Schutze seiner unflexiblen Individualität stetig weiter ausbaut. Seine Arbeit versteht er als "Dienst an der Wahrheit" und ihm sind "Wissenschaft und Wahrheit ... identische Begriffe". (114) Die ultima ratio Kiens ist die Wahrheit, und ihr könne man sich - so glaubt er - nur nähern, "indem man sich von den Menschen abschliesse". (115) Diese Ansicht Kiens offenbart bereits eine pathologische Charakter-Komponente: die Weltflucht, die Isolation. Die totale Isolation widerspricht dem menschlichen Wesen als einem zoon politikon und schliesst jegliche persönliche Anteilnahme an den Vorgängen in der Umwelt aus. (116) Der isolierte Mensch ist auf sich selbst zurückgeworfen, und daraus entsteht eine krankhafte, hypochondrische Beschäftigung mit sich selbst, die in Monomanie und autistisches Denken mündet. Dieser Autismus - bei asthenischen oder leptosomen Typen nach Kretschmers Terminologie (117) meist konstitutionell - führt hin zu der abnormen Trennung von der Umwelt, der wir bei Gelehrten und Spezialisten oft begegnen. Kien, dem Introvertierten, Passiven, geht neben jeglichem Engagement auch die Neugierde ab. "Neugier kannte er nicht." (118) Das Fehlen dieser menschlichen Regung muss als zwanghaftes Zurückweichen von der Umwelt erkannt werden. Dieser Entfremdung Kiens ist nicht mehr Einhalt zu gebieten, so dass am Ende des Romans mit Folgerichtigkeit die totalste Isolation steht: der Tod.

Es ist evident, weshalb Canetti seinen Protagonisten als Koryphäe eines derart extremen Wissenschaftszweigs, wie es die Sinologie ist, vorstellt. Weil die chinesische Sprache an sich schon eine philologische Exklusivität darstellt, ist sie vorzüglich geeignet, die Divergenz zwischen Kien und seinen Mitmenschen zu verdeutlichen. Kien ist Spezialist mit einem reichen Wissen auf begrenztem Gebiete. Seine wissenschaftliche Betätigung begreift nur sein Spezialistentum. Im engen Raume seiner sinologischen Wissenschaft wird Wissen aufgehäuft, es akkumuliert sich, während die Ignoranz in den Domänen des Alltäglichen stetig ansteigt. Das Resultat ist die tiefe Kluft zwischen Wissen und Leben. Kiens Wissen bleibt fragmentarisch, weil es nicht auf Universalität abzielt. Kien, der grösste Sinologe seiner Zeit - so nennt ihn der Erzähler - scheitert an den kleinsten Dingen des realen Lebens. Es scheint, als bestehe zwischen ihm und der aktiven praktischen Welt eine gläserne Wand. (119) Seine totale Abkehr von der äusseren Welt führt dazu, dass

er durch seine wissenschaftliche Arbeit nur noch seine eigene innere Welt, die
"Welt im Kopf" bereichert. Die Folge dieses Egoismus und seiner Hybris ist das
Scheitern.
Kiens Schicksal "steht paradigmatisch für die weltlos gewordene Intelligenz unseres Jahrhunderts", (120) für die schmähliche Kapitulation des reinen Intellekts
vor der Wirklichkeit.
Kien geht jeder Sinn für Humor (121) ab, er ist ein verbissenes Genie und ein Tor
zugleich. Seine Gedanken konzentrieren sich nur auf wissenschaftliche Abhandlungen, er denkt in logischen Begriffsystemen, die nur fachbezogen sind. Diese Eso-
therik verbaut ihm den Zugang zur Wirklichkeit und zu den konkreten Einzelheiten
des Daseins. Er gestattet sich tägliche Spaziergänge, aber auch im Gehen sucht
er nicht Wirklichkeit und Welterfahrung, sondern denkt nur an seine wissenschaftliche Tätigkeit. Kien ist - um mit einem Lieblingsbegriff Heimito von Doderers
zu sprechen - ein typischer Apperzeptionsverweigerer. Gleich zu Beginn trifft
ihn der Leser auf einem seiner Rundgänge. Kien begegnet einem kleinen Jungen,
der in die Auslagen einer Buchhandlung starrt und sich befleissigt, die Titel der
ausgestellten Bücher zu entziffern. Kien spricht ihn an, und in diesem dialogischen Einsatz - in poetologischer Hinsicht einer Exposition vergleichbar - wird
schon im dritten Satz ein zentrales Thema - das Scheitern des weltfremden Spezialisten an Alltäglichkeiten - angeschlagen.
Diese absolute Trennung von der Welt, selbst beim Spaziergang, mag folgendes
Beispiel veranschaulichen. Kien geht in sich versunken eine belebte Strasse ent-
lang und wird von einem Passanten nach der Mutstrasse gefragt. Kien hört die
Frage wohl, da er jedoch "nicht die geringste Lust verspürte, Menschen zu bemerken, hielt er die Augen gesenkt oder hoch über sie erhaben." (122) Kien ist
derart in seine Gedanken versponnen, dass er erst dann merkt, dass die Frage
an ihn gerichtet ist, als ihn der Fragende wuterregt attackiert. Diese beispiello-
se Spaltung von Geist und Körper kann nur durch den beigebrachten Schmerz überwunden werden. (123)
Kiens neurotische Abkehr von der Umwelt wird besonders sinnfällig, wenn es von
ihm heisst, er "drückte sich lieber schriftlich als mündlich aus". (124) Obwohl
er "über ein Dutzend östliche Sprachen" (125) herrscht, gelingt es ihm nicht,
die Sprache als ein Mittel der Kommunikation zu nutzen. Seine Sprache ist meist
nur noch Affekt, und seine Neigung zu Selbstgesprächen - er bespricht sich mit
Büchern - wirkt als Entladung.
Durch die Gespräche mit den Büchern wird ein weiteres pathologisches Wesensmerkmal Kiens evident. Er enthebt das Buch seinem Charakter als Kommunika-
tionsmedium, er behandelt es sorgfältiger als die Menschen seiner Umgebung,
es bedeutet ihm das Leben selbst. "Bücher sind mehr wert als Menschen," (126)
oder "kein Mensch ist soviel wert wie ein Buch", (127) sind bezeichnende Aussprüche Kiens. Er lebt in einer derart extremen Form in der Welt seiner Bücher,
dass er den Wohlgeruch der Rosen "nur aus persischen Liebesgedichten kannte".
(128)(129) Ueber rein literarische Werke aber äussert er sich überaus abfällig:

> "Romane sind Keile, die ein schreibender Schauspieler in die
> geschlossene Person seiner Leser treibt. Je besser er Keil
> und Widerstand berechnet, umso gespaltener lässt er die Per-

son zurück. Romane müssten von Staats wegen verboten sein."
(130)

"Bücher ... spiegeln die Zusammenhänge und Beziehungen eines Menschen zu sich und der Welt." (131) Die Bibliothek Kiens, die nur Bücher speichert, die in direktem Zusammenhang mit seinem Wissenschaftszweig, der Sinologie, stehen, reflektiert sein einseitiges Interesse und den Willen alles dieser Sphäre Fremde zu ignorieren. Sie ist nur noch "Selbstzweck" und kein "Mittel zu einer kultivierten Lebensform", (132) und so behauptet er: "Die beste Definition der Heimat ist Bibliothek." (133)
Das mag genügen, um in Kien nicht nur einen Bibliophilen, sondern einen Bibliomanen zu erkennen. (134) Es gibt genügend Beispiele, die beweisen, dass Büchernarren ihre Leidenschaft selbst mit dem Leben bezahlten. Es sei hier nur der griechische Philosoph und Mathematiker Eratosthenes erwähnt, der, als ihm völliges Erblinden den Anblick und die Lektüre seiner Bücher verwehrte, jegliche Nahrung verweigerte und eines kläglichen Hungertodes starb. (135) Kien kennt das Ende dieses Gelehrten und kokettiert mit dem Gedanken, er werde "dieses grosse Beispiel ... mit Leichtigkeit nachahmen", (136) aber "immer wenn er einem Blinden begegnete, ergriff ihn dieselbe peinliche Angst". (Blinde treten im Werk Canettis als Warnung übrigens immer dann auf, wenn jemand sich "blindlings" dem Abgrund nähert, ähnlich wie auf den Bildern des von Canetti verehrten Pieter Breughel.)
Seine ständige Furcht vor dem Erblinden nimmt dauernd zu, und er übt sich im Sehen, so dass er bald Objekte sieht, die nicht existieren, häufiger aber reale Dinge als nicht existent erklärt. Diese defensive Blindheit nennt er "eine Waffe gegen Zeit und Raum". (137)
Ein weiterer pathologischer Charakterzug Kiens ist sein ausgeprägter Frauenhass. Anfänglich bekennt er, die Frauen seien ihm "gleichgültig", und glaubt, "gleichgültig werden sie ihm bleiben". (138) Doch der unpraktische, misogyne Gelehrte benötigt für seinen und der Bibliothek Unterhalt eine Bedienerin, deshalb gibt er eine Annonce folgenden Inhalts auf:

"Gelehrter mit Bibliothek von ungewöhnlicher Grösse sucht verantwortungsbewusste Haushälterin. Nur charaktervollste Persönlichkeiten wollen sich melden. Gesindel fliegt die Treppe hinunter. Gehalt Nebensache." (139)

Dieses Inserat sticht einer hässlichen, alten Jungfer namens Therese Krumbholz in die Augen. Die tägliche Lektüre des Annoncenteils der Zeitung ist ihre einzige Bildungsquelle. Beim Lesen dieser Anzeige schmeichelt es ihr, "sich als charaktervollste Persönlichkeit vorzustellen". Diese ihre Projektion trieft von Selbstüberschätzung, denn sie fürchtete keinen Augenblick, "selbst als Gesindel gehalten zu werden". (140) Ihre materialistische Denkart, die im Verlaufe des Romans immer monströsere Formen annimmt, zeigt sich schon darin, dass es ihr besonders der Nachsatz, "Gehalt Nebensache", (141) angetan hat. Sie meldet sich bei Kien und wird von ihm eingestellt. Damit ist das Schicksal des weltfremden Sinologen besiegelt.
Ein traditionsreiches literarisches Motiv klingt an. Der einsame Gelehrte im el-

fenbeinernen Turm wird von einem Weib, in mittelhochdeutscher Version von der
"frouw welte", in seiner Abgeschlossenheit gestört. (142)
Canetti behaftet Therese, diese lemurenhafte Person, mit den abstrusesten Aeus-
serlichkeiten und Charakterzügen. Die Frau wird hier zur Inkarnation des "Unwer-
tes" schlechthin, und sie ist dargestellt, um mit Otto Weininger zu sprechen, als
das "absolut Geschlechtliche", (143) das Böse. Theresens verlogenes Interesse
erschöpft sich in der sexuellen Sphäre, und sie ist derart im Egoismus befangen,
dass sie alles und jedes nur auf ihren persönlichen Nutzen hin unternimmt. (144)

Der Erzähler schildert diese Gestalt wie folgt:

> "Ihr Kopf sass schief. Beide Ohren waren breit, flach und ab-
> stehend. Da das rechte die Schulter streifte und von ihr zum
> Teil verdeckt wurde, erschien das linke um so grösser. Beim
> Gehen und Sprechen wackelte sie mit dem Kopf. Ihre Schultern
> machten dazu abwechselnd die Musik." (145)

Ein anderes Mal heisst es von ihr:

> "Augenwinkel und Mundwinkel trafen sich in der Nähe des
> Ohres. Aus ihrem schmalen Schlitz stachen die Augen grün-
> lich hervor." (146)

Es ist nicht nur das unappetitliche Aeussere, der displastische Habitus dieser Person, die ihre Gestalt derart einprägsam machen, sondern ihre "akustische Maske".
(147) Ihr Wortschatz besteht aus nur "fünfzig Worten" (148) und blieb auf infantiler
Stufe stehen. Therese redet dauernd, sie lebt "ganz in ihrer Rede". (149) Dabei
bedient sie sich sprachlicher Stereotypien ("ich bitt' sie", (150) "tut man das?"),
sinnentleerter Aussprüche ("tot kann jeder") oder sprichwörtlicher Redensarten
("Doppelt genäht hält besser", "Eile mit Weile"). Ihre Rede, oft agrammatisch,
ist bar jeder Aussagekraft, setzt ein und reisst unvermittelt ab. Aus ihrer "akustischen Maske" lässt sich ihr bescheidener Intelligenzgrad ablesen, denn - um mit
einem leicht variierten Zitat Ludwig Wittgensteins zu sprechen - "die Grenzen ihrer Sprache bedeuten die Grenzen ihrer Welt". (151) Ihre Gedankenwelt ist reali-
tätsbezogen, und ihr primitives Denken entzündet sich an den kleinen Problemen
des Alltags. Der reine, weltlose Geist Kiens ist dem Ansturm ihrer banalen fünfzig Worte nicht gewachsen. Zwei Welten treffen aufeinander, die Welt des abstrakten Geistes und die Welt der animalischen, irrationalen, dämonischen Kräfte.

Die Art, wie diese verschlagene Haushälterin Macht über Kien gewinnt, wird dem
Leser mit zwingender Logik vorgeführt. In einigen Wochen gelingt es ihr, den vor
jeder Bindung zurückschreckenden Mann völlig zu unterjochen. Mit sicherem In-
stinkt versteht sie es, Kiens Vertrauen zu erschleichen. Ihr gespieltes Interesse
für den Wert der Bibliothek wird zu Kiens Fallstrick. Eines Tages überlässt er
seiner Betreuerin ein altes zerlesenes Buch aus seiner Schulzeit, den Roman von
Willibald Alexis "Die Hosen des Herrn Bredow". (152) Therese geht hin und schlägt
das abgegriffene Exemplar in Packpapier ein, streift sich Handschuhe über, um
die Seiten nicht zu beschmutzen, und zieht sich in die Küche zurück. Kien über-

rascht das berechnende Weibsstück bei ihrer Lektüre und ist ob der rührenden
Sorgfalt, die sie dem Buch angedeihen lässt, tief beeindruckt. Als er dazu noch
bemerkt, dass ihre Lektüre noch nicht weiter als bis zur zwanzigsten Seite ge-
diehen ist, (153) gestattet er sich die Frage: "Sie halten noch nicht weit?" Darauf erwidert Therese heuchlerisch: "Ich lese jede Seite ein dutzendmal, sonst
hat man nichts davon." Von dieser Antwort ist Kien derart betroffen, dass er
"wortkarg und mürrisch von Natur" (154) weiter in sie dringt. Was nun folgt,
will in extenso zitiert sein, denn es zeigt exemplarisch die Reaktion des weltfremden Gelehrten, aber ebenso exakt die heuchlerischen Charaktereigenschaften seiner Haushälterin. Auf Kiens Frage, wie ihr dieses Buch gefalle, entspinnt
sich folgender Dialog:

> " 'Ein Buch ist immer schön. Verstehn muss man's. Es waren
> Fettflecken drin, ich hab's mit allem versucht, sie gehn nicht
> heraus. Was soll ich nur machen?'
> 'Die waren schon früher drin.'
> 'Schad' ist es doch. Ich bitt' sie, was so ein Buch für einen
> Wert hat!'
> Sie sagte nicht 'kostet', sie sagte 'Wert hat'. Sie meinte den
> innern Wert, nicht den Preis. Und er hatte ihr immer vom Ka-
> pital vorgeschwatzt, das in seiner Bibliothek steckte. Diese
> Frau musste ihn verachten. Sie war eine grossartige Seele. Da
> sass sie nächtelang über alten Flecken und plagte sich mit ihnen
> ab, statt zu schlafen. Er gab ihr sein lumpigstes, abgegriffen-
> stes, schmierigstes Buch, aus Gehässigkeit, sie nahm es in lie-
> bevolle Pflege. Sie hatte Erbarmen, nicht mit Menschen, da war
> es keine Kunst, sondern mit Büchern. Sie liess die Schwachen
> und Bedrückten zu sich kommen. Des letzten, verlassenen, ver-
> lorenen Wesens auf Gottes Erdboden nahm sie sich an.
> Kien verliess die Küche in tiefer Erregung. Zur Heiligen sprach
> er nicht ein Wort. Sie hörte ihn auf dem Gang draussen murmeln
> und wusste, woran sie war." (155)

Dieses folgenschwere Missverständnis führt Kien zum Glauben, dass eine Ehe "das
beste Mittel sei", um seine geliebte "Bibliothek in Ordnung zu halten". (156) Er,
der G e b l e n d e t e , heiratet Therese, die er selbst als ein "armes, v e r -
b l e n d e t e s Geschöpf" (157) apostrophiert. (158) Nach der Heirat lässt Therese die Maske fallen und offenbart ihren wahren Charakter.
Nun ist sie kein "Dienstbott" mehr. Ihre frühere Frustration schlägt in gefährliche
Aggressivität um. In manischer Aktivität schafft sie Möbel an. Für sich zuerst,
dann für das Speisezimmer und zuletzt für die Bibliothek. Kien, dem das Geld "das
Unpersönlichste, Nichtssagendste, Charakterloseste" (159) bedeutet, wird von Therese schamlos ausgeplündert. Durch diese neu angeschafften Möbel wird Kiens Lebensraum sukzessive eingeengt. In der dritten Phase geht Therese mit den Möbeln
sogar gegen den innersten Festungsgürtel von Kiens Individualität, den geheiligten
Bezirk seiner Bibliothek vor. In sein letztes Refugium lässt die resolute Person
ein Ehebett stellen. Kien flüchtet sich in Krankheit, wird von der sadistischen Me-

gäre weitergepeinigt, bis er zu seinem Schutze die Blindheit erfindet. So lange als möglich hält er die Augen geschlossen, um Therese nicht sehen zu müssen. Er wandelt mit zugekniffenen Lidern und schlafwandlerischer Sicherheit durch die Bibliothek. An seinen Ohren lässt er Lider wachsen, um das ewige Reden seiner Frau nicht mehr hören zu müssen, endlich verwandelt er sich - welch grotesker Einfall - zu Stein.

Das habgierige Weib erpresst von Kien ein Testament, als seine Kräfte zu schwinden beginnen. Ueberall sucht sie nach seinem Bankbuch. In den Büchern, in den Ritzen der Diele, und letztlich wagt sie sich sogar an den Schlüssel zu Kiens Pult, den sie dann, nach vergeblicher Suche, versehentlich in die falschen Hosentaschen des Professors zurücksteckt. In und auf dem Schreibtisch hinterlässt sie nach ihren Recherchen ein chaotisches Durcheinander, und Kien rafft sich ein letztes Mal auf und versucht, das verruchte Weib in Schranken zu weisen, doch vergeblich. Kien schilt seine Frau und Haushälterin eine "Analphabetin". In diesem Schimpfnamen, dem verstiegensten, den er kennt, kommt wiederum deutlich sein Glauben an den Buchstaben zum Ausdruck.

Ein Gespräch der beiden Kontrahenten, das jeglichen Konsens vermissen lässt, zeigt sinnfällig, wie die Verblendung des einen die Idiotie des andern provoziert und wie das Missverständnis des Anfangs eine wahre Kettenreaktion erzeugt. "Der Leser wohnt der dramatischen Genese zweier Wahnsysteme bei." (160)

> " 'In den Manuskripten herrscht eine heillose Unordnung. Ich frage mich, wie der Schlüssel in die unrechten Hände geraten ist. Ich habe ihn in der linken Hosentasche wieder vorgefunden. Zu meinem Bedauern sehe ich mich genötigt anzunehmen, dass man ihn widerrechtlich entfernt, missbraucht und dann erst zurückgelegt hat.'
> 'Das wär' noch schöner.'
> 'Ich frage zum ersten- und zum letztenmal: Wer hat in meinem Schreibtisch herumgesucht?'
> 'Man könte glauben!'
> 'Ich will es wissen!'
> 'Bitte, hab' ich vielleicht gestohlen?'
> 'Ich verlange Aufklärung!'
> 'Aufklärung kann jeder.'
> 'Was soll das heissen?'
> 'Das ist bei den Menschen so.'
> 'Bei wem?'
> 'Kommt Zeit, kommt Rat.'
> 'Der Schreibtisch ...'
> 'Das sag' ich ja immer.'
> 'Was?'
> 'Wie man sich bettet, so liegt man.'
> 'Das interessiert mich nicht.'
> 'Er hat gesagt, die Betten sind gut.'
> 'Welche Betten?'
> 'Die Ehebetten können sich sehen lassen.'
> 'Ehebetten!'

'Das heisst bei den Menschen so.'
'Ich führe keine Ehe!'
'Hab' ich vielleicht aus Liebe geheiratet?'
'Ich brauche Ruhe!'
'Ein anständiger Mensch geht um neun ...'
'In Zukunft bleibt diese Tür geschlossen.'
'Der Mensch denkt, Gott lenkt.'
'Sechs volle Wochen habe ich mit dieser Krankheit verloren.'
'Eine Frau opfert sich Tag und Nacht.'
'Das geht so nicht weiter.'
'Und was tut der Mann für die Frau?'
'Meine Zeit ist kostbar.'
'Auf dem Standesamt müssten beide Teile ...'
'Ich mache kein Testament!'
'Wer denkt ans Vergiften?'
'Ein vierzigjähriger Mann ...'
'Die Frau ist wie dreissig.'
'Siebenundfünzig.'" (161)

Dieses ziel- und endlose Geschwafel, dieses völlige Aneinander-Vorbeireden, das
sinn- und inhaltslose Reden, das sich an sich selbst entzündet, mutet an wie die
Vorwegnahme dessen, was das absurde Theater auf die Bühne brachte. Hier sind
die Möglichkeiten eines verständlichen Dialogs nicht mehr gegeben. Diese abstrusen Monologe im Vakuum wirken wie das Geklapper von Automaten. Kiens Rede
ist trotz der ständigen sprachlichen Perseveration nicht inhaltsleer, aber dennoch
kann sie das Gegenüber nicht mehr treffen, weil jede Figur im System des eigenen Wahns befangen ist. Theresens Sprache ist bar jeder Logik. Wie erratische
Blöcke liegen in ihrem Geschwätz Sprichwörter und sinnlose Wortakkumulationen.
Die beiden "akustischen Masken" prallen aufeinander.
Zu dieser Entstellung der Sprache, die zum Tohuwabohu, zu einer babylonischen
Sprachverwirrung (162) der geschiedenen Figuren führt, bemerkt Elias Canetti in
seinem Kraus-Essay:

"Dank ihm (Karl Kraus) begann ich zu fassen, dass der einzelne
Mensch eine sprachliche Gestalt hat, durch die er sich von allen
anderen abhebt. Ich begriff, dass Menschen zwar zueinander sprechen, aber sich nicht verstehen; dass ihre Worte Stösse sind, die
an den Worten der anderen abprallen; dass es keine grössere Illusion gibt als die Meinung, Sprache sei ein Mittel der Kommunikation zwischen Menschen. Man spricht zum andern, aber so, dass
er einen nicht versteht. Man spricht weiter, und er versteht noch
weniger. Man schreit, er schreit zurück, die Ejakulation, die in
der Grammatik ein kümmerliches Dasein fristet, bemächtigt sich
der Sprache. Wie Bälle springen die Ausrufe hin und her, erteilen
ihre Stösse und fallen zu Boden. Selten dringt etwas in den anderen
ein, und wenn es doch geschieht, dann etwas Verkehrtes.
Aber dieselben Worte, die nicht zu verstehen sind, die isolierend

wirken, die eine Art von akustischer Gestalt schaffen, sind nicht
etwa rar oder neu, von diesen auf ihre Vereinzeltheit bedachten
Geschöpfen erfunden: es sind Worte, wie sie am häufigsten gebraucht werden, Phrasen, das allerallgemeinste, hunderttausend-
fach Gesagte, und dieses, genau dieses, benutzen sie, um ihren
Eigenwillen zu bekunden. Schöne, hässliche, edle, gemeine, hei-
lige, profane Worte, alle geraten in dieses tumultöse Reservoir,
und jeder fängt sich heraus, was seiner Trägheit passt; und wiederholt es, bis es nicht zu erkennen ist, bis es etwas ganz anderes, das Gegenteil von dem sagt, was es einmal bedeutete." (163)

Monoman beharren Kien und Therese auf ihren Standpunkten. Ihr Hass auf ihn steigt
stetig an, schlägt in Aggressivität um, und eines Tages schreit sie Kien an: "Hinaus aus meiner Wohnung". (164) Kien, der sich als letzte Schutzmassnahme vor
seiner rabiaten Frau in die fixe Idee flüchtet, sich in Stein verwandeln zu können,
wird von ihr am Kragen gepackt und in seiner Erstarrung zur Wohnung hinausge-
schleift. Mit dieser Niederlage der Intelligenz vor der Inkarnation des Bösen endet
der erste Teil der Blendung.
Im Mittelteil des Romans begegnet uns Kien wieder, "wie er gemessen und zäh
durch die Stadt" (165) eilt. In seiner Aktentasche trägt "er einen riesigen Plan der
Stadt, Massstab 1:5000, auf dem die Buchhandlungen mit freundlichen, roten Krei-
sen bezeichnet" (166) sind. Kien hält sich an diese Fixpunkte, um vom Wogen und
Getriebe seiner Umwelt nicht irritiert zu werden. Der intelligent-wahnsinnige Pri-
vatgelehrte kompensiert den Schmerz über den Verlust seiner geliebten Bücher mit
der Einbildung, er trage, "da er ein unzerstörbares Gedächtnis" besitze, "die gesamte ... Bibliothek im Kopf" (167) bei sich. Von motorischer Unruhe getrieben,
eilt der unbehauste Mensch rat- und rastlos durch die Grossstadt, bis er sich eines Tages, abgehetzt und müde, in einem Lokal findet:

> "Da tauchte ein ungeheurer Buckel neben ihm auf und fragte, ob es
> gestattet sei. Kien blickte angestrengt hinunter. Wo war der Mund,
> aus dem es sprach? Und schon hüpfte der Besitzer des Buckels,
> ein Zwerg, an einem Stuhl in die Höhe. Er kam richtig darauf zu
> sitzen und wandte Kien ein paar grosse, melancholische Augen zu.
> Die Spitze der stark gebogenen Nase lag in der Tiefe des Kinns.
> Der Mund war so klein wie der Mann, nur - er war nicht zu fin-
> den. Keine Stirn, keine Ohren, kein Hals, kein Rumpf - dieser
> Mensch bestand aus einem Buckel, einer mächtigen Nase und zwei
> schwarzen, ruhigen, traurigen Augen. Lange sagte er nichts; er
> wartete wohl die Wirkung seiner Erscheinung ab. Kien gewöhnte
> sich an den neuen Zustand." (168)

Das gnomenhafte Wesen stellt sich Kien bereitwillig vor: "Fischerle is mein Name!" (169)(170) Als ihm Kien, schockiert und indigniert durch sein widerliches
Aussehen, den eigenen Namen verschweigt, wird der Zwerg von plötzlicher Wut
gepackt, entreisst aus Kiens Mappe behende Papier und klatscht sich damit auf
seinen monströsen Buckel, indem er singt: "In bin a Fischer - er is a Fisch!"(171)

In diesem Geschrei Fischerles wird symbolisch das Geschehen der folgenden Kapitel vorweggenommen, denn Fischerle gelingt es dank seiner instinktiven Menschenkenntnis, Kien an sich zu binden und auszunützen. Er verwickelt Kien, den er als "Buchbranche" (172) apostrophiert, in ein langes Gespräch, das sich um das Schachspiel, die Wahnwelt Fischerles, dreht:

> "Ein Mensch was ka Schach spielt, is ka Mensch. Im Schach sitzt
> die Intelligenz, sag' ich. Da kann einer vier Meter lang sein,
> Schach muss er spielen, sonst is er ein Tepp. Ich kann Schach.
> Ich bin auch kein Tepp. Jetzt frag' ich Sie; wenn Sie wollen, ant-
> worten Sie mir. Wenn Sie nicht wollen, antworten Sie nicht. Wo-
> zu hat ein Mensch den Kopf? Ich sag's Ihnen selbst, sonst zer-
> brechen S'Ihnen noch den Kopf, es wär' schad' drum. Zum Schach
> hat er den Kopf. Verstehn Sie mich? Sagen Sie ja, dann ist alles
> gut. Sagen Sie nein, dann sag' ich's Ihnen nochmal, weil Sie's
> sind. Für die Buchbranche hab' ich ein Herz. Ich mach' Sie auf-
> merksam, ich hab's allein gelernt, nicht aus dem Buch. Was
> glauben S', wer hier der Meister is, vom ganzen Lokal? Ich
> wett' Sie kommen nicht drauf. Ich werde Ihnen den Namen ver-
> raten. Der Meister heisst Fischerle und sitzt am selben Tisch
> wie Sie." (173)

Kien hört dem vermeintlichen Schachgenie aufmerksam zu. "Obwohl er sein Gerede nicht versteht, horcht er hin", denn "seitdem der Kleine vom Schach sprach, war er (für Kien) der harmloseste Jud von der Welt". (174) Für die Ohren Kiens klingt die Sprache Fischerles unverständlich wie ein Code, denn er bedient sich der Sprache seines Milieus. Seine "akustische Maske" gleicht der Gaunersprache. In dieser Sprachgattung bringt Fischerle vordergründig vor, was für Kiens Ohren taugt und ihm schmeichelt, hintergründig dient sie vornehmlich dazu, sich mit seinen im Lokal anwesenden Spiessgesellen zu verständigen. So klingt diese Sprache in ihrer doppeldeutigen Form einerseits anmassend, andererseits verlogen, doch gleichzeitig servil. Fischerles Ausdrucksweise ist das Surrogat seiner Umwelt und hat viele verblüffende Aehnlichkeiten mit jener Sprache der Unmenschen, die einmal verheerende Folgen zeitigen sollte und deren Gift bald virulent werden wird. "Krüppel gehören ausgerottet ... und die Judennase gehöre abgehackt."(175) Das sind Redewendungen, die in diesem Milieu unbedacht verwendet werden und die selbst der Zwerg, geprägt von seiner Umwelt, benutzt.
Das verschwommene Denken, die Begriffsverwirrungen, die in dieser Welt herrschen, bringt Fischerle sinnfällig zum Ausdruck, indem er Kien erklärt, was ein Stipendium sei:

> " 'Wissen Sie, was ein Stipendium ist? Ich sag's Ihnen auf alle
> Fälle. Wissen Sie's eh, no dann schadt's nix, wissen Sie's net,
> no dann schadt's aa nix. Dieses Wort stammt aus dem Franzö-
> sischen und heisst dasselbe wie das jüdische Kapital!' " (176)

Fischerle gelingt es, Kien immer mehr für sich einzunehmen. Mit gönnerhafter

Geste bietet er ihm seine Mutter an, die er als seine Frau ausgibt. Als er durch
Kiens Ablehnung auf dessen Frauenhass aufmerksam wird, tituliert er seine an-
gebliche Frau eine "Metze" und beginnt auf die Frauen zu schimpfen:

> " 'San's froh, dass net verheiratet san. Erst sparen mir zwanzig
> Jahre jeden Groschen miteinand und jetzt hat sie das ganze Stipen-
> dium verjubelt.' " (177)

Binnen kurzem werden die Projektionen Kiens vom flexiblen Fischerle gelenkt,
und er versteht es, ihn in seiner Verblendung zu bestärken, so dass Kien glaubt,
sich noch nie "so tief in einen Menschen eingefühlt" (178) zu haben. Er gesteht
sich zwar noch ein, dass er "von den Sitten der Lokalität wenig verstand, aber
eins schien ihm gewiss: hier strebte ein Geist in elendem Körper seit zwanzig
Jahren danach, sich über den Schmutz seiner Umgebung zu erheben ... Grenzenlose Entbehrung musste er sich auferlegen, beharrlich das Ziel einer selbstherr-
lichen Intelligenz vor Augen". (179) Um diesen Prozess zu beschleunigen, beschliesst er, Fischerle einen kleinen Beitrag zum ersehnten "Stipendium" zu
schenken, zückt nichtsahnend seine volle Brieftasche und will dem Zwerg Geld
überreichen. Da bricht im Lokal plötzlich ein ungeheurer Tumult los; durch Fischerles Winke veranlasst, stürzen alle anwesenden "Himmelsbewohner" auf
Kiens Tisch zu, jeder in der Absicht, sich des Geldes zu bemächtigen. Kien wird
gepackt, in der allgemeinen Verwirrung zu Boden gerissen und nach Banknoten
durchsucht. Bald löst sich der Menschenknäuel und Kien gelingt es, aus der Spelunke zu fliehen.

> "Wenige Häuser weiter erwartete ihn der Zwerg. Er überreichte
> ihm die Aktenmappe. 'Das Papier is aa drin', sagte er, 'Sie sollen
> seh'n, wie ich bin!' Kien hatte in seinen Nöten ganz vergessen,
> dass es ein Geschöpf namens Fischerle auf der Welt gab. Um so
> betroffener war er über dieses unglaubliche Mass von Anhänglich-
> keit. 'Das Papier auch', stammelte er, 'wie kann ich Ihnen dan-
> ken ...' In dem Menschen hatte er sich nicht getäuscht. 'Das is
> noch gar nix!' erklärte der Kleine. 'Jetzt kommen S' dezediert
> in das Haustor!' Kien gehorchte, er war tief bewegt und hätte den
> Kleinen am liebsten umarmt." (180)

Kien fühlt sich gegenüber dem Gnom verpflichtet und bietet ihm an: "Treten Sie
in meine Dienste und ich werde für Sie sorgen." (181) Gerne akzeptiert Fischerle
Kiens Anerbieten und bleibt fortan bei ihm; durch seine Agilität (182) und List gelingt es ihm, sich des ganzen Vermögens Kiens zu bemächtigen. Seine Geriebenen-
heit ermöglicht es ihm "wenige Stunden nachdem er den Dienst angetreten hatte ...
über die Wünsche und Besonderheiten seines Herrn vollkommen im klaren" (183)
zu sein. So zieht er mit Kien durch die Anonymität der Grossstadt.
In Fischerle zeigt sich uns ein typischer Picaro, denn er ist ein "Umhergetriebe-
ner, dunkler und niedriger Abkunft, der sich mit allen erlaubten und unerlaubten
Mitteln, List und Betrug, Lügen und Schlichen, gerissen durchs Leben schlägt".
(184) In seinem Charakterbild gleicht er dem Paul Buscon in Quevedos gleichna-

migem Roman, denn wie dieser versucht er, nachdem er vom Leben arg gebeutelt
wurde, sich durch den Einsatz aller Schlauheit und Geriebenheit, die Besitzenden
zu überlisten und sich an ihnen schadlos zu halten. In einigen Bildern nimmt Fischerle auch Züge des Lazarillo de Tormes an, der Hauptfigur des gleichnamigen
spanischen Schelmenromans. Das Geschehen in den einleitenden Kapiteln dieses
Urbilds aller Schelmenromane zeigt viele Analogien. Die Situation, in der Lazarillo von einem blinden Bettler in Dienste genommen wird und diesen schamlos aus-
plündert, gemahnt besonders deutlich an die "Blendung"; denn Kien (wir belegten
unsere Feststellung) ist nichts anderes als ein Blinder, in seinem Wahn Befange-
ner.
Wie wir sehen, wird also im zweiten Teil der "Blendung" die spaniolische Komponente Canettis überaus deutlich. Ueber diese eigentümliche Konstellation äusserte
sich Elias Canetti einmal in einem Interview:

> "Manchmal komme ich mir vor wie ein spanischer Dichter in deut-
> scher Sprache. Wenn ich die alten Spanier, etwa die Celestina oder
> die Suenos von Quevedo lese, glaube ich, ich spreche aus ihnen."
> (185)

Bereits wurde darauf hingewiesen, dass der zweite Teil der "Blendung" nicht derart konsequent durchgeformt erscheint wie der erste. Der Mittelteil drohe in Episoden aufzufächern und durch die Fülle der abenteuerlich-schwankhaften Motive
den Rahmen zu sprengen. Der Grund dazu liegt wohl im Wesen des Schelmenromans, der in seinen Erzählmöglichkeiten und Erzählstrukturen über eine ausserordentliche Vielfalt verfügt. Diese Feststellung unterstreicht die Richtigkeit von
Richard Alewyns Definition des genannten Romantypus, die er im Nachwort zu
Johann Beers "Narrenspital" gibt: "Der Picaro-Roman ist eine locker geschürzte
Erzählung von Abenteuern, die selten mehr miteinander gemeinsam haben als die
Person des Helden, ... eines jungen Burschen aus dem Volke, der schon als halbes Kind schutzlos in das Leben hinausgestossen wird, zuerst argloses Opfer,
dann eingeweihter Kenner und durchtriebener Meister der Schliche und Ränke einer durch und durch verdorbenen Welt." (186) Fischerle ist also ein naher Ver-
wandter des Eulenspiegels Bracke im gleichnamigen Roman von Klabund, des Felix Krull von Thomas Mann, des Hermann Lohaus von Rudolf Krämer-Badoni, des
Vigoleis von Albert Thelen, des Tobias Immergrün von Paul Pörtner, des Simpli-
cius 45 von Heinz Küppers und endlich auch des Oskar Matzerath in Günter Grass'
"Blechtrommel".
Fischerles Betrugsabsichten zielen darauf ab, Kiens Geld für eine Fahrt nach Amerika (187) zu benutzen, um aus seinem engen, tristen Milieu auszubrechen. Sein
grösster Traum wäre es, in der "Neuen Welt" gegen den ungeschlagenen Schachweltmeister Capablanca (188) anzutreten und ihn vernichtend zu schlagen, um selbst
als Weltmeister gefeiert zu werden. Dann wird er auch seinen ihm verhassten Namen ändern, denn den Diminuitiv in seinem Namen empfindet er als pejorativ. Er
wird "Schachweltmeister Siegfried Fischer" (189) heissen. Die Presse nimmt von
ihm Notiz, und Bilder von ihm erscheinen in den Zeitungen, natürlich mit wegre-
touchiertem Buckel. Ein berühmter Chirurg wird ihm durch einen Eingriff eine
ansehnliche Figur verleihen, und um die Vorzüge seiner gewandelten Gestalt zur

Geltung zu bringen, lässt er sich von einem erstrangigen Herrenschneider nach der neuesten Mode die teuersten Massanzüge anfertigen. In seiner Sehnsucht nach proteushafter Verwandlung (190) wird Fischerle zum Gegenpart Kiens, der sich nicht verwandelt, sondern erstarrt. Antithetik wird in der "Blendung" zu einem Stilprinzip erhoben und darf - denn sie wird besonders auch in den jüdischen Schwänken oder in den Formen des jüdischen Witzes evident - als Canettis jüdische Erbsubstanz verstanden werden.

Fischerles erträumte Verwandlung wird nicht Realität. Durch ein kleines Missgeschick, hervorgerufen durch seine Hybris - er wirft einem bettelnden Scheinblinden, den er wohl kennt, einen Hosenknopf in den Hut, obwohl er dessen Gefährlichkeit kennt - wird er bestialisch ermordet: ihm wird mit einem Brotmesser der Buckel heruntergeschnitten.

Wenn wir uns fragen, weshalb der Leser und auch der Autor - obwohl er Fischerle zur Karikatur degradiert und ihn mit den abstrusesten Details und den monströsesten Lächerlichkeiten behaftet - mit ihm sympathisieren, so sehen wir uns auf die Deutung der Schelmenfigur verwiesen, wie sie C.G. Jung formuliert. Jung führt in seinem Aufsatz "Zur Psychologie der Schelmenfigur" an, dass der Picaro auf den Leser eine spontane Faszination ausübe. Sie werde so wirkungsvoll, "weil sie im geheimen Anteil hat an der Psyche des Zuschauers, ja als eine Widerspiegelung derselben erscheint, welche aber als solche nicht erkannt wird". (191) Daher wird die Figur des Schelms zu einer "kollektiven Schattenfigur, zu einer Summierung aller individuellen, inferioren Charaktereigenschaften", (191) und weil der Leser aus natürlichem Selbsterhaltungstrieb lieber der Betrüger als der Betrogene sein möchte, stellt er sich auf die Seite des picaresken Typs.

Mit dem Tode Fischerles finden die entwürdigenden Martyrien Kiens noch kein Ende. Durch Zufall fällt er nun in die Hände des sadistischen Hausbesorgers Benedikt Pfaff, der sich in Kiens Abwesenheit mit dessen Haushälterin und Frau, Therese, kopulierte. Pfaff ist eine Präfiguration jener Form des Bösen, die einige Jahre nach der Niederschrift der "Blendung" die Oberhand selbst über die Intelligenz gewann. Hinter der Maske des Biedermanns verbirgt sich eine infernalische Fratze. Die entfesselte Bestie Pfaff stillt ihren kruden Machthunger an den Menschen seiner Umwelt und befriedigt seine pervertierten Triebe, indem er seine widernatürliche Lust am Quälen zu einem raffinierten, sadistischen System ausbaut. Ueber diese seine "Schlag-Kunst" äussert er sich einmal:

> " 'Ich bin für die Fäuste.' Ich sag', das Schlagen ist eine Kunst.
> Das muss man lernen. Ein Kollege von mir, der schlägt gleich
> in den Bauch. Der Geschlagene fällt zusammen und spürt nichts
> mehr. Ja, jetzt kann ich auf ihn einschlagen, solange ich will,
> das sagt der Kollege. Ja, sag' ich, was hab' ich davon, wenn
> der nichts spürt. Auf einen Bewusstlosen schlag' ich nicht, weil
> der nichts spürt. Das hab' ich in meinem ganzen Leben so gehalten. Ich sag', ein Mann muss das lernen, wie man schlägt, dass
> der Geschlagene nie das Bewusstsein verliert. Bewusstlosigkeit
> darf nicht sein. Das nenn' ich schlagen. Totschlagen kann jeder."
> (192)

Als Polizeibeamter ist Pfaff autoritätsgläubig. Er verschanzt sich hinter einer Autorität, um sich dann mit hinlänglich bekannten Begriffen wie Befehls-Notstand aus der Affäre zu ziehen. Nachdem er in Pension gegangen ist, wird er von Langeweile vollends übermannt und beschliesst, sich des Bettlerunwesens im Hause anzunehmen. Dazu bohrt er in die Türe seines Kabinetts ein Guckloch, vor dem er täglich kniet, um die Betreter des Hauses ungesehen kontrollieren zu können. Ueber alle Vorgänge im Hause ist er unterrichtet. In seiner Eigenschaft als Hausbesorger gleicht er durch sein ausgeklügeltes Ueberwachungssystem, seine Landsknechtsbrutalität und seine entfesselten Kleinbürgerinstinkte dem Muster des Schergen in einem totalitären Staat.

Im Kapitel "Der gute Vater" lernen wir Benedikt Pfaff in seiner Intimsphäre kennen. In diesem Kabinettstück des schwarzen Humors artikulieren sich Gedanken, wie sie in der Figur des "Herrn Karl" von Carl Merz und Helmut Qualtinger auf die Bühne gebracht wurden. Hier schwelt nicht kleinbürgerlicher Mief, sondern Höllendunst. Die fatale Gemütlichkeit schlägt um in dämonische Vernichtungstriumphe. In der Geisteshaltung des Primitiven und Subalternen Pfaff wuchert krebsartig Brutalität, Irrsinn und grenzenlose Zerstörungswut - die Darstellung ist in ihrer zupackenden Grausamkeit kaum mehr erträglich.

Dieses Kapitel ist es, das Elias Canetti ganz besonders am Herzen liegt und das er in manchen Vorleseabenden schon vorgetragen hat, immer in einer derart souveränen Art und mit derartiger Verwandlungsgabe, dass alle Kritiker vom Rezitator Canetti als dem legitimen Nachfolger Karl Kraus' sprachen. (193) Elias Canetti selbst bemerkt zu diesem Kapitel:

> "Ich meine, dass es etwas ausdrückt, was allen Bewohnern der
> Erde heute in den Knochen liegt: die Dumpfheit der Macht wie
> der Ohnmacht, ihr schreckenerregendes Zusammenspielen bis
> in die intimste Sphäre. Wem es unerträglich, nämlich zu nahe
> ist, möchte ich zu bedenken geben, was ich mir einmal auf-
> schrieb, als mir sehr vieles zu nahe war: (194) 'Es gibt eine
> legitime Spannung im Dichter: die Nähe der Gegenwart und die
> Kraft, mit der er sie von sich stösst; die Sehnsucht nach ihr
> und die Kraft, mit der er sie wieder an sich zieht. So kann sie
> ihm nie nah genug sein. So kann er sie nie weit genug von sich
> stossen.'" (195)

Der Beginn des Kapitels mutet den unbefangenen Leser zuerst recht gemütlich an. Es ist eine Schilderung der Wohnung des Hausbesorgers und seiner Familie. Schon im zweiten Satz aber steigt die Beklommenheit, und im weiteren Verlauf des Geschehens verfremdet sich dem Leser die Welt immer mehr ins Groteske, die gewohnten Massstäbe werden untauglich, eine Orientierung unmöglich.

> "Die Wohnung des Hausbesorgers Benedikt Pfaff bestand aus
> einer mittelgrossen, dunklen Küche und einem kleinen, weissen
> Kabinett, in das man vom Hausflur aus zuerst gelangte. Ur-
> sprünglich schlief die Familie, die fünf Mitglieder zählte, im
> grösseren Raum, Frau, Tochter und dreimal er selbst, er, der

Polizeibeamte, er, der Ehemann, er, der Vater. Die Ehebetten
waren, zu seiner häufigen Entrüstung, gleich gross. Dafür zwang
er Tochter und Frau zusammen in einem zu schlafen, das andere
gehörte ihm allein. Sich selbst legte er eine Rosshaarmatratze
unter, nicht aus Verweichlichung, Langschläfer und Weiber hasste
er, sondern aus Prinzip. Das Geld brachte e r nach Hause. Die
Reinigung sämtlicher Treppen oblag der Frau, das Aufsperren des
Haustores, nachts, wenn jemand läutete, seit ihrem zehnten Lebensjahr der Tochter, damit sie die Feigheit verlerne. Was an
Einnahmen für beiderlei Leistungen einging, behielt er, denn er
war der Hausbesorger. Hie und da gestattete er ihnen, eine Kleinigkeit auswärts zu verdienen, durch Bedienung oder Waschen.
So spürten sie wenigstens am eigenen Leib, wie hart ein Vater
arbeiten muss, von dem die Familie lebt. Beim Essen nannte er
sich einen Anhänger des Familienlebens, bei Nach verhöhnte er
die ältliche Frau. Sein Züchtigungsrecht übte er aus, sobald er
aus dem Dienst kam. An der Tochter rieb er seine rothaarigen
Fäuste mit wirklicher Liebe, von der Frau machte er weniger Gebrauch. Sein Geld liess er zu Hause; es stimmte immer genau,
auch ohne dass er nachzählte, denn als es einmal nicht gestimmt
hatte, mussten Frau und Tochter auf der Strasse übernachten. Alles in allem war er glücklich." (196)

Wenn im Namen "Benedikt Pfaff" schon Patriarchalisches anklingt (Canetti exzel-
liert oft mit seiner Namengebung, ähnlich wie auch Thomas Mann, er lehnt aber
allzu durchsichtige Namen von der Art, wie sie etwa Jakob Wassermann verwendet, als zu direkt und zu wenig kunstvoll ab), so wird es in der Charakterzeichnung erst recht deutlich. Neben sich duldet Pfaff niemanden; seine Frau - von der
er "wenig Gebrauch" machte - wird zu einem Gegenstand degradiert, ebenso ist
für ihn seine Tochter nur ein Objekt zur Befriedigung seines Sexus und Sadismus.
Das Inzestmotiv, das hier aufscheint, dient dazu, den Vater als Personifikation
der nackten Gewalt, des Materialismus und eines totalen Egoismus zu zeigen.
Pfaff traktiert seine Tochter mit derben Schlägen, beschimpft sie im unflätigsten
Polizeijargon, und ihre Existenzberechtigung neben dem Berserker erschöpft sich
darin, das "Dienstmädchen und Weib ihres Vaters" (197) zu sein, bis auch sie,
wie ihre Mutter, unter den Fäusten des Hausbesorgers stirbt. Nach ihrem Tod
rechtfertigt sich Pfaff durch allerlei Ausflüchte und stellt lapidar fest: "Ein Mör-
der (sei) er nicht." (198)
Einmal charakterisiert der Erzähler den rabiaten Hausbesorger treffend als "die
Faust an sich" (199), und dieser selbst stellt sich mit dem bezeichnenden Bilde
vor:

" 'Ich bin der rote Kater! Weil erstens zeichne ich mich durch
diese seltene Farbe aus, und dann entlarve ich die Dunkelheit.
Ich habe Augen! Bei den Raubkatzen ist das eine Sitte!' " (200)

Rot ist die Farbe, die schon bei Sigmund Freud unter den männlichen Symbolen

wie Feuer, Flamme als dem Symbol des Lebens rangiert. Für Kien wird die rote
Farbe - wie vorher das Blau von Theresens gestärkten Röcken - zum Inbegriff pa-
nischen Schreckens.

Pfaff sperrt den Gelehrten in sein Kabinett und zwingt ihn, die Welt durch sein
Guckloch zu beobachten, bis sich ihm diese zur "Welt im Kopf" verwirrt. Kiens
körperliche und geistige Erschöpfung, seine pathologischen Angstzustände und seine entmenschte Lebenssituation werden im Roman eindrücklich beschrieben:

"Und jetzt öffnen wir das linke Auge halb, sagt er ganz leise,
alles ist ruhig, wer sich fürchtet ist feig. Das rechte Auge
folgt nach. Beide blicken in ein leeres Kabinett. Auf dem Bett
liegen mehrere Teller, ein Tablett und Besteck, auf dem Boden ein zerbrochenes Glas. Ein Stück Rindfleisch ist da und
über den Anzug verstreut Spinat. Eine Suppe hat ihn bis auf
die Haut durchnässt. Alles riecht normal und wirklich. Wer
hat das gebracht? Es war doch niemand hier. Er geht zur Tür.
Sie ist versperrt. Er rüttelt dran, vergeblich. Wer hat ihn ein-
gesperrt? Der Hausbesorger, als er wegging. Der Spinat existiert ja gar nicht. Er wäscht ihn weg. Die Glassplitter liest er
zusammen. Seine Sorgen schneiden ihn. Blut fliesst. Soll man
am eigenen Blut zweifeln? Die Geschichte berichtet von sonder-
barsten Verirrungen. Zum Essbesteck gehört ein Messer. Um
es zu erproben, schneidet er sich, es ist scharf und schmerzt
sehr, den kleinen Finger der Linken ab. Viel mehr Blut fliesst.
Er wickelt die verletzte Hand in ein weisses Handtuch, das vom
Bett herunterhängt. Dieses Handtuch ist eine Serviette. In der
Ecke liest er sein Monogramm. Wie kommt sie her? Es ist, als
hätte jemand durch Decke, Mauern und verschlossene Tür ein
fertiges Mittagessen hereingeworfen. Die Fenster sind heil. Er
kostet das Fleisch. Es hat den richtigen Geschmack. Es ist ihm
übel, er hat Hunger, er isst es ganz. Mit verhaltenem Atem,
steif und bebend, spürt er, wie jeder Bissen den Weg durch die
Speiseröhre nimmt. Jemand hat sich eingeschlichen, als er mit
geschlossenen Augen auf dem Bett lag. Er horcht. Um nichts zu
überhören, hebt er den Finger. Dann sieht er unters Bett und in
den Kasten, er findet niemand. Da ist einer dagewesen, ohne
ein Wort zu sprechen, und hat sich wieder entfernt; aus Angst.
Die Kanarienvögel haben nicht angeschlagen. Wozu hält man die
Tiere. Er tut ihnen nichts zu leid. Seit er hier lebt, lässt er sie
in Ruhe. Sie haben ihn verraten. Vor seinen Augen flimmert es.
Plötzlich schlagen die Kanarienvögel los. Er droht ihnen mit der
verbundenen Faust. Er blickt hin: die Vögel sind blau. Sie ver-
höhnen ihn. Er holt sich einen nach dem andern aus dem Bauer
heraus und drückt ihnen die Kehlen zu, bis sie erstickt sind. Begeistert öffnet er das Fenster und wirft die Leichen auf die Strasse. Seinen kleinen Finger, eine fünfte Leiche, schleudert er ihnen
nach. Kaum hat er alles Blau aus dem Zimmer entfernt, da tanzen

die Wände los. Die heftige Bewegung löst sie in blaue Flecken auf.
Es sind Röcke, flüstert er und kriecht unters Bett. Er beginnt an
seinem Verstand zu zweifeln." (201)

Diese Darstellung Kiens wirkt wie die Aufzeichnung eines klinischen Befundes, wie
eine Studie über paranoiden Wahnsinn. Was zu Beginn des Romans nur erahnt werden kann, hier wird es logisch vorgeführt. Kien leidet unter Paranoia, einer Geisteskrankheit, die "ohne Beeinträchtigung der Intelligenz und ohne Verblödung" (202)
meist mit Grössenwahn anfängt und mit Verfolgungswahn endet. Wie viele Paranoi-
ker entwickelt Kient grandiose Selbsttäuschungen, in denen er sich mit einzigarti-
gen Fähigkeiten auszustatten pflegt, zum Beispiel mit seiner "defensiven Blindheit"
oder seiner Erstarrung zu Stein. Besonders in den ersten Kapiteln des Romans
zeigt er Wahnideen, die nur dank der kunstvoll gelenkten Projektion des Lesers
nicht als eigentliche pathologische Exzesse empfunden werden. Im Mittelteil werden sie dann folgerichtig weiter ausgebaut, bis sie gegen das Ende der "Blendung"
zu typischen Zerfallsmomenten werden, zu Zwangsmechanismen, die alles zu sy-
stematisieren versuchen. Als Begleiterscheinung dieser paranoiden Destruktion
mengen sich in seinem Kopf Halluzinationen, die mit gleichzeitigen, realen Wahrnehmungen im Kampfe zu liegen scheinen. Wirklichkeit, Trugwahrnehmung und
Träume von eigentümlicher Prägnanz amalgamieren sich derart, dass Kien und
mit ihm der Leser, der die distanzierende Haltung zu ihm verloren hat, kaum
mehr zu unterscheiden vermögen, was nun Realität, Halluzination oder Traumin-
halt ist. (203) Aus diesem nahezu unentwirrbaren Knäuel resultiert letztlich die
surrealistische Atmosphäre, die den Roman in seiner ganz spezifischen Art auszeichnet.
Professor Peter Kien, der "an seinem Verstand zu zweifeln" (204) beginnt, wird
durch seinen aus Paris herbeizitierten Bruder Dr. Georg Kien, einem Psychiater,
aus seiner prekären Situation gerettet. Dieser berühmte Irrenarzt wird schon im
ersten Teil der "Blendung" erwähnt und aus der Perspektive des Sinologen als dessen Antipode dargestellt:

> "Er wünscht sich seinen Bruder Georg her. Der hatte sich als
> Frauenarzt in Paris etabliert. Noch keine fünfunddreissig Jahre
> alt, genoss er einen verdächtig guten Ruf. In Frauen kannte er
> sich besser als in Büchern aus. Kaum zwei Jahre, nachdem sein
> Studium beendet war, überlief ihn die gute Gesellschaft, soweit
> sie krank war, und sie war es immer, mit all ihren leidenden
> Frauen. Schon dieser äussere Erfolg trug ihm die verdiente Ver-
> achtung Peters ein. Seine Schönheit hätte er Georg vielleicht ver-
> ziehen, sie war ihm angeboren, er konnte nichts dafür. Eine künst-
> liche Verunstaltung, um den lästigen Wirkungen von soviel Schön-
> heit zu entgehen, brachte er nicht über den Charakter, der leider
> schwach war. Wie schwach, bewies der Umstand, dass er sein
> einmal erwähltes Spezialfach verriet und mit fliegenden Fahnen
> zur Psychiatrie überging. Da hatte er angeblich einiges geleistet.
> Im Herzen blieb er Frauenarzt. Das unsittliche Leben lag ihm nun
> einmal im Blut." (205)

Seinen Werdegang und seine erstaunliche Karriere verdankt Georg Kien - wie aus
dem Kapitel "Ein Irrenhaus" hervorgeht, das dem Romangefüge nicht vollständig
integriert ist, seine Existenzberechtigung im Themenkreis der "Blendung" aber
dennoch besitzt - einem zufälligen Zusammentreffen mit einem Menschen, der
auf der animalischen Stufe eines Affen stehen blieb.
Georg Kien findet seinen Bruder im dunklen Verlies, er erlöst ihn aus seinem ent-
menschten Dasein, indem er Benedikt Pfaff, "den starken, roten Lümmel" (206)
mit der stupiden Haushälterin Therese aus seinem Gesichtskreis verbannt, und
ihn wieder in seiner Welt installiert. Zwischen dem ungleichen Bruderpaar entspinnt sich eine ellenlange Diskussion, in der der Sinologe das für den Paranoi-
ker typische "Positionsgefühl" (207) weiter verstärkt, indem es ihm nur darum
geht, seine "exaltierte Stellung zu verteidigen und zu sichern". (207) Georg Kien,
der sich gerne in selbstgefälligen Kommentaren auslässt - in dieser Eigenschaft
gleicht er dem Psychiater in Robert Musils Roman "Der Mann ohne Eigenschaften" - versucht mit seinem Bruder eine Theraphie, die aber fruchtlos bleiben
wird. Der Psychiater hat durch seine Patienten, "die einzigen wirklichen Persönlichkeiten", (208) erfahren, dass die tiefste und eigentlichste Triebkraft der
Geschichte der Drang der Menschen sei, "in einer höheren Tiergattung, der Masse aufzugehen und sich darin so vollkommen zu verlieren, als hätte es nie e i -
n e n Menschen gegeben". (209) Von dieser Emanation wisse besonders der Intellektuelle wenig, wenn er glaube, dass die Bildung "ein Festungsgürtel des Individuums gegen die Masse in ihm selbst" (210) sei. Seine Entdeckung, auf die
Georg sehr stolz ist, versucht er dem Bruder zu explizieren. Dieser entwickelt
aber eine forensische Eloquenz, verteidigt sich und sein Spezialistentum mit einer nicht endenwollenden Suada, so dass selbst die an sich bemerkenswerten
Feststellungen des Irrenarztes bei ihm auf taube Ohren stossen. Georg doziert
wie folgt weiter:

> " 'Die Menschheit' bestand schon lange, bevor sie begrifflich er-
> funden und verwässert wurde, als Masse. Sie brodelt, ein unge-
> heures, wildes saftstrotzendes und heisses Tier in uns allen,
> sehr tief, viel tiefer als die Mütter. Sie ist trotz ihrem Alter
> das jüngste Tier, das wesentliche Geschöpf der Erde, ihr Ziel
> und ihre Zukunft. Wir wissen nur nichts; noch leben wir als
> vermeintliche Individuen. Manchmal kommt die Masse über uns,
> ein brüllendes Gewitter, ein einziger tosender Ozean, in dem
> jeder Tropfen lebt und dasselbe will. Noch pflegt sie bald zu
> zerfallen, und wir sind dann wieder wir, arme, einsame Teufel.
> In der Erinnerung fassen wir es nicht, dass wir je so viel und
> so gross und so eins waren. 'Krankheit', erklärt ein mit Ver-
> stand Geschlagener hier, 'die Bestie im Menschen', beschwich-
> tigt das Lamm der Demut dort und ahnt nicht, wie nah der Wahr-
> heit es danebenrät. Indessen rüstet sich die Masse in uns zu
> einem neuen Angriff. Einmal wird sie nicht zerfallen, vielleicht
> in einem Land erst, und von diesem aus um sich fressen, bis
> niemand an ihr zweifeln kann, weil es kein Ich, Du, Er mehr
> gibt, sondern nur noch sie, die Masse." (211)(212)

Nach dieser ergebnislosen Aussprache, in der die beiden nur ihre eigenen Positionen befestigt haben, die aber nicht zu einem verständigen Dialog führen konnte, verlässt Georg seinen Bruder Peter wieder und kehrt zurück zu seinen Kranken, "die sein Publikum waren" (213).

Der Sinologe, wieder in seiner Bibliothek installiert, wird von seinen Wahnideen übermannt, legt Feuer an seine Bücher und kommt so, wie er den Tod in seinen Träumen, als Warnung gleichsam, erlitten hat, in den Flammen um. Mit diesem grossartig-grotesken Finale, das keineswegs aufgesetzt wirkt, sondern sich als der konsequente Verlauf der Paranoia Kiens erweist, endet die "Blendung" - ein Krankheitsbild einer kranken Zeit.

In einem Essay über "Oesterreichische Literatur" stellt Ernst Alker fest, "dass die meisten österreichischen Romane von Dauerwert das Verhältnis von Einzelpersönlichkeit und Gemeinschaft intensiver und ausführlicher darstellen, als dies an sich durch das Thema bedingt wäre". (214) Diesen Prozess zeigt auch der Roman Elias Canettis am Beispiel einer weltlos gewordenen Individualität, die sich bewusst einer Gemeinschaft entzieht. Canetti geht es in der "Blendung" primär nicht nur um die Darstellung eines Krankheitsbildes, der Paranoia, sondern vielmehr um die Spannungsmomente und latenten Konfliktsituationen eines Aussenseiters der Gesellschaft. Die Gesellschaft, wie sie uns in Canettis Roman begegnet, entspricht der Vorstellung einer schon lange fragwürdig gewordenen Normalität, und - sieht man etwa von der von aussen in die Welt der "Blendung" hineingeführten Gestalt des Irrenarztes ab - so leiden alle Charaktere an klinischen Defekten. Canetti hat mit Vorbedacht alle "normalen Figuren" aus seinem Roman verbannt. Dadurch fehlt dem Leser jeglicher normative Halt, der es ihm erlauben würde, den Wahn dieser Verblendeten und Besessenen zu messen oder zu diagnostizieren, und sie mit einer glaubwürdigen Ordnung zu konfrontieren. Weil sich die Frage nach der effektiven Wahrheit bei Irren nicht stellt, denn diese offenbaren sich, so paradox es klingt, deutlicher als die Normalen; da sie ausserhalb jeder Norm nur in ihren Wahnideen leben und diese ausdrücken, eignen sich diese Extremtypen vorzüglich dazu, den Leser "auf schnellstem Wege ins Reinphantastische hineinzubefördern". (215) In der Welt des Phantastischen, so wie sie die "Blendung" auszeichnet, wird der Leser der Realität entfremdet, und unter dem Blickwinkel dieser Entfremdung hebt sich für ihn jede Orientierung auf, er sieht die Welt nur noch als Tollhaus. Das dient wohl letztlich dem Versuch, das Böse aufzuspüren, "das Dämonische in der Welt zu bannen und zu beschwören." (216)

Als literarischer Typus gehört Canettis Roman am ehesten zur Groteske. Dafür gibt es zahlreiche Indizien. Canetti zeichnet nicht Figuren nach, so wie das etwa Thomas Mann getan hat. Er über-zeichnet sie, das heisst, ihre Individualität gerät ins Zerrbildhafte, Monströse, Unwirklich-Unheimliche, oder, wenn wir zu einem Vergleich aus der Malerei greifen wollen, ins Goyeske, Und wie bei diesem spanischen Maler gewinnt die überzeichnete Individualität den Wert des Ueberindividuellen, des Typus. Freilich nicht in jenem Goetheschen Sinn, in dem der Typus eine übergeordnete Form der Individualität darstellt, sondern im Sinne einer bedrohlichen Ballung individueller und individuellster Züge. Der Foltertrieb Pfaffs zum Beispiel, der wohl immer nur eine Eigenschaft neben andern sein kann, wird aller seiner Nebenerscheinungen entledigt. Es gibt nichts an Pfaff, was seine

Untaten entschuldigen und als "menschlich" apostrophieren könnte. Er ist im wört-
lichen Sinn zum Un-mensch geworden und damit den Kategorien menschlichen Ver-
haltens entzogen. Eine Inkarnation des Bösen und der Macht, beeindruckt er den
Leser wie eine mythische Gestalt. Ein Unmensch wie Pfaff, fühlt man, lässt sich
nicht ändern, nicht zum Guten wenden. Also verhindere man, dass er existent wird.
Kien wiederum kann als der Repräsentant der weltlos gewordenen Intelligenz unseres Jahrhunderts begriffen werden, die vor der politischen Wirklichkeit schmäh-
lich kapitulierte und scheitern musste, weil sie nicht nach Universalität strebte.
In Fischerle sehen wir den ahasverischen, verfolgten und gedemütigten Juden (217)
und Therese als die Inkarnation einer kollektiven Regression ins Archaische.
Um diese paradigmatische Bedeutung seiner Figuren zu erreichen, beschreibt Elias
Canetti den genauen Gegenweg von Franz Kafka. Bei Kafka und Canetti ist der Mensch
zwar einer fremden, ihm unbegreiflichen Instanz ausgeliefert - und hier liegt wohl
der Ansatzpunkt, der zu den vielen Missverständnissen Veranlassung gibt, die sich
immer dann zeigen, wenn die beiden Autoren miteinander verglichen werden, und
das Verwandtschaftliche hervorgehoben wird. Bei Kafka indessen verfügen die Figuren nicht über eine klar umrissene Individualität, sie gewinnen erst Kontur durch
die Situationen, in die sie geraten. Bei Canetti andererseits verfügen alle Figuren
über ausgeprägte, individuelle Züge, die durch ihre Ueberzeichnung Symbolkraft
erhalten.
Canetti bedient sich der bekannten manieristischen Methode, wie sie schon das 17.
Jahrhundert kannte. Er verändert die Proportionen. Einzelne Möglichkeiten, die
der Mensch in sich hat, werden derart extrem gezeichnet, bis sie den Menschen
in ein Monstrum verwandelt haben. Im Gegensatz dazu die klassische Methode, die
stets das Gleichgewicht sucht. Die Methode Kafkas ist eine durchaus andere, möglicherweise modernere, weniger bekannte. Seine Figuren sind Erschrockene, nicht
Erschreckende, Getriebene, nicht Antreibende. Ihre Proportionen werden kaum
verändert, sie bleiben im Grunde genommen unanschaulich, schemenhaft. Sie sind
nicht überdimensionierte Subjekte, sondern überdimensionierte Objekte. Die ästhe-
tische Kategorie des Manieristischen für sie zu bemühen, wäre ein zweifelhaftes
Unterfangen.
Zum Abschluss dieses Interpretationsversuchs sei gesagt: Canetti bedient sich keiner grundsätzlich neuen Methode. Indessen wendet er das manieristische Prinzip
der Proportionen-Veränderung mit so viel Souveränität und sicherem Gefühl für
das Charismatische seiner Zeit an, dass unter seiner Hand ein literarisches Meisterwerk von hohem moralischem Wert entstanden ist. Dass nur wenige beim Erscheinen des Buches den vorgehaltenen Spiegel erkannt haben, spricht nicht gegen
die "Blendung" Canettis, eher wohl für die Verblendung unserer Zeit.

3. "HOCHZEIT", "KOMOEDIE DER EITELKEIT"

a) Dramentheorie

Elias Canetti ist ein urdramatisches Talent, und so ist das Drama auch seine spezifische Aussageform und eigentlichste Domäne. Er selbst bemerkt dazu:

"Ich fühle mich vor allem als Dramatiker und alles, was mit
dramatischen Dingen zusammenhängt ist, wenn ich so sagen
darf, der innerste Kern meiner Natur." (218)

Bis heute hat Canetti nur drei seiner Dramen publiziert. Die ersten zwei, die
"Hochzeit" und die "Kommödie der Eitelkeit", wurden in Wien entworfen und ausgearbeitet, das dritte, "Die Befristeten", entstand in London. In unserem Zusammenhang interessieren vor allem die beiden in Wien entstandenen Theaterstücke.
Besonders Beachtung verdient die "Hochzeit", weil dieses Drama bei seiner Uraufführung zu bedauerlichen Missverständnissen Anlass gab und den Namen des
Dramatikers Elias Canetti in ein falsches Licht stellte. Aeussere Umstände haben viel dazu beigetragen, dass der Name des Dramatikers Canetti einem breiteren Publikum nahezu unbekannt geblieben ist. Das Phänomen, dass erst zwei
Nachkriegsjahrzehnte vergehen mussten, ehe man sich seiner Stücke annahm,
ist - bei dem steten Ruf nach qualifizierten deutschen Dramatikern - recht paradox und singulär. Canetti meint in einem Interview mit Horst Bienek:

"Es ist vielleicht nicht ganz so merkwürdig, wenn Sie bedenken,
dass ich in London lebte, ganz in meiner Arbeit vergraben war
und kaum je etwas Ernsthaftes mit den Stücken unternahm. Ich
hatte keinen Theatervertrieb und keinen Verleger für sie. Seit
der Hanser-Verlag letztes Jahr drei von ihnen in einem Band der
Oeffentlichkeit vorgestellt hat, weiss man von ihrer Existenz und
langsam geschieht auch etwas mit ihnen. Aber es gibt auch einen
tieferen Grund, der mit den Stücken selbst zusammenhängt. Ich
glaube, sie waren früher dem Zeitgeschmack zu weit voraus.
Heute, wo das absurde Theater sich überpurzelt hat, sind meine
Stücke schon gar nicht mehr die absurdesten. Was an ihnen vielleicht einmal neu, und wie ich mir damals einbildete, kühn war,
ist heute beinahe natürlich. Dieses Aufholen von avantgardistischen Werken durch die Zeit gehört zu den amüsantesten Phänomenen, und man möchte lang genug leben, um sich an diesem
Schauspiel noch oft zu ergötzen." (219)

Allen Dramen Canettis ist eines gemeinsam, sie entwickeln sich aus einer nur
teilweise veröffentlichten Dramen-Theorie, zu der er bemerkt, dass er sie "in
Wien begonnen habe und heute noch fortsetze". (220) Diese Theorie, zu der auch
Erkenntnisse wie etwa die "akustische Maske" gehört, basiert im wesentlichen
auf einer intensiven Auseinandersetzung mit Aristophanes. Das Werk dieses griechischen Dramatikers gilt Canetti als "Vorbild und Vollendung der Komödie" und
"alles Spätere erscheint ihm als unerlaubter Abfall davon." (221)
Zur Frage der Struktur eines Dramas bemerkt er:

"Das wirkliche Drama hat seinen strengen Bau. Seine Struktur
steht aber nicht ein für allemal fest. Sie ist eine Funktion der
Gestalten und noch mehr des Raumes, in dem diese Gestalten
sich bewegen. Jedes gute Drama sollte sich auf seine eigene

Weise bauen. Unverwechselbar wie in seinen einzelnen Gestalten
müsste es auch in der Gesamtheit seines Baues wirken. Ich glaube, dass nur dadurch die besondere Lebendigkeit zu erreichen ist,
die man vom Drama verlangen darf." (222)

Ebenso muss nach Canettis theoretischer Erkenntnis

"jedes Drama von einem vollkommen neuen Grundeinfall ausgehen ... der die Welt als Ganzes mit einem neuen Licht beleuchtet.
Mit der Darstellung bloss privater Beziehungen zwischen Menschen ist es nicht getan; der Einfall muss soviel Eigenart haben,
dass er eine Art Allgemeinverbindlichkeit schafft." (223)

Als den "Kernvorgang des Dramas" (224) definiert Canetti das Phänomen der Verwandlung. (225) Es muss nach seiner Ueberzeugung als das zentrale Erlebnis des
Dichters überhaupt erkannt werden, denn nur so wird verständlich, wenn er das
Vermögen der Verwandlung als Qualitätsmassstab selber an ein dichterisches Werk
anlegt. Diesen Gedanken formuliert er in seinen "Aufzeichnungen 1942 - 1948":

"Die schlechten Dichter verwischen die Spuren der Verwandlung;
die guten führen sie vor." (226)

Canetti beabsichtigt also, um mit Franz Kafka zu sprechen, "dem Menschen andere Augen einzusetzen, um dadurch die Wirklichkeit zu verändern". (227) Das Theater, so wie es Canetti versteht - und hier tangieren seine Ansichten diejenigen
Bert Brechts (228) - dient nicht der Unterhaltung, sondern der Bildung im eigentlichen Sinne, das heisst, der Schärfung des Gedankens und letztlich der Bewusst-
seinserhellung im Sinne des "Theaters als moralischer Anstalt" (Friedrich Schil-
ler). Canettis Dramen bezwecken "die Erschütterung" des Zuschauers, die Ka-
tharsis im aristotelischen Sinne. Aus diesem Grund lehnt er auf der Bühne jede
Idealisierung der herrschenden Zustände rigoros ab und konfrontiert sein Publikum mit der ungeschminkten, trivialen und oft grausamen Welt des Alltags. Canetti bedient sich, um dieses Ziel zu erreichen in seinem prosaepischen wie dramatischen Werk der Satire. Diese seine Satire kommt aber meist derart über-
zeichnet zum Ausdruck, dass sie die Groteske streift, und die Entladung durch
ein befreiendes Lachen nicht mehr gegeben ist. In diesem Gestaltungsprinzip manifestiert sich nicht die Lust an der Darstellung des Bösen oder des Grotesken
um seiner selbst willen, sondern Canetti beabsichtigt mit diesen Mitteln die selbst-
gerechte Gesellschaft zu entlarven und zu verwandeln. (229) Canetti begreift Dichtung als eine formende Kraft und spricht ihr eine erzieherische Aufgabe zu. Er
glaubt unverbrüchlich an die dem Worte innewohnenden Energien und wendet sie
an, nicht um "die Welt zu interpretieren, sondern um sie zu verändern" (Karl
Marx). Diese Forderung, die Welt zu verwandeln, gehört nach Canetti zum eigentlichen Wesen des Dichterischen, und sie zeigt sich besonders deutlich in seinen unbequemen Dramen. (230)

b) Theaterstücke

Das Drama "Hochzeit" entstand im Winter 1931/1932 in Wien. Ueber die Entstehungsgeschichte dieses eigenwilligen Dramas äusserte sich Canetti im bereits zitierten Interview im Jahre 1937:

> "Die 'Hochzeit' ist vor einigen Jahren durchaus eruptiv und absichtslos entstanden. Sie ist die erste, wenn auch nicht mehr die einzige dramatische Arbeit, zu der ich stehe, da sie ihr eigenes Gesicht hat und von keinem Vorbild abhängig ist." (231)

Der Hauptakt dieses Dramas befasst sich mit der Darstellung einer bürgerlichen Hochzeitsfeier, an der alle Teilnehmer in offenbarem Widerspruch zu ihrer offiziellen Handlung stehen. Dieses scheinbar unerschöpfliche Thema wurde von vielen Theaterschriftstellern auf die Bühne gebracht; man denke hier etwa an das Jugendwerk Anton Tschechows. Sein Einakter "Die Hochzeit" - er entstand 1890 - ist eine satirische Farce, die uns mit einer lärmigen Hochzeitsgesellschaft konfrontiert, in der es eher chaotisch als festlich zu- und hergeht. Ein verabschiedeter Kapitän zeichnet sich besonders durch seine insolenten Witze aus. Durch ihn wird der festliche Rahmen gesprengt und die Hochzeit mündet schliesslich in einem bacchantischen Finale. Auch in Wladimir Majakowskis "Wanze", 1928 geschrieben, artet eine Hochzeitsszene in eine derbe Schlägerei aus, und alles geht in Flammen auf, nachdem ein Geladener sich erdreistet hat, der Braut einen Fisch in den tiefen Ausschnitt zu applizieren. Der junge Bert Brecht bringt in seinem Einakter "Kleinbürgerhochzeit" (232) ebenfalls eine Hochzeitsfeier auf die Bühne. Es wird gegessen, getrunken, aneinander vorbeigeredet, und durch die dauernden Sticheleien aller Teilnehmer wird die vormals festfreudige Atmosphäre zusehends gereizter. Durch die "Keuschheitsballade in Dur", vorgetragen vom schmähsüchtigen "Freund", wird die Stimmung dermassen strapaziert, dass sich nicht nur die Hochzeitsgäste, sondern auch Braut und Bräutigam insultieren und selbst die Möbel, als Symbol allgemeiner Morbidität, aus dem Leim gehen. Die vormals idyllische Familienszene artet zu einem Furioso der Bösartigkeit, Lüsternheit und Agressivität aus.
Das nämliche Motiv findet sich auch bei Canetti, hier aber ist es von unüberbietbarer Radikalität. Die Scheinwelt des saturierten Bürgertums wird vehement attackiert und die doppelte Moral verderbter Philister in unübertrefflicher Art und Weise durch die Wort-, Charakter- und Situationskomik entlarvt. Tiefenpsychologische Schärfe, meisterhafte Sprachdialektik und zielsichere Charakterzeichnung umrahmen dieses Stück. Demonstrationsobjekte der Kollektivsymptome des allgemeinen Zerfalls, könnte man seine Figuren nennen.
Formal gliedert Canetti sein balladeskes Drama "Hochzeit" in ein Vorspiel mit fünf Bildern, denen dann als Kulmination der Hauptakt folgt. Im Vorspiel - szenische Abreviaturen mit angemessenen, konzentrierten Dialogen, die stark an Büchners "Woyzeck" oder an Kraus' "Die letzten Tage der Menschheit" erinnern - werden uns die disparaten Charaktere der verschiedenen Bewohner eines Hauses an der Gültigkeitsstrasse vorgeführt, die alle nur von einem Gedanken besessen sind, das Haus, das sie bewohnen, zu besitzen. Jede dieser episodisch gefügten Szenen

hat ihr Eigenleben, durch die Grundidee des Dramas sind sie jedoch mit dem Hauptakt zusammengekoppelt, und es gelingt dem Leser oder dem Publikum mühelos, die
nötige Verbindung der Einzelbilder mit dem Geschehen im Hauptakt herzustellen.
Das Vorspiel unternimmt es, die einzelnen Figuren in ihrer Intimsphäre aufzuspüren, zu beobachten und der Banalität ihres Dialogs zu lauschen. Die meisten der
vorgeführten Charaktere treten im Hauptakt wieder auf, und weil ihre Aussage im
Vorspiel kontradiktorisch zu ihren Aeusserungen im Hauptakt stehen, entlarven sie
sich selbst. Dieses Vorspiel bietet charakteristische Momentaufnahmen aus dem
Alltagsleben der Akteure, und diese locker gefügten, sich oft überlagernden Sze-
nenfolgen bilden "sozusagen einen kleinen Handatlas des Lebens", (233) in dem "sich
jeder über Neigungen und Triebe" (233) der Figuren orientieren kann. Diese revue-
haften Facetten sind nicht naturentfernte, wirklichkeitsfremde Darstellungen, sondern sie sind dem Leben abgelauschte, scharf beobachtete Szenen, welche die vita-
le Verbundenheit von Bühne und Alltag exemplifizieren und typisch sind für das
"österreichische und wienerische Element, das alle komödiantischen Wirkungsmög-
lichkeiten der Sprache und Situation ausschöpft." (234)
Das erste Bild zeigt - so die knappen Regieanweisungen Canettis - eine "Stube mit
Butzenscheiben", und an einem "altdeutschen Tisch" sitzt strickend eine "freund-
lich gebückte, weisshaarige Frau". (235) In diese biedermeierliche Idylle tritt ein
"blondgezopftes, blauäugiges Mädchen", (236) das "treppauf treppab erbschleicht".
(237) Ein Papagei intoniert krächzend das Hauptmotiv dieser Szene und des Dramas überhaupt: "Haus, Haus, Haus." Der Dialog, der sich zwischen der alten
Gilz, der geizigen Hausbesitzerin und ihrer Enkelin Toni entspinnt, macht uns mit
den in diesem Haus herrschenden Verhältnissen bekannt. Unten liegt die Frau des
Hausbesorgers "jetzen schon eine ganze Woche im Sterben und bringt's net zsamm",
(238) indessen im ersten Stock die Hochzeit der Christa Segenreich gefeiert wird.

Toni macht ihre Grossmutter stets auf ihre körperliche und geistige Gebrechlich-
keit aufmerksam, um von ihr ein Testament zu erpressen, das sie als Hausbesitzerin ausweist. Die alte Gilz aber behauptet sich und bestätigt sich selbst dauernd:
"I leb alleweil no." (239)(240)
Im zweiten Bild werden uns ein bornierter Mittelschullehrer, seine Frau und ihr
- so die ironische Regieanweisung Canettis - "gemeinsamer Säugling" vorgeführt.
Dieser Lehrer, Professor Thut, ein eingebildeter Phrasendrescher, ist beseelt
vom gleichen Wunsch; auch er will der Besitzer des Hauses werden, deshalb hat
er sein Schlafzimmer Wand an Wand mit dem Wohnzimmer der alten Gilz, um alle Vorgänge im angrenzenden Zimmer hören zu können. In der "akustischen Maske" dieser Figur zeigt sich Canetti als Meister der Parodie.
Henri Bergson erkennt, dass Parodie dann erreicht wird, "wenn man einen Gedanken aus der ursprünglichen Fassung in einen andern Ton transponiert". (241) Dies
geschieht vor allem dann, wenn "das Feierliche ins Familiäre" (241) übertragen
wird. Thuts Sprache zeigt dieses parodistische Element mit ausserordentlicher
Deutlichkeit, denn er spricht mit seiner Frau in denselben hochgestochenen Floskeln, mit denen er wohl in der Schule zu dozieren pflegt:

> "Etwas Unrechtes könnte ich gar nicht tun. Du solltest mich in
> dieser Hinsicht kennen. Aber ich lasse mir von dir den Zeitpunkt
> nicht vorschreiben. Ich glaube an den freien Willen des Menschen,

zu tun und zu lassen, was er tun und lassen will. Du weisst, ich
bin nicht fromm. Es ist nicht meine Art, jeden Sonntag den Herrn
Pfarrer in der Kirche mit meinem Besuch zu beehren. Aber ich
habe gewisse Grundsätze. Zu diesen gehört es, dass ich eine wahre Moral für wichtiger halte als jede Frömmelei. Damit hätte ich
meine Hinneigung zum freien Willen hinreichend ausgiebig gekennzeichnet." (242)

Das dritte Bild konfrontiert uns mit einem jungen "Liebes-Paar". Peter Hell tritt
mit einem Blumenstrauss in das "Jungmädchenzimmer Anitas", derweil diese sich
für die im Hause stattfindende Hochzeit zurechtmacht. Ihr Liebhaber, ein weltfrem-
der Idealist, kommt ihr sehr ungelegen. Mit einem Wortschwall, der durch die kli-
scheenhafte Interjektion "Leider hab' ich keine geläufige Zunge" (243) durchsetzt
ist, gibt er seinen überschwänglichen Gefühlen Ausdruck:

"Du - du - du. Ich verehre dich, glaube mir, ich verehre deine
Keuschheit. Glaubst du mir? Du bist das einzige Mädchen unter
deinen Freundinnen. Missverstehst du mich? Du missverstehst
mich nicht, Anita. Ich mag mich doch nicht beschmutzen. Meine
Kinder sollen meine Kinder sein. Ich arbeite, ich arbeite gern,
aber ich will wissen, wofür ich arbeite. Ich muss dran glauben
können, dass ich für mein eigenes Blut arbeite, Reinlichkeit,
mehr Reinlichkeit, und der Welt wäre geholfen. Zwar habe ich
Glück gehabt. Ich darf nicht ungerecht sein. Die erste Frau, auf
die ich stiess, warst du. Das Glück wollte es, dass ich an dir
ein Mädchen fand, ein reines Mädchen, Anita." (244)

Mit seinem dauernden Gerede scheint der verblendete Jüngling sich der "Keuschheit" und moralischen Stärke seiner Braut, die sich im Hauptakt als eine flott ein-
geübte Attitüde entpuppt, selbst versichern zu wollen.
In der vierten Szene sehen wir ein äusserst tüchtiges Geschäftspaar. Ihr Gespräch
dreht sich nur ums Geschäft und um nackte Sexualität. Auch sie haben die Absicht,
das Haus durch ihre raffinierten Geschäftspraktiken an sich zu bringen. Ihre kalte
Gleichgültigkeit gegen die Umwelt und ihr egozentrisches Denken kommen besonders dann zum Ausdruck, wenn die Frau Gretchen ihren Geschäftskompagnon auf-
fordert, den Hausbesorger oder dessen Weib zu fragen, welche Summe die alte
Gilz für ihr Haus verlangt, und wenn jener antwortet:

"Jetzt weiss ich nicht. Liegt sie (die Hausbesorgerin) im Sterben
oder liegt er (der Hausbesorger) im Sterben." (245)

Das letzte Bild des Vorspiels zeigt uns ein enges Kabinett. Im Bett liegt sterbend
die Hausbesorgerin und daneben sitzt der alte Kokosch, der Hausbesorger. Die
Szene vervollständigt Pepi, ein "dreissigjähriges Mädchen mit dickem, rotem,
blödsinnigem Gesicht". (246) Dieses unglückliche Mädchen, es

"hätt' wo was lernen sollen, in einer Idiotenanstalt, da hätt' sie vielleicht auch reden gelernt, aber da hätt' er eine Kleinigkeit dazu zahlen müssen, einen Regiebeitrag, eine pure Bagatelle, auch für einen Hausbesorger. Was tut der gute Mann? Er lässt sie nichts lernen. Sie soll lieber heiraten, das sagt er, schon seit Jahren. Warum ist sie so dumm und fängt sich keinen Mann? Dabei hat sie schon jeder im Haus gehabt. Sie hat ein Glück bei Männern, unglaublich, die kriegt eben keine Kinder und kann nichts ausplaudern." (247)

Mit diesen Sätzen charakterisiert Christa, die Braut, im Hauptakt die arme Pepi. Der Geiz des alten Kokosch, des Hausbesorgers, zeigt sich aber noch sinnfälliger. Er sitzt am Bett seiner sterbenden Frau und liest ihr ohne Unterbruch die Geschichte Samsons aus der Bibel vor: (248)

"Da fiel das Haus auf die Fürsten und auf alles Volk, das drinnen war, dass der Toten mehr waren, die in seinem Tode starben, denn die bei seinem Leben starben." (249)

Durch diese seine Lektüre wird der kommende Zusammensturz des Hauses bereits angedeutet. Die Frau des Hausbesorgers möchte ihrem Mann vor dem Hinschied noch etwas sagen. Dieser aber hört nicht auf sie und fährt mit seiner Bibellesung fort, denn er glaubt, so lange er bete, sterbe seine Frau nicht. Bei Kokosch ist dieses Beten nicht Ausdruck tiefer Gläubigkeit, sondern er handelt nach der Devise "Beten kommt billiger!" (250) Durch die Tanzmusik der stattfindenden Hochzeit und durch seine Tochter wird er gestört. Er traktiert Pepi und schickt sie hinauf zur Hochzeitsgesellschaft, womit die Verbindung zum Hauptakt geschaffen ist.

Im Hauptakt beginnt die eigentliche Hochzeitsfeier. Das vielzählige Typenarsenal, das sich hier versammelt findet, ist sozial fixierbar: es ist hochgekommenes, depraviertes Kleinbürgertum. War im Vorspiel ein Dialog noch einigermassen gegeben, hier ist er unmöglich geworden. Gestalt steht kontrapunktisch gegen Gestalt und Satz gegen Satz. Jeder spricht aus seiner eigenen isolierten Welt. Diese Situation, die wir schon in der "Blendung" im zitierten Gerede Kiens mit Therese, jener Verballhornung der Sprache, vorgeprägt fanden, wiederholt sich hier. Nur eines haben die Figuren gemeinsam, ihre Gier nach Besitz und ihre sexuelle Besessenheit in den verschiedensten Spielarten. Die krudeste Form der Sexualität personifiziert sich im achtzigjährigen Dr. Bock. Er hat die Brautmutter und die Braut, diese schon mit zwölf Jahren, "behandelt". Der erotomane und pädophile Arzt macht sich an die geisteskranke Pepi heran. Die nymphomane Brautmutter kopuliert sich mit dem Bräutigam. Die Tochter Christa verpflichtet an ihrem Hochzeitstage gleich drei liebestüchtige Hausfreunde für den kommenden öden Ehealltag. "Unten ist die Leich und hier heirat ich", sie findet das "rasend komisch". (251) In diesem Hochzeitspanoptikum bricht eine allgemeine Promiskuität und totale Erotomanie aus. Ueber diese makabre Situation lässt sich der betrunkene Brautvater wie folgt aus:

"Meine Herrschaften, ich erlaube mir, ein Donnerwetter in sie hineinzurufen! Wir separieren uns zu sehr. Wir sind jeder für

sich und wir sollen alle zusammen sein, weil sich das so schickt
auf meinem grossen Tag." (252)

Dieser Ausruf heizt die Turbulenz erneut an und "trunken von scheinbarer Sicherheit tanzen die Personen einen höllischen Reigen allgemeiner Kopulation". (253)
In diesem wogenden Trubel schlägt plötzlich ein Mitglied dieser verderbten Gesellschaft, Horch, ein Spiel vor:

> "Ich hätte einen herrlichen Vorschlag. Hört mich an, Ihr Herr-
> schaften! Unterhalten wir uns damit, was einer für den andern
> täte. Stellen Sie sich vor, Ihr Liebstes wäre bedroht, der lieb-
> ste Mensch, den Sie hier unter den Anwesenden haben. Wir
> sitzen da so harmlos und dumm beieinander, wie es sich lusti-
> gen Leuten geziemt, wir denken an nichts, wir stecken ganz
> drin im Hochzeitsaugenblick, da plötzlich zündet ein Blitz durchs
> Dach, ein spitzer, hitziger, greller Blitz - nein, ein Blitz ist
> nicht tückisch genug, tückisch, tückischer wäre ein Beben, ja
> ein Erdbeben. Die Gütigkeitsstrasse da vor dem Haus klafft auf,
> als hätte ich mit einem haushohen Messer einen Spalt hineinge-
> rissen, - können Sie mir bitte sagen, wo die Gütigkeitsstrasse
> ist? Die Gütigkeitsstrasse ist weg, die gibt es nicht, wo sie war,
> da gibt es nur einen grossen gefrässigen Schlund, und wir, wir
> stürzen kunterdibunter, in zwei Sekunden, Gäste und Haus und
> Suff und Schmaus da mitten hinein und hinunter." (254)

In seiner Untergangstirade kennzeichnet Horch, der Rhetor, die Situation aller
Geladenen treffend, wenn er sagt:

> "Wir sind doch Menschen, nicht wahr, das geben Sie mir zu,
> und da wir im   L ü g e n   mitten drin sind, da es sich ange-
> nehm   l ü g t   und lustig   l ü g t   auf einer segenreichen
> Hochzeit, wie dieser, schenke ich Ihnen noch eine fette runde
> L ü g e ." (255)

Nun hebt auf der Bühne ein Spiel im Spiele an - eine besonders in der Romantik
beliebte Theaterform, die dazu dient, Realität und Schein zu verwischen. Jeder
wird namentlich aufgerufen und muss unter den Anwesenden denjenigen nennen,
der ihm am liebsten ist und sagen, was er zur Rettung seines Nächsten unternceh-
men würde. Weil aber alle nur ans Spiel denken, so belügen sie sich wiederum.
Jeder denkt nur an die Erfüllung seiner Begierden. Da plötzlich wird das Spiel
bitterer Ernst. Das Haus erzittert, das Erdbeben erweist sich als entsetzliche
Wirklichkeit. Jetzt beweist jeder, was er zur Rettung seines Nächsten tatsächlich unternimmt: nämlich nichts. Jeder sucht nur sein eigenes Heil. Mit diesem
grossartigen, apokalyptischen Crescendo endet das brisante Drama. Das Haus
stürzt in sich zusammen, und das letzte, was wir vernehmen, ist ein Stöhnen,
aus dem sich zwei menschliche Stimmen erkennen lassen. Ein Satz artikuliert
sich: "Und da hat er mich auf den Altar gezogen und hat mich geküsst und so lieb

war er." (256)(257) Es ist die nicht sterben könnende Hausbesorgerin, die ihn ausspricht. Ebenso lässt sich nochmals die alte Gilz, die Hausbesitzerin vernehmen: "I leb alleweil no. I le ...", (258) und der Papagei krächzt: "Haus, Haus, Haus."

Auf die tiefere Bedeutung dieser grotesken und absurden Szenen mit den oft provozierenden Dialogen hinzuweisen, erübrigt sich. Ein Zitat aus Büchners "Woyzeck" drängt sich uns auf: "Jeder Mensch ist ein Abgrund. Es schwindelt einem, wenn man hinunterschaut ..." (259) Die animalischen, entseelten Menschen, die in der "Hochzeit" ihr Spiel treiben, fordern ihren Untergang mit selbstmörderischer Besessenheit heraus. Signifikant für ihr Verhalten ist Horchs Feststellung:

> "Ich sehe mit Freuden und grosser Genugtuung, dass sich alle zum
> Untergang drängen. Da hält keiner zurück ..." (260)

Dieses Drängen zum Untergang, zur Selbstzerstörung gehört im Keim zum Dämonischsten im Menschen. Hier wird diese hoffnungslose Verblendung, deren Kennzeichen die alle Masse sprengende Gier nach materiellem Besitz und geile Lüsternheit sind, in drastisch-schockierender Weise vorgeführt, ein unerbittlich moralisches, in seinem apokalyptischen Gestus unauslotbares Werk, dessen Symbolgehalt unmissverständlich formuliert ist. Ein kaltes, oft böses Bild, dessen parabolischer Inhalt sich nicht zu rechtfertigen braucht, weil es lediglich visionär das konstatiert, was wenige Jahre danach von der Wirklichkeit weit übertroffen wurde. Sieben Jahre nach der Entstehung dieser Arbeit, so bemerkt Erich Fried "war der zweite Weltkrieg da, und mehr als ein Haus ist eingestürzt. Dass wir alle, wenn auch in verschiedenem Mass, durch Hass, Gier oder Blindheit, zu seiner Entstehung unser Scherflein beigetragen haben, wird heute schwerlich bestritten werden." (261)
Dieses erste veröffentlichte Drama Canettis wurde am 3. November 1965 im Staatstheater in Braunschweig uraufgeführt. (262) Es kam zu sieben Vorstellungen, danach wurde das Stück vom Spielplan abgesetzt. (263) Der äussere Erfolg der Braunschweiger Aufführung blieb gering - das Echo in Presse und Rundfunk hingegen war erstaunlich. Ein Sturm heuchlerischer Entrüstung erhob sich in dieser reaktionären Stadt. Dass der Skandal vorbereitet war, geht schon aus der Tatsache hervor, dass bereits die Premiere empfindlich gestört wurde. Das Publikum randalierte. Die vergiftete Atmosphäre im Theater schildert der Korrespondent der "Braunschweiger Presse" wie folgt: "Es wurde lauthals 'Buh' und 'Pfui' geschrien. Aeltere Herren verlangten mit Stentorstimme und im Ton sichtlich rechtschaffener Empörung, dass das Spiel vorzeitig abgebrochen werde. Zahlreiche weibliche Theaterbesucher taten ihr Missfallen durch Zwischenrufe wie: 'Unerhört!' und 'Zumutung!' kund. Lange bevor die dramatische Entwicklung auf der Bühne ihren Höhepunkt erreichte, lichteten sich die Reihen. Erboste Ehepaare erhoben sich demonstrativ und verliessen laut schimpfend und türenknallend den Saal. Aber leider blieb es nicht dabei: Es wurde gegrölt, gelacht und - kommentiert, nicht eben geistreich, aber laut und ungeniert. Blamabel? Gewiss. Aber weder für den Autor, noch für die Künstler. Wer sich blamierte, war auch diesmal einzig und allein das Braunschweiger Premierenpublikum oder besser: ein sehr grosser Teil des Premierenpublikums." (264)

Es bilden sich Fronten. Eine anonyme Strafanzeige "wegen Erregung geschlechtlichen Aergernisses" wurde gegen das Schauspiel am 4. November 1965 in der
"Braunschweiger Zeitung" veröffentlicht und bei der Staatsanwaltschaft des Land-
gerichts Braunschweig hinterlegt. (265) Diese Strafanzeige veranlasste die Thea-
terleitung, sich mit einem Brief, dem das Textbuch zur "Hochzeit" und zwei sich
auf die Anzeige beziehende Fotokopien aus Zeitungen beilagen, an Persönlichkeiten des Geisteslebens im In- und Ausland zu wenden. Die Reaktion auf diese Anfrage war erfreulich. Namhafte literarische Prominenz setzte sich spontan und
rückhaltlos für die Person und das Werk von Elias Canetti ein. (266) Aus der
Vielzahl der Antworten seien nur einige zitiert: "... Das ist geradezu Blasphemie
gegen einen Dichter solchen Ausmasses. Das Stück wollte auch ich bringen; nur
liess mein sehr limitierter Spielplan die Verwirklichung dieses Projektes nicht
zu ..." (267), schreibt Erwin Piscator.
Professor Theodor W. Adorno, ein ausgewiesener Kenner von Canettis Gesamt-
werk, bemerkt in seiner Stellungnahme: "Auf Grund einer genauen Kenntnis des
Werkes von Elias Canetti, und zwar das sehr bedeutenden wissenschaftlichen
('Masse und Macht') ebenso wie des dichterischen (das Hauptwerk ist 'Die Blendung') halte ich jede lüsterne, auf Verletzung der Scham abzielende oder aufs Geschäft mit Obszönität gerichtete Absicht bei Canetti für so völlig ausgeschlossen,
dass der blosse Versuch, der ihn mit derartigen Dingen in Zusammenhang bringt,
den Charakter des Lächerlichen trägt. Ich bin in dieser Ueberzeugung durch meine gründliche, wiederholte Lektüre des Dramas 'Hochzeit' bestärkt worden. Das
vor mehr als dreissig Jahren entstandene Stück, das allein schon als ein literar-
historisches Mittelglied zwischen dem damals abgeklungenen deutschen Expressio-
nismus und dem gegenwärtigen sogenannten absurden Theater grösstes Interesse
verdient, ist, wenn irgend etwas anderes als ein reines Kunstwerk, dann von einer fast moralisierenden, im übrigen gänzlich unzweideutig hervortretenden Absicht. Der Inhalt der Handlung ist eine Hochzeitsfeier, in der nicht nur die Personen in offenbarem Widerspruch zu ihren offiziellen Gefühlen handeln, sondern von
Gier, der nach Eigentum (einem Haus) und der sexuellen, die weder eine Schwach-
sinnige noch ein Kind respektiert, blind beherrscht werden. Das Treiben zwischen
ihnen wird als ein Pandämonium vorgestellt, das gleichsam von innen her nach aussen Gestalt gewinnt in dem physischen Zusammenbruch des Hauses, das alle in den
Schuldzusammenhang Verstrickten unter sich begräbt. Gerade auf den sogenannten
naiven Zuschauer, an den ja bei derlei Beschwerden gedacht wird, kann das Stück
schlechterdings keinen anderen Eindruck hervorrufen als den, dass über eine Art
Sodom und Gomorrha ein Strafgericht ergeht. Es finden sich auch nicht die ent-
ferntesten Züge, die auf eine Identifikation, sei's des Autors, sei's der Zuschauer,
mit den dargestellten Vorgängen hindeuten; diese sind in den abschreckendsten Farben gehalten. Selbstverständlich muss das auch in der Aufführung unmissverständlich sich gezeigt haben. Wer an diesem Stück Aergernis genommen hat, der muss
schon gekommen sein, um Aergernis zu nehmen." (268)
Dr. Wolfgang Kraus, Wien, formuliert seine Stellungnahme wie folgt: "Als Leiter
der 'Oesterreichischen Gesellschaft für Literatur' darf ich Ihnen sagen, dass ich
Elias Canetti nicht nur für einen der bedeutendsten österreichischen und deutschsprachigen Autoren, sondern überhaupt für einen der wichtigsten Schriftsteller der
Gegenwart halte. Dabei ist zu betonen, dass es sich sowohl bei der Epik als auch

bei den Theaterstücken des Autors um Sprachkunstwerke handelt, die mit ihrem hohen künstlerischen Rang eine ausserordentlich wichtige ethische Aussage verbindet. Sehr oft drückt sich allerdings Ethik in der Form der Kritik aus. Ich kann mir die Reaktion einiger Besucher bei der Premiere des Stückes 'Hochzeit' - die ich nicht gesehen habe - nur aus einem tiefen Missverständnis des Werkes erklären, da ich persönlich es auch für ausgeschlossen halte, dass eine Aufführung die Akzente derart verschieben kann. Ich möchte darauf hinweisen, dass die 'Oesterreichische Gesellschaft für Literatur', die vom Bundesministerium für Unterricht subventioniert wird, bereits zwei Abende mit Elias Canetti veranstaltet hat, wobei unter anderem vom Autor selbst aus 'Hochzeit' gelesen wurde. Ausser diesen beiden Abenden haben wir noch eine eigene Veranstaltung in unserem 'Forum der Jugend' mit Elias Canetti durchgeführt und können sagen, dass die Reaktion bei unserem Publikum und besonders bei den jungen Leuten, sowie das Echo der Presse äusserst positiv waren." (269)

Am 29. November 1965 wurde die anonyme Anzeige als gegenstandslos erklärt und die staatsanwaltschaftliche Ermittlung eingestellt. (270) Uns stellt sich hier die Frage, weshalb Elias Canettis grandiose "danse macabre", dieser Totentanz einer verderbten Gesellschaft derart missverstanden werden konnte. Einmal liegt der Grund in der Natur des Stückes selbst, ein anderer aber dürfte in der Inszenierung zu suchen sein.

Die "Hochzeit" ist eine Sektion und Entlarvung von unglaublicher Sprengkraft, deren moralische Absicht nicht bezweifelt werden kann. Künstlerisch legitimiert sie sich mit ihrer hinterhältigen Prosasprache, deren Kürze und Knappheit in der reichen Tradition des Wiener Volksstücks liegt. Eine Gesellschaft, die auf bestialischem Treiben basiert, wird unbarmherzig analysiert, sie entlarvt sich selbst durch ihre Phrasen und Floskeln, die in merklichem Gegensatz zu ihren Handlungen steht. Canetti ist - wie seine Ahnherren Nestroy und Karl Kraus, zu denen er sich bekennt, aber auch wie die zeitgenössischen Dramatiker Oedön und Horvath und Fritz Hochwälder und die Kabarettisten Carl Merz und Helmut Qualtinger - ein Satiriker reinsten Geblüts, und zwar jener Typus des Satirikers, dem es nicht vor allem um die Karikierung zeit- und ortsgebundener Uebelstände zu tun ist, sondern um die Durchdringung der ewig menschlichen Art, wie sie sich im Verhalten zum Schicksal äussert und in den menschlichen Beziehungen zueinander.

In Canettis "Hochzeit" wird vornehmlich ein Dialekt wienerischer Provienienz gesprochen, dies heisst aber nicht, dass sich dieses Geschehen nur im österreichischen Raum vollziehen könnte, sondern der Vorgang zeigt Symptomatisches. Es wirkt doppelt schockierend, weil durch die gemütliche Sprache, die bei diesem ungemütlichen Geschehen benutzt wird, sich die Wirkung erheblich verstärkt. Das Typenarsenal in der "Hochzeit" ist ein Bestiarium der Leidenschaften unter dem Deckmantel freundlicher Harmlosigkeit. Das zeigt, dass Canetti die Absicht hat - um mit einer der raren theoretischen Aeusserungen Oedön von Horvaths zu sprechen - die "Demaskierung des Bewusstseins" (271) zu erreichen. Wie Horvath bedient sich Canetti der Form des Wiener Volksstücks, um die vornehmlich didaktische Aufgabe des Theaters zu erfüllen. Das Publikum sollte durch die "Hochzeit" aus seiner Gemütlichkeit aufgeschreckt werden, indem ihm die vulkanische, bedrohliche Unsicherheit der menschlichen Existenz vorgeführt wird.

Nun ist aber das deutsche Theater zusehends zu einer gelehrten Institution geworden, und nur allzu oft ist in diesem Theaterbetrieb der Zuschauer kein Teilnehmer der Aktion mehr. Er wird zum unbeteiligten und passiven Beobachter des Bühnengeschehens degradiert, zu einem Geniesser seiner bezahlten Unterhaltung. Dieses Theater ist keine "moralische Anstalt" mehr, und die Szene ist nicht mehr Tribunal. Ein solches Theater hat die legitime Funktion eingebüsst, eine geistig verbindliche Welt mit allen ihren dilemmatischen Spannungen darzustellen. Dem Dramatiker, der sich diese Situation eingesteht, bleibt nichts anderes übrig, als sie dem Zuschauer bewusst zu machen und ihm den Verlust an "Wirklichkeit" vor Augen zu führen. Canetti ist ein kompromissloser Gegner des kulinarischen Theaters, denn nach seiner Ansicht wird in diesem - der Gedanke wurde schon 1937 formuliert - "gerade das peinlich vermieden, was die eigentliche Absicht des Dichters zu sein hätte: die E r s c h ü t t e r u n g . Für den Dramatiker, der sein Metier ernst nimmt, ist hier kein Platz. Er hat sich jedoch Konzessionen zu versagen, die ihn diesen falschen Mächten annähern könnten. Sein Beruf fängt damit an, dass er sich gegen das Theater stellt, wie es heute meist ist und wie es nicht bleiben darf." (272) Um den Geniesser im Parkett aus seiner Behaglichkeit zu reissen, bringt Canetti realistische Szenen von oft schamloser Direktheit auf die Bühne. Er macht es den Theaterleuten und dem Publikum mit seinen chirurgischen Sektionen des Menschen nicht leicht. Ihn aber als einen "Moralisten in der Maske des Zynikers" (273) zu sehen, ist falsch, denn unter einem Zyniker versteht man allgemein jenen Menschen, dem nichts mehr ernst, ehrwürdig und heilig ist und der immer bestrebt ist, die Wertgläubigkeit seiner Mitmenschen zu verspotten. Wenn Canettis satirisches Temperament auf Schock und Provokation abzielt, so nur deshalb, um zu erschüttern, zu entlarven und damit zu bessern.
"Wer die Hölle auf Erden auf der Bühne darstellen will, muss auch den Mut haben, es dem Publikum unbequem zu machen, es zu provozieren und zu schockieren wenn nötig. Das Theater ist nicht nur für die Unterhaltung da. Das Publikum muss auch einmal mit eisernen Nerven ein Stück durchhalten, das keine Kompromisse um seiner künstlerischen Form und Aussage willen schliesst." (274)
Gründe für den eklatanten Misserfolg der Uraufführung von Canettis "Hochzeit" sind aber auch, und dies wird uns durch die Pressekommentare mehrheitlich bestätigt, in der Art der Braunschweiger Inszenierung zu finden, denn es kann nicht nur am Charakter des Stückes liegen, wenn es andernorts, wie zum Beispiel in Holland, wo die "Hochzeit" durch die Schauspieltruppe der Haagschen Komödie 1968 über drei dutzendmal aufgeführt wurde, grossen Erfolg hatte.
Der Braunschweiger Inszenierung wird meist vorgeworfen, sie sei zu naturalistisch und direkt gewesen. Die Dialoge in der "Hochzeit" sind zwar realistisch, das heisst, der Natur abgelauschte Gespräche aus dem banalen Alltag, aber um sie ins Mimische zu transponieren - Canetti ist recht sparsam mit seinen Regieanweisungen - ist eine ausgeprägte Einfühlungsgabe vonnöten. In dieser Inszenierung büsste das Drama durch eine gewaltsam angestrebte Bewusstmachung viel von seiner Subtilität und Hintergründigkeit ein, denn es wurde eher äussere Wirklichkeit kopiert, anstatt sie transparent zu machen. Ein anderes Moment, das in den Pressestimmen immer wieder laut wurde, war die monotone Langsamkeit dieser Aufführung. Einzelne makabre oder obszöne Szenen oder Dialoge scheinen ausgekostet worden zu sein. Dadurch ergab sich naturgemäss eine falsche Akzentuierung. So schreibt

Christian Ferber: "Die Schamröte kam gewiss mit vom Mangel an Tempo auf der Bühne - und die ganze Höllenfahrt hätte viel rascher und auch präziser in der Sprachtechnik vor sich gehen müssen." (275) Die gleiche Meinung vertritt die repräsentative Fachzeitschrift "Theater heute": "Einzelne Unanständigkeiten wurden isoliert, wurden übermächtig - tatsächlich - aufdringlich. Sie hätten wie selbstverständliche Ausgeburten einer sich beängstigend ausbreitenden Hektik erscheinen müssen, eingebunden in einer schneller sich drehenden Maskerade, die plötzlich einen Punkt erreicht, an dem wir blitzartig inne geworden wären, dass da ja niemand eine Maske trägt - nur wir noch im Publikum wir selber." (276) So hat denn die Braunschweiger Inszenierung durch ihren Dilettantismus dem Rufe Canettis mehr geschadet denn genützt.

Als letztes dramatisches Werk der eminent fruchtbaren Zeit in Wien schrieb Elias Canetti in den Jahren 1933 und 1934 die "Komödie der Eitelkeit". Es ist nicht unwichtig, sich die Entstehungszeit dieses Dramas zu vergegenwärtigen, denn es impliziert Vorgänge der Massenhysterie, wie sie just damals Tatsache wurden. Im Jahre 1933, jenem berühmt-berüchtigten Jahr der Bücherverbrennungen, beginnt Canetti sein Werk, und 1934, zwei Jahre nachdem durch Hitler die Mittelmässigkeit, der Dilettantismus und das roheste Untermenschentum regierte, wurde es abgeschlossen.

Die "Komödie der Eitelkeit" ist bunt bewegt, durchpulst von echt komödiantischem Temperament, voll von effektgeladenen Situationen, von vordergründiger Schaubarkeit und hintergründiger Tiefe. In diesem Drama zeigt sich Canetti als ein ursprünglich vitaler Theaterschriftsteller von sicherem Schreibinstinkt. Die Sprache - nun durchwegs wienerisch - ist von scharfer Prägnanz und bezaubernder Brillanz. Hier zeigt sich Canetti als treffsicherer, eruptiver Formulierer. Die kecke, emblematische Sprache drängt zum Bild und wird schaubar. "Das Gespräch ist", wie etwa bei Schnitzler, "nicht nur Träger der Handlung, sondern selbst Handlung." (277)

Eine Gefahr zeichnet sich in diesem Drama allerdings ab. Seine phantastische Reichhaltigkeit sprengt den üblichen Rahmen des Theaters, so wie er durch Kraus' Marsdrama "Die letzten Tage der Menschheit" gesprengt wurde. Die Handlung fächert in Episoden auf, denen in ihrer Einzelheit fast mehr Gewicht zukommt als im Zusammenhang des Stückes. Spiel wird in Spiel und Szene in Szene eingebaut. Dieser überbordende Reichtum an theaterwirksamen Situationen und die trefflich gezeichneten Figuren scheinen ins Uferlose zu gehen. Daher muss die barocke, sinnenfreudige, typisch österreichische Komödie - soll sie eine gültige Inszenierung erfahren - durch eine subtile Regiearbeit gestrafft werden, damit der Zuschauer den Einfallsreichtum nicht als Ballast empfindet. Wie in seinem ersten Drama vermeidet Canetti es auch in diesem Stück, den Handlungsort zu fixieren. Die Atmosphäre und die Figuren lassen aber den Schluss zu, sie spiele in einer Art überdimensioniertem "Wurstelprater". Ein Eintrag aus dem Jahre 1945, er findet sich in den "Aufzeichnungen 1942 - 1948", bestätigt diese Vermutung und rechtfertigt sie zugleich:

"Die ersten Bilder und Worte aus meiner eigentlichen Heimatstadt waren beglückend und erschreckend zugleich. Dass der Prater zerstört ist, die Grottenbahn, in der das Erdbeben von Messina zum

tiefsten Eindruck meiner Kindheit wurde; dass dieses bunte Leben nur noch in meiner Komödie besteht, wo es niemand kennt;
dass ich so der Bewahrer des Praters geworden bin, bis er wieder besteht, und in einer Form, die seine Zerstörung in sich
enthält: das ist gewiss ein sonderbares Schicksal für einen, dem
Verwandlung und Spiel die Essenz des Menschen bedeutet." (278)

Die "Komödie der Eitelkeit" basiert auf einem grossartigen Einfall, sowohl in gei-
stig-thematischer als auch in künstlerisch-dramatischer Hinsicht. Die Grundidee
dieser in ihrem Wesenskern tragischen Komödie, die sich in drei Teile gliedert,
ist die Abschaffung der Eitelkeit. Canetti präponiert, dass die Eitelkeit eine Eigenschaft sei, ohne die der Mensch verkümmern würde. Sie, die sich bei jedermann
in graduell verschiedener Stärke ausgeprägt findet, individualisiert den Menschen
geradezu. Durch ein staatliches Edikt wird beschlossen:

"Erstens:
Der Besitz und Gebrauch von Spiegeln ist verboten. Sämtliche
Spiegel werden vernichtet ..." (279)
"Zweitens:
Das Photographieren von Menschen und menschenähnlichen We-
sen ist verboten. Sämtliche vorhandenen Photographien von Men-
schen und menschenähnlichen Wesen werden vernichtet. Photo-
graphenapparate jeglicher Art werden bis auf weiteres bei der
Behörde deponiert ..." (280)
"Drittens:
Das Anfertigen von Bildnissen und Selbstbildnissen in Kohle,
Rötel, Aquarell und Oelfarben oder wie immer sonst ist ver-
boten. Sämtliche vorhandenen Bildnisse und Selbstbildnisse
sind bis auf weiteres bei der Behörde zu deponieren ..." (281)
"Viertens:
Sämtliche Kinotheater werden geschlossen. Sämtliche Filmstrei-
fen, Originale wie Kopien werden der Vernichtung zugeführt ..."
(282)

Widersetzlichkeiten gegen diesen Regierungsbeschluss würden mit hohen Bussen,
Gefängnis und Todesstrafe geahndet. Dieser totalitäre Staat, der die Entmensch-
lichung seiner Bewohner anstrebt, trägt ähnliche Züge wie jener, in George Or-
wells Roman "1984". Alles wird gleichgeschaltet, kontrolliert und wirkt wie die
Vorwegnahme der kommenden politischen Ereignisse unter den Nationalsozialisten. Mit einer allgemeinen, orgiastischen Vernichtung der verbotenen Gegenstände auf einem Rummelplatz setzt die Handlung des Dramas ein. In einer Schiess-
bude, zu deren Besuch der Ausrufer Wenzel Wondrak eindringlich und lautstark
einlädt, können und müssen die Spiegel zertrümmert werden, die Menschen dürfen auf ihre eigenen Spiegelbilder schiessen. Ganz in der Nähe der Spiegelbude
steht eine Feuerbude - dort werden die Photographien verbrannt - und die Asso-
ziation mit den Bücherverbrennungen ist gegeben. Ein Prediger, der mit einer
donnernden Brandrede gegen die Unzucht der Eitelkeit wettert, erinnert an Abra-

ham a Santa Clara, während ein stotternder Lehrer, dessen Gebrechen nur dann
verschwindet, wenn er die staatlich sanktionierte Proklamation verliest, mit
skrupellosem Eifer Passanten verhaftet. Einzeln oder in kleineren Gruppen treten an die dreissig Personen handelnd auf und jede Figur ist mit unfehlbarer Sicherheit charakterisiert. Allmählich ballen sich die Individuen zu einer diffusen
Masse zusammen, die sich in eine Hysterie hineinsteigert und alle verbotenen
Symbole der Eitelkeit zerstört. Der Mob ist los, und mit ihm zeigt sich eine Zerstörungswut, die keine Grenzen mehr kennt. (283)
Der zweite Teil, zehn Jahre nach dem ersten spielend, konfrontiert uns mit einem
Land ohne Spiegel und ohne Photographien, dennoch ist die Eitelkeit noch nicht aus-
gemerzt. Er zeigt, wie der Mensch sich verwandeln kann, wenn man es ihm ver-
wehrt, seiner Selbstgefälligkeit zu frönen, wie ungeheuer reich aber auch seine
Fähigkeit wird, sich Ersatzmittel zu beschaffen. Anstelle der früheren Bettler
stehen jetzt an den Strassenecken Schmeichler, so Franzl Nada, ein gebückter,
alter Dienstmann, der durch seine wortreichen Schilderungen des angenehmen
Aeusseren von Passanten ein einträgliches Gewerbe gefunden hat. Junge Mädchen
blicken den Freundinnen tief in die Augen, um sich selber zu erkennen. Mit einer
Spiegelscherbe, die leitmotivisch während des ganzen Aufzugs wieder auftaucht,
wird Schwarzhandel getrieben, und um sie für Momente nur zu besitzen, schrek-
ken die Menschen sogar vor Verbrechen nicht zurück. Das Verbot jedwelcher Spie-
gelung weitet sich in Groteske und Absurdität aus, dann nämlich, wenn nach Re-
gierungsdekret dem Angelsport nur noch mit geschlossenen Augen nachgegangen
werden darf, oder dem Fischer das Angeln nur gestattet ist, wenn er der reflektierenden Wasseroberfläche seinen Rücken zuwendet. Regenlachen werden zu un-
widerstehlichen Attraktionen, weil jeder darin heimlich einen Blick von sich zu
erhaschen hofft. Wildfremde Strassenpassanten schliessen Freundschaft, da sie
sich im anderen selbst zu erkennen hoffen. Mit aristophanischem Witz veranschaulicht Canetti, wie es den meisten gelingt, sich Notbehelfe zur Befriedigung
ihrer Eigensucht zu finden.
Plötzlich misstrauen alle allen, denn die Anhänger des Systems formieren sich
zu Funktionärs-Kadern. Aus Durchschnittsbürgern werden hohe Funktionäre einer
mysteriösen Spitzel-Organisation. Ein Wirtschaftsführer will den Verdächtigen
die Augen ausstechen lassen, um dadurch den letzten Spiegelglanz aus der Welt
zu schaffen. Aber gerade die fanatischsten Befürworter der neuen Ordnung, die
sich mit eiserner Konsequenz die leiseste Befriedigung ihrer eitlen Regungen versagen, werden von einer seltsamen Krankheit geschlagen und können nur durch
den Blick in einen illegitim beschafften Spiegel geheilt werden. Canetti zeigt mit
einer Fülle ingeniöser Einfälle, wie die Menschen ohne Spiegel und Photographien
ihre Identität zu verlieren beginnen, weil sie sich selbst nicht mehr kennen und
nicht wissen, wie sie sich von den anderen abheben können.
In ihrer völligen Desorientierung und Verzweiflung beschreiten sämtliche Personen, mit ihnen selbstverständlich die treuen Anhänger des Regimes, den Weg
des Lasters und der Illegalität. Im dritten Teil sehen wir uns in das zweifelhaf-
te Etablissement einer gewissen Emilie Fant versetzt. Die Menge drängt zur Kas-
se und, obwohl die Besucher verschiedene Preise zu entrichten haben, beklagt
sich niemand. Dem Publikum wird gezeigt, wie sich die Figuren einträchtig und
friedlich in einem grossen Spiegelsaal, einer Art Spiegelbordell zusammenfinden.

Hier gibt es auch Luxuskabinen, für die ein horrender Eintrittspreis bezahlt werden muss. Keiner nimmt Notiz vom andern, jeder sitzt vor seinem Spiegelbild, andächtig in seinen Anblick vertieft - eine bezwingende dramatische Vision. Einer der Besucher, der Stammkunde Heinrich Föhn hält auf sich selbst eine Rede, ein Apparat spendet ihm Ovationen. Föhn übt sich in der Rolle des Diktators. Er verwendet in seiner rhetorischen Uebung Lieblingswendungen und Phrasen, die uns heute noch bekannt in den Ohren tönen: "... vernichten und ausrotten!", "in Frieden leben", oder "Der Sinn für alles Echte und Unverfälschte, für alles Unverlogene und Wahre, für alles Makellose und Reine muss wiedergeboren werden und wiedererstehen. Denn nur der Schöne weiss, was schön, nur der Starke, was stark ist. Und das Alte, das man erledigt und abgetan glaubt, kehrt siegreich und strahlend wieder." (284) Durch Föhns aufrührerische Schlagworte fühlt sich plötzlich jeder der vor den Spiegeln sitzenden Menschen, jeder durch einen anderen Slogan, unmittelbar angesprochen. Ein sprachliches Surrogat aus Phrasen vom Ich, Nur-Ich und Ueber-Ich wirkt wie ein Narkotikum, und in Windeseile entsteht ein Aufstand. Im tumultösen Durcheinander reisst jeder seinen Spiegel aus der Wand und stürzt sich mit dem Ruf "Ich! Ich! Ich!" (286) auf die Strasse, auf der sich ein schwarzer Menschenstrom daherwälzt. "Von allen Seiten fliessen Menschen zu. Jeder hält einen Spiegel oder ein Bild vor sich hoch. Von tosenden Ich-Rufen wiederhallt die Luft." (286) Die alte Ordnung scheinhafter Freiheit ist wieder hergestellt.

Was Canetti in seiner "Komödie der Eitelkeit" an Massenphänomenen augenfällig macht, mutet wie eine Antizipation dessen an, was er in "Masse und Macht" im ersten Abschnitt über die Eigenschaften und Formationen der Masse mit grösster Präzision beschreibt. (287)

Nahezu alle Figuren in diesem Drama sind gleichwertig; kaum einer, nicht einmal der Demagoge Föhn, übertrifft an Gewicht die andern. Wenn von einem Helden im üblichen Sinn überhaupt geredet werden kann, so ist es hier die Masse und ihr Wahn. Aber es ist nicht - und hier liegt vermutlich die kühnste Neuerung und auch die tiefste Schwierigkeit des Stücks - eine Masse, die einfach chorisch-gleichförmig agiert; zwar sind alle von einem gemeinsamen Wahn besessen, aber die amorphe Masse ist strukturiert, und die einzelnen Charaktere besitzen eine individuelle Gestalt. Canetti gelingt dies dadurch, dass er jede Figur wiederum in ihrer eigenen, spezifischen Sprachform - der "akustischen Maske" - erfasst und sprechen lässt. Bei aller optischen Phantastik, bei allem Reichtum der Gestik, lebt dieses Stück vor allem aus der ungewöhnlichen Variabilität der Sprache, der Vielzahl individueller Sprachmasken.

Die "Komödie der Eitelkeit" erlebte ihre Uraufführung am 6. Februar 1965 im Staatstheater Braunschweig; Regie führte Helmut Matiasek, für das Bühnenbild und die Kostüme zeichnete Manfred Schröter verantwortlich. (288) Das Drama wurde achtmal gespielt. (289)

In den meisten Pressekommentaren zur Aufführung wurde der Mut des Generalintendanten Helmut Matiasek, dieses Stück Canettis überhaupt zu spielen, hervorgehoben, und in vielen Pressestimmen wird er als der eigentliche Entdecker Canettis für die deutsche Bühne gefeiert. Seiner Regiearbeit aber stehen die meisten Kommentatoren kritisch, ja ablehnend gegenüber.

Schon bei der Premiere ist es zu offenen Missfallenskundgebungen gekommen.

Der Theaterkritiker Wolfgang Schlüter bemerkt zur gespannten Atmosphäre im
Staatstheater: "Ging der Abend hart am Rande des Skandals vorbei? Mitunter hatte es den Anschein, als triebe der aus mancherlei, zum Teil gewiss nicht unver-
dächtigen Ingredienzien gemischte Unwille, der da durch Parkett und Ränge gei-
sterte, dem offenen Ausbruch zu." (290) Am Charakter des Stücks, das wir eingehend betrachtet haben, konnte es gewiss nicht liegen, dass es bereits bei der
ersten Aufführung zu tumultösen Szenen kam. Wie wir bereits feststellten, ist die
"Komödie der Eitelkeit" so vielschichtig und episodenreich, dass sie den üblichen
Rahmen des Theaters sprengt, und Raffungen des Textes hätten dem Stück auf der
Bühne wohl angestanden und gewiss keinen Wirkungsschwund gebracht. Zwar hat
die Regie in Braunschweig den Text beschnitten, generell aber ist sie auf eine Mo-
difikation ausgewichen, die versuchte, das Drama in der Manier von Erwin Pis-
cators Totaltheater zu inszenieren. Das "totale Theater", wie es Piscator versteht, ist die Fusion aller gestalterischen Mittel der bildenden Kunst, der Musik
und der Literatur. (291) Die breite Fülle von Canettis Werk legitimiert gewiss
ein solches Konzept. Nun wurden aber, um ein Höchstmass an Wirkung zu erzielen, - dies bestätigen uns Presseberichte und Standphotos der Aufführung (292) -
"zwei unmöglich primitiv zusammengeschnittene Filmszenen ... um des schieren
Effekts willen eingeblendet". (293) Diese Filme und Standphotos stellen Hitler in
der sattsam bekannten Heldenpose als Ritter dar. Einer solchen unmissverständ-
lichen Aktualisierung durch das Naziregime hätte die "Komödie der Eitelkeit" nicht
bedurft, denn ihre Aussage ist deutlich genug.
Günter Blöcker charakterisiert Canetti als einen "Geist, bei dem das Denkerische
ständig ins V i s i o n ä r e hinüberspielt und umgekehrt, die Vision niemals
ihre Herkunft aus dem denkerischen Prozess verleugnet. Es versteht sich, dass
eine Begabung dieser Art künstlerisch auf schmalem Grat operiert, dass ihr Künst-
lertum stets Gefahr läuft, sich durch zu g r o s s e , z u o f f e n k u n d i g e
A b s i c h t l i c h k e i t z u b e s c h ä d i g e n ." (294) Der Skandal entzündete sich gerade an jenen Stellen, - und dies spricht für Canettis Werk aber gegen
die Inszenierung - an denen die Regie vor den Anforderungen des Dramas in hilf-
lose Arrangements flüchtete. Dazu bemerkt der Rezensent der Fachzeitschrift
"Theater heute" treffsicher: "Das Theater hat mit seinem ambitionierten Dilettantismus dem Publikum die Sache leicht gemacht, ihm nahegelegt, sich der Un-
nachgiebigkeit und den Schnödheiten des Stücks zu entziehen. Ein Stück ... wurde
durch missverstandene Piscorei zugrunde gerichtet, hochgeputscht in äusser-
liches Spielwerk und wurde effektvoll Zurschaustellung von Maschinerie. Technische und kinomatographische Effekte banalisierten ein Stück, das nicht unwesent-
lich aus der bösen Hintergründigkeit seiner Sprache existiert ..." (295)
Durch den Einsatz falscher dramaturgischer Mittel wurde die "Komödie der Eitelkeit", ein zeitloses Werk, in ein zeitbezogenes Drama umgewertet. Das Publikum
hätte sich bei einer werkgerechten Inszenierung fraglos an die ungeheuerlichen
Vorkommnisse unter dem Terror des nationalsozialistischen Regimes erinnern
müssen, aber die ungeeigneten, drastischen Praktiken, die in Braunschweig zur
Anwendung gelangten, führten dazu, dass sich der Protest primär gegen das Werk
und somit gegen Canetti richtete. Die Folge davon war, dass die "Hochzeit" -
einige Monate später mit demselben Ensemble inszeniert - einer vorbereiteten
Skandalisierung zum Opfer fiel.

Durch diese unzulänglichen und stillosen Braunschweiger Aufführungen kam selbst die Kritik nicht zu einem klaren Urteil über die effektive Bühnentauglichkeit der Stücke, und ob diese beiden Dramen im deutschen Sprachraum eine zweite Chance erhalten, ist bedauerlicherweise ungewiss. Der unbestreitbare dichterische Wert von Canettis Theaterstücken würde eine solche freilich unbedingt rechtfertigen.

4. REDE AUF HERMANN BROCH

Am 1. November 1936 beging Hermann Broch seinen fünfzigsten Geburtstag. Bei der offiziellen Feier im Wiener Volksheim hielt Elias Canetti eine höchst aufschlussreiche Laudatio auf seinen Freund. (296)
Die "Rede auf Hermann Broch" ist das letzte Werk, das Canetti in Wien niederschrieb und der Oeffentlichkeit übergab. In unserem Zusammenhang verdienen diese Aeusserungen besonderes Interesse, weil sie ein frühes, grossartiges Beispiel für Canettis dichtungstheoretische Konzeption sind und weil sich in ihnen seine zentralen Anliegen in aller Deutlichkeit formuliert finden und daher wertvolle Materialien zum Verständnis seines Werkes liefern.
Die Freundschaft zwischen Broch und Canetti datiert aus dem Jahre 1932. In einem nur teilweise veröffentlichten Brief schrieb Hermann Broch damals: "Elias Canetti werde ich nächste Woche treffen ... er scheint wirklich eine besondere Begabung und ein besonderer Narr zu sein. Und er hält die 'Schlafwandler' für die grösste Dichtung der Gegenwart." (297) Diese frühe Wertschätzung für Bochs Werk - zu dieser Zeit lagen erst "Die Schlafwandler", "James Joyce und die Gegenwart" und einige Fragmente vor, von denen es Canetti besonders "Die Heimkehr" angetan hatte - spricht für Canettis kritische Sensitivität. Die einseitige Verehrung wurde zu einer gegenseitigen, nachdem Broch Canettis Roman "Die Blendung" - er lag noch nicht gedruckt vor - gelesen hatte. Im Jahre 1933 hielt Hermann Broch anlässlich einer öffentlichen Vorlesung Canettis aus seinem Roman in Wien die Einführung. Broch war Canettis Plan, sich mit den Phänomenen der Masse und der Macht intensiv zu beschäftigen, schon damals wohlbekannt, und er zeigte sich besorgt darüber, dass sich Canetti der Ergründung dieser Erscheinungsformen verschrieben hatte. Wohlwollend aber warnend soll er sich dabei zu ihm geäussert haben: "Sie werden ihr Leben damit verbringen. Man kann da auf nichts Rechtes kommen. Es ist alles zu unbestimmt: Es ist schade um ihre Zeit. Schreiben sie lieber ihre Dramen." (298) Broch hat in der Emigration seine Meinung dann revidiert, denn auch er hat in Amerika an einem fundamentalen Werk über die Massenpsychologie gearbeitet, das auf anderen Prämissen basiert als Elias Canettis "Masse und Macht" und das leider ein Torso blieb. (299)
Aufgrund dieser Freundschaft war es gegeben, dass der dreissigjährige Elias Canetti eine Geburtstags-Rede auf den Fünfzigjährigen hielt. Bemerkenswert an dieser Rede ist, dass sich darin die Mission des Dichters, die Canetti aus dem religiösen Erbe ableitet und ohne die alle Dichtung eitel bleibt, unmissverständlich formuliert findet.
Seine Forderungen an den Dichter gründen auf dem damals noch schmalen publizierten Werk Brochs, aber diese Ausführungen werfen auch ein deutliches Licht

auf seine eigene literarische Produktion.

Das erste Postulat, das ein Dichter nach Canetti zu erfüllen hat, ist:

> "Der wahre Dichter aber, wie wir ihn meinen, ist seiner Zeit ver-
> fallen, ihr leibeigen und hörig, ihr niedrigster Knecht. Er ist mit
> einer Kette kurz und unzerreissbar an sie gefesselt, ihr auf das
> engste verhaftet; seine Unfreiheit muss so gross sein, dass er
> nirgends andershin zu verpflanzen wäre. Ja, wenn es nicht den
> Beigeschmack des Lächerlichen hätte, würde ich einfach sagen:
> er ist der Hund seiner Zeit. Er läuft über ihre Gründe hin, bleibt
> hier stehen und dort; willkürlich scheinbar, doch unermüdlich, für
> Pfiffe von oben empfänglich, nur nicht immer, leicht aufzuhetzen,
> schwerer zurückzurufen, von einer unerklärlichen Lasterhaftig-
> keit getrieben; ja, in alles steckt er die feuchte Schnauze, nichts
> wird ausgelassen, er kehrt auch zurück, er beginnt von neuem,
> er ist unersättlich; im übrigen schläft und frisst er, aber nicht
> das unterscheidet ihn von den anderen Wesen, was ihn unterschei-
> det ist die unheimliche Beharrlichkeit in seinem Laster, dieses
> von Laufen unterbrochene, innige und ausführliche Geniessen; so
> wie er nie genug bekommt, bekommt er es auch nicht rasch ge-
> nug; ja, es ist, als hätte er für das Laster seiner Schnauze ei-
> gens laufen gelernt." (300)

Diese Eigenschaft, über die der Dichter verfügen muss, koinzidiert mit dem heute etwas strapazierten Begriff des engagierten Schriftstellers. Es ist die rigoro-
se Absage an den blossen Aesthetizismus und der unerbittliche Ruf zu moralischem Engagement. Dieses "Laster", so nennt es Canetti, "verbindet den Dichter so unmittelbar mit seiner Umwelt, wie die Schnauze den Hund mit seinem Re-
vier". (301) Canetti attackiert damit jene Haltung des Schriftstellers, die in den
dreissiger Jahren immer mehr an Boden gewann und die auf die Errichtung eines
zeitfremden, idealisierten Weltgebäudes abzielt - sei es mit pseudochristlichem
oder mit bäurisch-heidnischem Akzent - und die mit ihrer falschen Mystifikation
letztlich in der "Blubo" (Ernst Alker) gipfelt. Damit befehdet Canetti jene Flucht
vor dem Zeitdämon, die im Leser den moralischen Wertezerfall begünstigt und in
letzter Konsequenz zu einer Brutstätte des Bösen wird, zur "Moral der Nicht-Mo-
ral" - wie es Hermann Broch nennt. Canetti antizipiert also Gedanken, wie sie
heute Friedrich Dürrenmatt apodiktisch formuliert: "Der Schriftsteller engagiert
sich, oder er wird überflüssig." (302)

Die zweite Forderung, die Canetti an den Dichter stellt, und dabei hat er wohl
Brochs "Schlafwandler", insbesondere die Passagen "Zerfall der Werte" im Auge,
lautet:

> "Die zweite Eigenschaft, die man vom repräsentativen Dichter
> heute verlangen muss, ist der ernste Wille zur Zusammenfas-
> sung seiner Zeit, ein Drang zur Universalität, der sich durch
> keine Einzelaufgabe abschrecken lässt, von nichts absieht, nichts
> vergisst, nichts auslässt, es sich in gar nichts leicht macht.

Mit dieser Universalität hat sich Broch selbst eingehend und wiederholt beschäftigt. Mehr noch: man kann sagen, dass sein dichterischer Wille sich an der Forderung nach Universalität recht eigentlich entzündet hat. Ursprünglich und für lange Jahre ein Mann der strengen Philosophie, gestattete er es sich nicht, das, was ein Dichter leistet, besonders ernst zu nehmen. Zu viel Konkretes und Abgesondertes schien ihm darin zu stecken. Stück- und Winkelwerk, nie war das Ganze da. Die Philosophie, zur Zeit, da er zu philosophieren begann, gefiel sich noch manchmal in ihrer alten Forderung nach Universalität, zaghaft zwar, denn ihre Forderung war seit langem verjährt; aber als grossherziger und auf alles Unendliche gerichtete Geist liess Broch sich von dieser Forderung gerne täuschen. Dazu kam der tiefe Eindruck, den ihm die universelle, geistige Geschlossenheit des Mittelalters machte, ein Eindruck, den er nie ganz überwunden hat. Er ist der Meinung, dass damals ein geschlossenes geistiges Wertsystem bestand; und geraume Zeit seines Lebens hat er sich mit einer Untersuchung über den 'Zerfall der Werte' beschäftigt, der für ihn mit der Renaissance beginnt und nur sein katastrophales Ende mit dem Weltkrieg erreicht." (303)

Dann geht Canetti konkret auf die "Schlafwandler" ein und bemerkt, durch dieses Werk sei es Broch gelungen, die Erkenntnisfunktion des Romans bedeutend zu erweitern und dichterisch die Realisierung der Geschichtsphilosophie zu erreichen. Damit habe Broch

"eine Möglichkeit zur Universalität gerade dort gefunden, wo er sie am wenigsten vermutet hätte, im Stück- und Winkelwerk des Romans, und äussert sich nun darüber an den verschiedensten Stellen: 'Der Roman hat Spiegel aller übrigen Weltbilder zu sein', sagt er einmal. 'Das Dichtwerk hat in seiner Einheit die gesamte Welt zu umfassen', oder 'der moderne Roman ist polyhistorisch geworden'. 'Immer ist Dichten eine Ungeduld der Erkenntnis.'" (304)

Danach zitiert Canetti aus Brochs frühem Essay "James Joyce und die Gegenwart":

"'Die Philosophie hat ihrem Zeitalter der Universalität, dem Zeitalter der grossen Kompendien selbst ein Ende gesetzt, sie musste ihre brennendsten Fragen aus ihrem logischen Raum entfernen oder, wie Wittgenstein sagt, ins Mystische verweisen.
Und dies ist der Punkt, an dem die Mission des Dichterischen einsetzt, Mission einer totalitätserfassenden Erkenntnis, die über jeder empirischen oder sozialen Bedingtheit steht, und für die es gleichgültig ist, ob der Mensch in einer feudalen, in einer bürgerlichen oder in einer proletarischen Zeit lebt, Pflicht der Dichtung zur Absolutheit der Erkenntnis schlechthin.'" (305)

Dieses Postulat der Universalität, wie es Broch und Canetti verstehen, tangiert den Begriff der "Totalität", (306) wie ihn später auch Heimito von Doderer für den Roman fordert und der als das Erbe Goethes erkannt werden darf.

Im dritten Postulat, das Canetti an den wirklichen Dichter stellt, artikulieren sich Gedanken, die mit dem Fortschreiten seines eigenen Werks immer mehr an Bedeutung gewinnen. Diese Forderung

> "wäre die, dass er gegen seine Zeit steht, gegen seine ganze Zeit, nicht bloss gegen Dies oder Jenes, gegen das umfassende und einheitliche Bild, das er allein von ihr hat, gegen ihren spezifischen Geruch, gegen ihr Gesicht, gegen ihr Gesetz. Sein Widerspruch soll laut werden und Gestalt annehmen; es darf nicht etwa erstarren oder schweigend resignieren. Er muss strampeln und schreien wie ein ganz kleines Kind: aber keine Milch der Welt, auch aus der gütigsten Brust nicht, darf seinen Widerspruch stillen und ihn in Schlaf lullen. Wünschen muss er sich den Schlaf, aber er darf ihn nie erlangen. Vergisst er seines Widerspruchs, so ist er abtrünnig geworden, wie in früheren gläubigen Zeiten ein ganzes Volk seinem Gotte." (307)

Die Ausführungen münden dann im zentralen Anliegen von "Canettis Denklandschaft", (308) in deren Mitte sich eine dunkle Festung erhebt, "die Canetti mit seinen Sätzen immer aufs neue und immer vergeblich berennt - der Tod." (308) Canettis radikalste Forderung an den Dichter kennt keine Todesmystik, sie ist bestimmt durch einen Todeshass, wie er sich nur selten bei einem Menschen findet.

> "Der Tod ist die erste und älteste, ja man wäre versucht zu sagen: die einzige Tatsache. Er ist von monströsem Alter und stündlich neu. Er hat den Härtegrad Zehn, und wie ein Diamant schneidet er auch. Er hat die absolute Kälte des Weltraums, Minus Zweihundertdreiundsiebzig Grad. Er hat die Windstärke des Hurrikans, die höchste. Er ist der sehr reale Superlativ, von allem; nur unendlich ist er nicht, denn auf jedem Weg wird er erreicht. Solange es den Tod gibt, ist jedes Licht ein Irrlicht, denn es führt zu ihm hin. Solange es den Tod gibt, ist nichts Schönes schön, nichts Gutes gut. Die Versuche, sich mit ihm abzufinden, und was sind die Religionen sonst, sind gescheitert. Die Erkenntnis, dass es nichts nach dem Tode gibt, eine fürchterliche und nie ganz auszuschöpfende Erkenntnis, hat eine neue und verzweifelte Heiligkeit auf das Leben geworfen. Der Dichter, dem es Kraft dessen, was wir ein wenig summarisch sein Laster nannten, möglich ist, a n   v i e - l e n   L e b e n   t e i l z u h a b e n ,   hat auch an allen Toden teil, von denen diese Leben bedroht sind. Seine eigene Angst, und wer hätte sie nicht vor dem Tode, muss zur Todesangst aller werden. Sein eigener Hass, und wer hasst den Tod nicht, muss zum Todeshass aller werden. Dies und nichts Anderes ist sein Widerspruch zur Zeit, die von Myriaden und Abermyriaden Toden er-

füllt ist." (309)

Das ist der Kampf, den der Dichter gegen den Tod führen muss; und mit diesem Ringen mit der Sterblichkeit, in dem Canetti ein verpflichtendes "Erbteil des Religiösen", (310) das dem Dichter zugefallen ist, erkennt, macht er bitter ernst. Ganz im Gegensatz zu den modernen Tendenzen in der Literatur, die den Tod verharmlosen, ihn verdrängen oder verschweigen, will Canetti den Tod, wie er einmal schreibt "nicht anerkennen ..., obwohl ich nie von ihm absehe, den ich bis in seine letzten Schlupfwinkel aufstöbern muss, um seine Anziehung und seinen falschen Glanz zu zerstören." (311)
Canetti versucht ständig, dieser existentiellen Problematik neue Einsichten abzuringen. Dabei unterzieht er geläufige Auffassungen wie die Trennung des Leibes von der Seele oder die Unsterblichkeit im theologischen Sinne, einer kritischen Prüfung. Die Tatsache, dass der Leib stirbt und die Seele fortfährt in alle Ewigkeit zu leben, so dass der Mensch in seiner leib-seelischen Einheit dem Tod ausgeliefert ist, will und kann Canetti nicht akzeptieren. Nach ihm lebt der Geist, als der letzten Wahrheit fähig, zeitenthoben und unzerstörbar im Werke fort. Daher bietet sich ihm als einziger Hoffnungsschimmer in dieser ausweglosen Situation die Möglichkeit an, im Werk zu überleben, (312) und so begreift er die Kultur in ihrer Ganzheit als die alleinige Chance zur Todesüberwindung. Aus dieser Erkenntnis resultiert konsequenterweise sein absolut-moralischer Anspruch an die dichterische Aussage, den er nicht nur als Massstab an das Werk anderer Schriftsteller sondern rigoros an sein eigenes legt.
Zu den eigentümlichsten Leidenschaften Canettis gehört seine intensive Auseinandersetzung mit Religionen und Mythen fremder Völker und Stämme, in denen er oft verblüffende Parallelen in ihrer Einstellung zum Tod entdeckt. Diese Untersuchungen finden in "Masse und Macht" ihren Niederschlag. Zu Beginn dieses universalen Interesses an "Geschichte und Ethnologie, an fernen Literaturen und Religionen steht nicht der Wunsch, Entwicklungen und Kausalitäten zu ergründen, sondern die unstillbare Neugier darauf, was alles sich Menschen ausgedacht haben, um mit dem Rätselhaften ihres Daseins und ihrer Sterblichkeit fertig zu werden". (313) Und so ist es nicht befremdend, wenn Canetti von sich selbst behauptet:

"Es ist ein ernstes Ziel meines Lebens, alle Mythen aller Völker wirklich zu kennen. Ich will sie aber so kennen, als hätte ich an sie geglaubt." (314)

Die Mythen dienen ihm also letzlich dazu, zu ergründen, warum und weshalb die Ur-Schuld entstand, die den Tod in die Welt gebracht hat, und in welcher Form oder durch welche Mittel sich der Mensch über die Sterblichkeit erheben kann.

Diese überaus originelle Deutung der Aufgabe des Dichters, die Canetti am Werk Hermann Brochs exemplifiziert, bei der er aber auch sein eigenes schriftstellerisches Schaffen im Auge behält, beschliesst er mit hellsichtigen, visionären Gedanken, die das kommende apokalyptische Geschehen antizipieren. Canetti beschliesst seine Rede damit, dass er sich über so etwas Unscheinbares, ja Alltägliches äussert, wie es die Luft ist, die uns umgibt. Indem er von der Luft als der "letzten Allmende" spricht, die uns allen gemeinsam zukommt, führt er aus:

> "Und dieses Letzte, das uns allen gemeinsam war, soll uns alle
> gemeinsam vergiften. Wir wissen es, aber wir spüren es noch
> nicht.
> Hermann Brochs Werk steht zwischen Krieg und Krieg, Gas-
> krieg und Gaskrieg. Es könnte sein, dass er die giftigen Parti-
> kel des letzten Krieges noch jetzt irgendwo spürt. Doch das ist
> unwahrscheinlich. Sicher aber ist, dass er, der besser zu at-
> men versteht als wir, schon heute am Gas erstickt, das uns an-
> deren, wer weiss wann erst, den Atem benehmen wird." (315)

Diese visionäre Komponente, die uns heute als eine ungeheure Prophetie erschüt-
tert, gehört mit zu den merkwürdigsten und faszinierendsten Phänomenen in Canettis Werk. Und dennoch, so will es scheinen, wäre es unklug, ihn mit dem gän-
gigen Terminus eines poeta vates zu etikettieren und ihn damit festzulegen, dies,
obwohl seine visionäre Aussagekraft nicht akzidentieller Natur sein kann, denn
dazu tritt sie allzu oft auf. Canetti selbst hat sich zur prophetischen Gabe im Dichter wie folgt geäussert:

> "Der Dichter ist wohl der Mensch, der, was früher war, spürt,
> um was sein wird, vorauszusagen." (316)

<u>Teilfazit</u>: Mit der "Rede auf Hermann Broch" findet Elias Canettis literarisches
Schaffen der Zeit in Wien einen würdigen Abschluss. Diese Rede darf als ein
Schlüssel zum dichterischen Selbstverständnis gedeutet werden. In ihr finden sich
jene Theoreme, die sein gesamtes schriftstellerisches Werk durchziehen, sowohl
die Produktion der Wiener Jahre, die so deutlich die Atmosphäre dieser Stadt at-
met, als auch diejenige der Folgezeit. Canettis Einstellung zum Beruf des Schriftstellers und sein Glaube an die dichterische Aufgabe hat sich im Laufe der Jahre
nicht wesentlich verändert. Ganz eigentümlich berührt uns, dass Canetti den Po-
stulaten, die er an den Dichter richtet und die in seiner Rede unmissverständlich
formuliert sind, im eigenen Werk gerecht wird. Alle seine literarischen Aeusserungen legen Zeugnis von seinem Engagement ab. Die Forderung nach Universalität erfüllt Canetti bereits durch seinen Roman "Die Blendung", der nicht nur er-
kenntnistheoretische Materialien verarbeitet, sondern durch seine Vielschichtig-
keit exemplarischen Charakter beanspruchen darf. Das dritte Postulat, die Gegnerschaft zum Tod, die Canetti mit verbissenem Eigensinn predigt, scheint in den
frühen Werken schon auf, gewinnt immer mehr an Bedeutung und findet im letzten
veröffentlichten Drama, das er "ein Lehrbuch des Todes" (317) nennt, in den "Befristeten", seine gültigste Darstellung.
Es zeigt sich, dass Canetti jene Postulate, die er an den Dichter richtet, in seinem Werk realisiert, und dass das, was er in Wien konzipiert, ausgearbeitet und
veröffentlicht hat, wie ein Auftakt dessen wirkt, was er später publizieren sollte.
Als Beweis dafür können die neuesten Veröffentlichungen gelten, die sich nahtlos
an das anfügen, wozu in Wien das Fundament gelegt wurde.
Wenn wir das vorliegende Werk Canettis überschauen, so erkennen wir, dass sei-

ne Arbeiten in ihrer Gesamtheit auf der Darstellung und erhofften Lösung von vier Problemkreisen basieren: der Masse, der Macht, des Todes und der Verwandlung. Sein bisher veröffentlichtes oder abgeschlossenes, aber von ihm zurückbehaltenes Werk, von dem der Verfasser Kenntnis hat, umfasst vier Bühnenstücke, einen Roman, einen philosophisch-soziologischen Essay, eine Sammlung Gedankensplitter, - Canetti nennt sie "Aufzeichnungen" - und eine Niederschrift von Reiseerlebnissen in Marokko. Aus der chronologischen Reihenfolge ihrer Entstehung und ihrer Zuordnung zu Canettis zentraler Problematik, ergibt sich folgende Uebersicht:

Literarische Gattung:	Titel:	Zentraler Problemkreis:
Roman	"Die Blendung"	Tod, Verwandlung
Drama	"Hochzeit"	Tod, Verwandlung
Drama	"Komödie der Eitelkeit"	Masse, Macht, Verwandlung
Dramolett	"Die Affenoper" (unveröffentl.)	Verwandlung, Masse
Drama	"Die Befristeten"	Tod
Essay	"Masse und Macht"	Masse, Macht, Verw., Tod
Tagebuchblätter	"Aufzeichnungen 1942 - 1948"	Masse, Macht, Verw., Tod
Reisenotizen	"Die Stimmen von Marrakesch"	Masse, Macht, Verw., Tod

Unsere Bestandesaufnahme veranschaulicht, dass die Basis zu Canettis Werk in Wien gelegt wurde und dass die motivische Konstanz und die zentrale Thematik durch die bitteren Jahre der Emigration keine eigentliche Zäsur erlitten, dass aber durch sie eine merkliche Bedeutungsverlagerung auf die soziologische Komponente erfolgte. Sie zeigt aber auch die Gefahr, in der sich ein Werk mit einer derart ausgeprägten thematischen und motivischen Dominante bewegt. Nur einem universalen Geist wie Canetti kann es gelingen, diese Einheit zu einer Vielfalt umzuwerten. Dank seiner Originalität, der hohen literarischen Qualität und der substantiellen erkenntnistheoretischen Einsichten, die seine Werke auszeichnen, und die uns jedesmal erneut faszinieren, gelingt es ihm, eine drohende Monotonie abzuwenden.

III. DIE JAHRE DER EMIGRATION, NACH-KRIEGSZEIT

Wenn wir der Lebensspur von Elias Canetti weiter folgen, so sehen wir, dass viele seiner prophetischen Visionen Tatsache wurden. Bald nach der Machtergreifung Hitlers in Deutschland war auch die Existenz der Republik Oesterreich ernstlich gefährdet. Die geistige Enthauptung Deutschlands durch die Nationalsozialisten begann damit, dass sie Presse, Rundfunk und Film sukzessive mundtot machten. Dadurch wurden die Massenmedien zum Sprachrohr eines geschickt gehandhabten Propagandaapparates degradiert. Mit der sogenannten "erweiterten Strategie" versuchten sie sodann die neuralgischen Stellen der umliegenden Länder ausfindig zu machen. Die Massen in Oesterreich wurden vorerst vom deutschen Territorium aus durch Presse und Rundfunk, später durch die austrofaschistischen Parteigänger mit populären nationalen Einheitsgedanken infisziert. Mit Schlagworten wie "Heimführung ins gemeinsame Reich aller Deutschen" und ähnlichen Slogans gelang es den Nationalsozialisten, in Oesterreich Bedeutung und Gefolgschaft zu erlangen. Hinter diesem Konzept verbarg sich Hitlers Ansicht, sich Oesterreichs zu bemächtigen, das er aus politischen und strategischen Gründen für den geplanten Ausbau seiner Machtposition benötigte. Dem österreichischen Staat, nur noch ein Schatten dessen, was er zu Zeiten der österreichisch-ungarischen Doppelmonarchie gewesen war, eine kurzsichtige Schöpfung der Siegermächte von 1918, war es in der kurzen Dauer, die ihm vergönnt war, sich frei zu entfalten, nicht möglich, eine tragfähige Staatsidee und einen zureichenden Abwehrwillen gegen Deutschland zu entwickeln. Dies nützten die Nationalsozialisten aus, und es bildete sich die Legende, die neue Republik Oesterreich sei nicht existenzfähig, und die geschickt abwägende Politik Oesterreichs, die auf die Erhaltung des Friedens abzielte, wurde von den Deutschen als Schwäche ausgelegt. Den Nationalsozialisten gelang es durch ihre Propaganda, ihre eindeutigen Machtinstinkte ideologisch und pseudomoralisch zu verschleiern, "und mit dem Begriff 'Lebensraum' war endlich für ihren nackten Aggressionswillen ein philosophisches Mäntelchen gegeben, ein durch seine vage Definitionsmöglichkeit unverfänglich scheinendes Schlagwort, das im Falle eines Erfolgs jede Annexion, auch die willkürlichste, als ethische und ethnologische Notwendigkeit rechtfertigen konnte." (1)
Dieses pseudoreligiöse Surrogat, das die Nationalsozialisten erfanden, um ihre Ziele zu erreichen, charakterisiert Hermann Broch schon im Jahre 1934 in einem Brief hellsichtig, indem er ausführt, dass am "Nullpunkt der Wertatomisierung" das Irrationale im Nationalsozialismus durchbreche, als Religionsersatz gleichsam, der den rational und wertfrei denkenden Menschen dennoch vom "Bedürfnis ... nach Glauben können" (2) spielend in seine Gewalt bekomme.
Elias Canetti blieb in dieser turbulenten Zeit in Wien. Er zog sich nicht an die Peripherie der Wirklichkeit zurück, sondern beobachtete scharfsinnig all das massenwahnsinnige Treiben, versuchte es zu ergründen und von seinen Wurzeln her zu begreifen. Die Symptome dieser Zeit registrierte er, und am bedrohlichen Schicksal seiner Umwelt teilnehmend, auferlegte er sich anderthalb Jahre vor Kriegsausbruch "ein Verbot rein literarischer Arbeit". (3) Analoge Konsequen-

zen zog damals Canettis Freund Hermann Broch, der erkannte, dass es "irgendwo sinnlos, ja unstatthaft sei, in diese Welt hinein Romane oder Theaterstücke zu schreiben". (4) Elias Canetti führt zu dieser selbstgewählten Abstinenz weiter aus:

"Ich wollte begreifen, was geschehen war, was geschah, und den Dingen endlich wirklich auf den Grund gehen. Das Problem der Masse hatte mich zwar schon seit dem Jahre 1925 beschäftigt, und das der Macht hatte sich etwas später dazugesellt. Aber bis kurz vor dem Kriege waren sie nicht der einzige Inhalt meines Lebens. Ich hatte noch zu wenig verstanden, ich liess mir Zeit und ich hatte den Uebermut, zugleich auch als Dichter zu existieren, der diesem oder jenem Einfall nachgibt und in der Verlockung wechselnder Konsequenzen die nackte Welt für Wochen, Monate oder ein Jahr aus dem Aug verliert.
Als der Krieg immer näher kam, als er ausbrach, wurde das alles anders. Es war nun nicht mehr möglich, auch auf Augenblicke nicht, sich zu entfernen oder zu verkleiden. Ein Recht auf irgendein Leben hatte man nur, wenn man mit dem Begreifen ernst machte. Das Willkürliche meiner früheren Kenntnisse und Vorarbeiten, ihre Mangelhaftigkeit wurden mir erst ganz bewusst, als jede andere Aufgabe erbarmungslos verbannt war. Um weiterzukommen, hatte ich sehr vieles zu lernen, und die folgenden Jahre waren von einer wahren Lernwut beherrscht. Obwohl neue Einsichten sich abzuzeichnen begannen, war aber die Zeit zu einer zusammenhängenden Niederschrift von "Masse und Macht" noch nicht gekommen." (5)

Am 13. März 1938 begann die Annexionspolitik der Nationalsozialisten und der Austrofaschisten Früchte zu tragen: deutsche Truppen marschierten in Oesterreich ein. Die von Ressentiments aufgestachelte Gier Hitlers findet ihren sinnfälligen Ausdruck besonders in der Eile, mit der er nach Wien reiste, um in dieser Stadt, die er als Gescheiterter kennengelernt hatte, nun als Triumphator einzuziehen. Mit der Annexion Oesterreichs beginnt auch der Terror, die Diskriminierung und Verfolgung der Juden.
Damit wurde eine jahrhundertealte Symbiose zerstört, denn kaum in einem anderen Lande Europas war die Assimilation derart glücklich und fruchtbar gewesen wie gerade in Oesterreich. Das Judentum, das vor dem tragischen Untergang in allen Sparten der Kunst und der Wirtschaft sehr produktiv gewesen war, erlebte durch den von den Nationalsozialisten propagierten Antisemitismus eine entwürdigende Degradierung zum rassistischen Objekt. Canetti hat diesen seltsamen Prozess der plötzlichen Entwertung einer Person zur Sache bis hin zur kompletten Wertlosigkeit exakt untersucht und in "Masse und Macht" unter dem Titel "Inflation und Masse" niedergeschrieben. Er bemerkt unter anderem:

"Als Objekt für seine Tendenz fand Hitler während der deutschen Inflation die Juden. Sie waren dafür wie geschaffen: ihre alte Verbindung mit dem Geld, für dessen Bewegung und Wertveränderun-

gen sie etwas wie ein traditionelles Verständnis hatten; ihre Geschicklichkeit in Aktivitäten der Spekulation; ihr Zusammenströmen auf Börsen, wo ihre Art sehr grell von dem militärischen Verhaltensideal der Deutschen abstach, das alles musste sie in einer Zeit, die von der Fragwürdigkeit, Labilität und Feindseligkeit des Geldes erfüllt war, besonders fragwürdig und feindselig erscheinen lassen. Der einzelne Jude war 'schlecht': er stand sich gut mit dem Geld, da sich niemand mehr darin auskannte und man am liebsten nichts mehr mit Geld zu tun haben wollte. Hätte es sich bei der Inflation um Entwertungsvorgänge in den Deutschen als einzelnen gehandelt, so hätte die Erweckung von Hass gegen bestimmte Juden genügt. Es war aber nicht so, auch die Deutschen als Masse fühlten sich im Absturz ihrer Millionen gedemütigt. Hitler, der eine klare Einsicht davon hatte, richtete seine Tätigkeit gegen die Juden im ganzen.
In der Behandlung der Juden hat der Nationalsozialismus den Prozess der Inflation auf das genaueste wiederholt. Erst wurden sie als schlecht und gefährlich, als Feinde angegriffen; dann entwertete man sie mehr und mehr; da man ihrer selber nicht genug hatte, sammelte man sie in den eroberten Ländern; zum Schluss galten sie buchstäblich als Ungeziefer, das man ungestraft in Millionen vernichten durfte. Man ist noch heute fassungslos darüber, dass Deutsche so weit gegangen sind, dass sie ein Verbrechen von solchen Ausmassen, sei es mitgemacht, sei es geduldet oder übersehen haben. Man hätte sie schwerlich so weit bringen können, wenn sie nicht wenige Jahre zuvor eine Inflation erlebt hätten, bei der die Mark bis auf ein Billionstel ihres Wertes sank. Es ist diese Inflation als Massenphänomen, die von ihnen auf die Juden abgewälzt wurde." (6)

Diese Tendenz der Nationalsozialisten, die Juden als Kollektiv zu ächten, gehört mit zu den unheimlichsten Phänomenen unserer Zeit. Die Zugehörigkeit zu einer Volksgruppe oder Rasse genügte, um anonym, ohne subjektives Verschulden, diskriminiert zu werden. Was in der Ostmark den Juden angetan wurde, gleicht den Vorgängen, die sich im Spanien des 15. Jahrhunderts abspielten.
Obwohl Elias Canetti sephardischer Abstammung ist, besitzt er eine mehr oder weniger ambivalente Beziehung zum Judentum. Seine Erziehung und Bildung kann als typisch für die der assimilierten Juden gelten. Schon seine Eltern - wir haben darauf verwiesen - distanzierten sich bewusst vom orthodoxen Judentum, in dem sie eine drohende Gefahr der Erstarrung erblickten. Elias Canetti bekennt von sich selbst:

"Ich habe alle Eigenschaften eines religiösen Menschen an mir, aber auch den tiefen, inneren Zwang, dem Gehege jedes Glaubens wieder zu entkommen." (7)

Es ist sein ungestümer Drang nach Universalität, der ihn auch hier hindert, sich

festzulegen. Einmal bemerkt Canetti, und dieses Zitat ist charakteristisch für
sein Denken:

> "Wie unfassbar bescheiden sind die Menschen, die sich einer
> e i n z i g e n R e l i g i o n verschreiben! Ich habe sehr vie-
> le Religionen, und die eine, die ihnen übergeordnet ist, bildet
> sich erst im Laufe meines Lebens." (8)

Im Werk Elias Canettis lassen sich viele Belege dafür finden, die ein agnostisches
Denken unter Beweis stellen. Weil sein grösstes Anliegen und sein eingestandenes
Ziel die Ueberwindung der Sterblichkeit ist, beginnt er mit Gott zu rechten. Gott
bedeutet Canetti die höchste Personifizierung der Macht, und weil ihm die Macht,
in jeder nur möglichen Form, als das Böse gilt, hadert er auch mit Gott. In dieser urjüdischen Konstellation nimmt er Züge der alttestamentlichen Gestalt des
Hiob an. Diese paradoxe, beinahe charismatische Situation, in der sich der homo
religiosus Canetti befindet, hat H.G. Adler treffend gekennzeichnet, indem er bemerkt: "Canetti glaubt sich oft von Gott eingesetzt, um gegen ihn zu denken." (9)

Mit der jüdischen Religion, aber auch mit den kabbalistischen Geheimschriften
hat sich Canetti gründlich befasst. Seine Stellung zum Judentum aber bleibt sehr
komplex. Ein Eintrag in den "Aufzeichnungen" lautet:

> "Die grösste geistige Versuchung in meinem Leben, die einzige
> gegen die ich sehr schwer anzukämpfen habe, ist die: ganz Jude
> zu sein. Das Alte Testament, wo immer ich es aufschlage, über-
> wältigt mich. An bald jeder Stelle finde ich etwas, das mir ge-
> mäss ist. Ich wäre gern Noah oder Abraham genannt, aber auch
> mein eigener Name erfüllt mich mit Stolz. Ich versuche mir zu
> sagen, wenn ich in der Geschichte Josephs oder Davids zu ver-
> sinken drohe, dass sie mich als Dichter verzaubern, und welchem
> Dichter hätten sie es nicht angetan. Aber es ist nicht wahr, es ist
> noch viel mehr. Denn warum fand ich meinen Traum von den künf-
> tigen hohen Lebensaltern der Menschen in der Bibel wieder, als
> Liste der ältesten Patriarchen, als Vergangenheit? Warum hasst
> der Psalmist den Tod wie nur ich selbst? Ich habe meine Freunde
> verachtet, wenn sie sich aus den Lockungen der vielen Völker los-
> rissen und blind wieder zu Juden, einfach Juden wurden. Wie
> schwer wird's mir jetzt, es ihnen nicht nachzutun. Die neuen To-
> ten, die lange vor ihrer Zeit Toten, bitten einen sehr, und wer
> hat das Herz, ihnen nein zu sagen. Aber sind die neuen Toten
> nicht überall, auf allen Seiten, von jedem Volk? Soll ich mich
> den Russen verschliessen, weil es Juden gibt, den Chinesen, weil
> sie ferne, den Deutschen, weil sie vom Teufel besessen sind?
> Kann ich nicht weiterhin allen gehören, wie bisher, und doch Jude
> sein?" (10)

Trotz dieser differenzierten Haltung gegenüber der Religion seiner Väter, mit der er sich nie ganz identifizierte, und trotz seinem kosmopolitischen Bekenntnis, wurde auch er ein Opfer der nationalsozialistischen Verfolgung. Der Entschluss, zu emigrieren, fiel Canetti nicht leicht. Zuviel hatte er Wien zu danken, das er immer "meine eigentliche Heimatstadt" (11) nennt, aber trotz der totalen Ungewissheit der Zukunft hat auch ihm die Entscheidung zur Emigration das Leben gerettet. Schon zu Beginn des Jahres 1938 beantragte er für sich und seine Frau ein Ausreisevisum. Ihm wurde auf Betreiben einflussreicher Literaten ein Permis ausgestellt, nicht aber seiner Gemahlin. Canetti, der sich von seiner Frau nicht trennen wollte, verblieb weiter in Wien. Endlich, im November des unheilvollen Jahres 1938, glückte ihm und seiner Gattin die legale Ausreise von Oesterreich in die Schweiz. Doch war ihre Bleibe in der Schweiz nicht von langer Dauer. Bald reisten Elias Canetti und seine Gattin nach Paris weiter, wo sie Aufnahme bei einem Bruder Canettis fanden, der als leitender Arzt im Pasteur-Institut arbeitete. Im Jahre 1939 übersiedelten die Canettis endgültig nach England. Sie nahmen ihren Wohnsitz in London, wo der Schriftsteller heute noch lebt und ebenso konsequent wie intensiv an seinem Lebenswerk weiterarbeitete. Elias Canetti erzählte dem Verfasser anlässlich eines Gesprächs, dass ihn die nüchterne, puritanische Atmosphäre Englands zur Arbeit stimuliere. So ist es weiter nicht erstaunlich, dass Canetti selbst nach dem Tode seiner geliebten Frau (12) abgesehen von einigen Auslandreisen, weiter in London zu bleiben gedenkt.

In England realisierte Canetti sein frühgeplantes Unternehmen, die Phänomene der Masse und der Macht zu untersuchen. Ihm, der selbst ein Opfer der Macht wurde - er selbst sagt einmal: "Die Macht (ist mir) nun dreifach vertraut: ich habe sie beobachtet, ich habe sie ausgeübt, ich habe sie erlitten." (13) - schien es so wichtig, diese Erscheinungsformen zu ergründen, dass er sich weiterhin jede rein literarische Arbeit verbot. Die Frage aber, ob er die verwendete Zeit bei seiner Konzentration auf diese komplexe Thematik als verschwendet betrachte, beantwortet er stets unmissverständlich mit einem kategorischen Nein. Die folgenden Ausführungen, in denen er diese an Monomanie grenzende verbissene Aufsässigkeit gegenüber seinem zentralen Thema motiviert, zeigen dies deutlich:

"Ich kann die angewandte Zeit nicht bedauern. Die 20 Jahre, die seit meiner Ankunft in London verstrichen sind, habe ich mich beinahe nur mit Masse und Macht beschäftigt. Die äusseren Zustände der Welt luden jedem denkenden Menschen eine quälende Verantwortung auf. Mit jedem Jahre schien die Lösung der Aufgabe dringlicher. Ich begann immer wieder von neuem, nämlich von einem anderen Ausgangspunkt. Ich hatte für dieses Unternehmen keine Vorbilder, es gab keine. Auf jedem möglichen Wege suchte ich mich den beiden Phänomenen zu nähern. Es ging nichts verloren: was immer ich abbrechen musste, kam mir in einem ganz unerwarteten Augenblick später wieder zugute. Ich wurde mit Einsichten belohnt, die mehr als Ahnungen waren. Auf allen Seiten fanden sich Beweise für sie, sie waren mit Händen zu greifen. Im Laufe dieser Zeit hat sich ein enormes Material angesammelt. Ich lege in diesem Buche meine wesentlichsten Ergebnisse vor. In späteren Bänden soll vieles ergänzt werden, das meiste davon steht fest." (14)

Es kann nicht unsere Aufgabe sein, diese grundlegende Studie "Masse und Macht",
mit deren Niederschrift Elias Canetti im Jahre 1948 begann und deren erster Teil
1960 veröffentlicht wurde, zu behandeln, denn dieses nicht rein literarische Werk
greift über das gestellte Thema hinaus. Ebenso wäre es vermessen, dieses originelle Buch zu beschreiben, das bei seiner Publikation ein erfreuliches Echo in
Presse und Rundfunk fand, und mit dem Canetti selbst in Fachkreisen achtungs-
volles Staunen hervorrief.
In unserem Zusammenhang aber interessiert die Frage, weshalb Canetti, obwohl
er eine imponierend polyglotte Gestalt ist, nie in einer anderen als in der deutschen
Sprache schrieb; denn zahlreiche Schriftsteller im Exil entschlossen sich angesichts der nationalsozialistischen Greuel, die Sprache ihres Gastlandes anzunehmen und in dieser auch zu publizieren. Nicht so Elias Canetti, der dazu ausführt:

> "Die Sprache meines Geistes wird die deutsche bleiben, und zwar
> weil ich Jude bin. Was von dem auf jede Weise verheerten Land
> übrig bleibt, will ich als Jude in mir behüten. Auch ihr Schicksal
> ist meines; aber ich bringe noch ein allgemein menschliches Erb-
> teil mit. Ich will ihrer Sprache zurückgeben, was ich ihr schulde.
> Ich will dazu beitragen, dass man ihnen für etwas Dank hat." (15)(16)

Während der rigorosen Konzentration auf "Masse und Macht", die sich über "Jahr-
zehnte hin" (17) erstreckte, fand Canetti ein geeignetes Mittel, sich der auf ihm
lastenden Spannung zu entziehen. Täglich verbrachte er

> "eine oder zwei Stunden damit, niederzuschreiben, was mir durch
> den Kopf ging. In dieser Stunde der Freiheit war alles erlaubt,
> wenn es nur spontan war und später nicht wieder aufgenommen
> wurde. Es durfte kurz oder lang sein, hitzig oder kalt, böse oder
> gut. Da es nie wiedergelesen wurde, musste man sich nicht schä-
> men, wenn es in seiner Offenheit vielleicht peinlich oder wenn es
> nicht ganz klar war. Die redliche Ueberzeugung, dass ich diese
> Dinge nur für mich niederschrieb, einfach um am Leben zu blei-
> ben und nicht zu ersticken, beliess ihnen ihre Unmittelbarkeit.
> Es bestand nie die Absicht, sie wieder vorzunehmen, irgend et-
> was an ihnen zu ändern und sie so zu verfälschen. Allmählich
> spürte ich, dass ein besonderer Teil meines Lebens in diese
> Aufzeichnungen ging, denn mit Lernen und streng abgegrenzten
> Erkenntnissen allein, die einem fernen Ziel untergeordnet sind,
> hat sich noch kein Geist den Atem bewahrt." (18)

Im Jahre 1965, anlässlich Canettis sechzigstem Geburtstag, veröffentlichte der
Hanser Verlag eine schmale Auswahl dieser Aufzeichnungen. (19) Der Autor selbst
besorgte die Auslese und wählte dabei absichtlich jene Eintragungen, die in den
Jahren des "schwersten Druckes, 1942 - 1948" entstanden sind. (20)
In poetologischer Hinsicht sind diese Aufzeichnungen nur schwer zu fixieren. Sie

wollen keine Tagebücher sein, obwohl auch sie - wie Robert Musil die Tagebuch-
blätter definierte - für Canetti "die bequemste, zuchtloseste Form" (21) bedeuten,
die vorzüglich dann geschätzt wird, wenn "man alles andere unerträglich findet".
(21) Canettis Aufzeichnungen können auch kaum mit Albert Paris Güterslohs Eintragungen "Der innere Erdteil" verglichen werden, denn diese tragen den Charakter einer Materialsammlung zum Roman "Sonne und Mond" und wollen, so versichert uns das Vorwort, als "Paralipomena", (22) das heisst, als eine "Sammlung
von Exkursen und Denkmaterialien" (22) verstanden sein. Ebenso lassen sich Heimito von Doderers "Tangenten" nicht an die Seite von Canettis Aufzeichnungen
stellen, denn Doderers Buch trägt zu Recht den Untertitel "Tagebuch eines Schriftstellers", in dem das Private, allerdings nicht das Persönliche, bewusst ausgeklammert wird und peripher bleibt.
Selbst der flexible Terminus, den Gustav René Hocke in seinem Essay und Aus-
wahlband "Das europäische Tagebuch" vorschlägt, "Diaria", deckt sich begriff-
lich nicht exakt mit Canettis Aufzeichnungen. Wenn wir versuchen, Analogien für
diese literarischen Aeusserungen zu finden, so bieten sich uns etwa Ludwig Hohls
"Nuancen und Details" an, denn auch Hohl versucht, ohne beengende Systematik
auszukommen, und er will durch seine Aussagen primär Lebensmomente und Gedanken fixieren.
Wenn wir auf bekanntere Werke verweisen, an die die Aufzeichnungen gemahnen,
so wären etwa Lichtenbergs "Sudelbücher", (23) Kleists "Ideenmagazin" oder die
von Canetti so hoch geschätzten Tagebücher Hebbels zu erwähnen, die er als "das
schönste Beispiel dieser Art in der deutschen Literatur" anerkennt. (24) Canettis
Aufzeichnungen gleichen Hebbels Tagebüchern insbesondere darin, dass auch sie
"Reflexionen über Welt, Leben und Bücher, hauptsächlich aber über mich selbst"
(25) enthalten.
Der besondere Wert von Canettis Aufzeichnungen besteht wohl darin, dass sie uns
mit seiner spezifischen Denk- und Anschauungsweise konfrontieren und uns so den
nicht eben leichten Zugang zu seinen anderen Werken erschliessen. Diese Erkenntnis hat wohl Günter Blöcker veranlasst, die Aufzeichnungen, die durch ihn eine
gültige Analyse erfuhren, originell als "Elias Canettis Gedankenplantagen" (26)
zu bezeichnen.
In seinem Aufsatz "Dialog mit dem grausamen Partner" unterscheidet Canetti drei
spezifische Formen von täglichen Eintragungen. Da sind einmal nach seiner Definition die eigentlichen Tagebücher. Für diese Selbstaussagen postuliert er den
"konsequent dialogischen Charakter". (27) Weiter bemerkt er, dass das Tagebuch
ein Privatissimum sei:

> "Es kann gar nicht genug Listen und Vorsichtsmassregeln geben,
> um ein echtes Tagebuch geheimzuhalten. Schlössern ist nicht zu
> trauen. Geheimschriften sind besser. Ich verwende eine abgeän-
> derte Kurzschrift, die niemand zu entziffern vermöchte, der
> nicht eine Arbeit von Wochen daranwenden würde. So kann ich
> aufschreiben, was ich will, ohne je einem Menschen zu schaden
> oder wehzutun, und wenn ich endlich alt und klug geworden bin,
> beschliessen, ob ich es ganz verschwinden lasse oder einem
> geheimen Orte anvertraue, wo es nur durch Zufall, in einer un-

schädlichen Zukunft, aufzufinden wäre." (28)

Zur Funktion der Tagebücher, die nach seiner Meinung auch dazu dienen, "die Kontinuität des Lebens vorzuführen", (29) bemerkt er:

> "Es ist so, dass ein Mensch, der die Heftigkeit seiner Eindrücke kennt, der jede Einzelheit jedes Tages so empfindet, als wäre es sein einziger Tag, der - man kann es nicht anders sagen - recht eigentlich aus Uebertreibung besteht, der aber auch diese Anlage nicht bekämpft, weil es ihm um das Herausheben, um die Schärfe und Konkretheit aller Dinge zu tun ist, die ein Leben ausmachen, - es ist so, dass ein solcher Mensch explodieren oder sonstwie in Stücke gehen müsste, wenn er sich nicht an einem Tagebuch beruhigte." (30)

Dann schreibt Canetti "Merkbücher". In diesen sieht er den "Keim zu den eigentlichen Tagebüchern". (31) Diese Merkbücher sind bei Canetti stets kleine Kalender, in die er verzeichnet, was ihn besonders betrifft, beunruhigt oder befriedigt hat. Auch die Lektüre wird in dieses Büchlein, das Canetti wie folgt charakterisiert, eingetragen:

> "Eines kann man von diesen Merkbüchern mit Sicherheit sagen: sie gehen niemand etwas an. Für Aussenstehende sind sie unverständlich, oder wenn sie das nicht sind, so doch durch die Monotonie ihrer sprachlichen Fixierung, die Langeweile selbst." (32)

Endlich spricht Canetti auch von seinen sogenannten Aufzeichnungen. Spontaneität und Widersprüchlichkeit sind ihre eigentlichen Wesensmerkmale. "Sie enthalten Einfälle, die manchmal unerträglicher Spannung, oft aber auch grosser Leichtigkeit entspringen." (33) In diesen Aufzeichnungen kann der Schriftsteller der Vielfalt seiner multiplen Anlagen nachgeben

> "und wahllos verzeichnen, was ihm durch den Kopf geht. Es muss so auftauchen, als käme es von nirgends her und führe nirgends hin, es wird meist kurz sein, rasch, blitzartig oft, ungeprüft, ungemeistert, uneitel, und ohne jede Absicht." (34)

Diese Ausführungen veranschaulichen, dass Canettis Aufzeichnungen primär nicht künstlerische Formung anstreben.
Die Kriterien der Auswahl sind sehr unterschiedlich, meist zeugen diese Aufzeichnungen von der Selbst- und Umweltbeobachtung, und gerade diese Unmittelbarkeit und der bewusste Verzicht auf Stilisierung, dieses Nebeneinander von Persönlichem und Sachlichem im Fragmentarischen, diese Mischung von Staccato und Legato machen den Reiz dieser schriftlichen Fixierung Canettis aus. Die Schwierigkeiten, die sich ihm bei seinen persönlichen Aufzeichnungen - "wenn sie gewissenhaft und genau sein sollen" (35) - stellten, umschreibt er wie folgt:

"Gerade vom Persönlichen will man weg; man scheut sich davor,
es festzulegen, als könnte es sich dann nicht mehr verwandeln.
In Wirklichkeit verwandelt sich alles auf viele Weisen weiter,
wenn man es nur, einmal aufgezeichnet, in Frieden lässt. Es ist
das Wiederlesen, das die Strassen des Geistes zieht. Man bleibt
frei, wenn man die Kraft hat, sich selten wiederzulesen. Die
Scheu vor der persönlichen Aufzeichnung aber lässt sich über-
winden. Es genügt, von sich in der dritten Person zu reden; 'er'
ist weniger lästig und gefrässig als 'ich'; und sobald man den
Mut hat, 'ihn' unter andere dritte Personen einzureihen, ist 'er'
jeder Verwechslung ausgesetzt und nur noch vom Schreiber selber zu erkennen. Man riskiert damit, dass solche Aufzeichnungen später Leuten in die Hände geraten, die unter den verschiedenen dritten Personen nicht unterscheiden können und dass so
durch falsche Deutungen manches unverdiente böse Licht auf einen selber fällt. Wem es um die Wahrheit und Unmittelbarkeit
seiner Niederschrift zu tun ist, wer den Gedanken oder die Beobachtung als solche liebt, wird diese Gefahr auf sich nehmen
und die erste Person für feierliche Gelegenheiten sparen, in denen der Mensch nichts anderes sein kann als 'ich'." (36)

In den "Aufzeichnungen" wird vornehmlich eine rationale Grundkomponente evident, die immer wieder mit der dichterischen Vision kontrastiert und damit ein
eigentümlich belebtes Spannungsverhältnis schafft. Dabei fühlt sich der Leser
nicht nur durch die Form angesprochen - Spontaneität des Ausdrucks war dem
Verfasser wichtiger als letzte Ausfeilung - er wird vielmehr durch die Schärfe
betroffen, mit der ein Tatbestand, blitzschnell erfasst, ins Bewusstsein rückt
und sich in einem treffenden Bild kristallisiert. Die "Aufzeichnungen" sind mitunter prägnante Formulierungen, die durch ihre Konzentration die Kraft von
Aphorismen erreichen. Oft muten diese Notate banal an, oder ihre Substanz ent-
hüllt sich erst nach intensivem Nachdenken. Durch die Intensität der Gedanken
und Bilder regen sie zum Mitdenken, Miterleben, Weiterdenken und vielleicht
auch zum Widerspruch unaufdringlich und dennoch gebieterisch an.
Der Hauptakzent der Thematik liegt bei der gedanklichen Durchdringung der Phänomene der Macht, der Masse, der Verwandlung und des Todes. In enger Verbindung dazu stehen Aeusserungen über das Grauen des Krieges, dessen Widersinn
Canetti in einem einzigen Bild von ekstatisch-visionärer Kraft schlagartig fest-
hält:

"Eine Schar von hochschwangeren Frauen; ihnen entgegen fahren
Lastwagen, Tanks, Lastwagen, Tanks, mit präzis gerüsteten Sol-
daten besetzt. Die Wagen sind vorüber; die Frauen, mitten auf der
Strasse, beginnen zu singen." (37)

Gegen Kriegsende notiert er einmal:

"Wenn das Frühjahr kommt, wird die Trauer der Deutschen ein

unerschöpflicher Brunnen sein, und es wird sie von den Juden
nicht mehr viel unterscheiden.
Hitler hat die Deutschen zu Juden gemacht, in einigen wenigen
Jahren, und 'deutsch' ist nun ein Wort geworden, so schmerz-
lich wie 'jüdisch'." (38)

Ein Eintrag aus dem Jahre 1945 zeugt besonders für Canettis vornehme Gesinnung,
denn nach der totalen Niederlage Deutschlands notiert er:

> "Der Zusammenbruch der Deutschen geht einem näher, als man es
> sich zugestehen mag. Es ist das Mass der Täuschung, in der sie
> gelebt haben, das Riesenhafte ihrer Illusion, das Blindmächtige
> ihres hoffnungslosen Glaubens, was einem keine Ruhe gibt. Man
> hat immer die verabscheut, die diesen eklen Glauben zusammen-
> geleimt haben, die wenigen wirklich Verantwortlichen, deren
> Geist zu soviel gerade noch ausgereicht hat, aber die anderen
> alle, die nichts getan als geglaubt haben, in wenigen Jahren mit
> soviel konzentrierter Kraft wie die Juden sie über Jahrtausende
> aufbrachten, die Leben und Appetit genug hatten, um ihr irdi-
> sches Paradies, Weltherrschaft wirklich zu wollen, alles übrige
> dafür zu töten, selber dafür zu sterben, alles in kürzester Zeit,
> diese unzähligen, blühenden, strotzend gesunden, einfältigen,
> marschierenden, dekorierten Versuchstiere für Glauben, abge-
> richtet zum Glauben, dressiert wie kein Mohammedaner, - was
> sind sie denn wirklich jetzt, wenn ihr Glaube zusammenstürzt?
> Was bleibt von ihnen übrig? Was sonst war in ihnen vorbereitet?
> Welches zweite Leben könnten sie jetzt beginnen? Was sonst
> sind sie ohne ihren furchtbaren militärischen Glauben? Wie sehr
> fühlen sie ihre Ohnmacht, da es für sie nichts als Macht gab?
> Wohin können sie noch fallen? Was fängt sie auf?" (39)

In den "Aufzeichnungen" finden sich auch viele Bemerkungen zur Literatur, so
ein dankbares Bekenntnis zu Goethe, einige bemerkenswerte Aspekte über Kafka,
den er einmal als den "Dichter, der unser Jahrhundert am reinsten ausdrückt"
(40) bezeichnet, einige Gedanken auch zum Werke Gogols usw.
In Canettis Gedankensplittern wird auch das Thema des Erfolgs angeschnitten.
Verächtlich schreibt er:

> "Der Erfolgreiche hört nur noch Händeklatschen. Sonst ist er
> taub." (41)

oder

> "Erfolg, das Rattengift des Menschen, ganz wenige kommen da-
> von." (42)

Damit ist uns ein Stichwort gegeben.

Als Canetti zurückgezogen, vertieft in seine Arbeit über Masse und Macht, in England lebte, begann sich ganz allmählich auch der Erfolg, besonders der "Blendung" abzuzeichnen. Im Jahre 1946 erschien in englischer Sprache dieser Roman unter dem Titel "Auto da Fé". (43) Dieselbe Uebersetzung wurde 1947 in Amerika als "The Tower of Babel" ediert.

Die Kritik im englischen Sprachraum war vom Roman begeistert, wenn auch leicht verwirrt, da sich keine literarischen Vergleichsmassstäbe finden liessen. "The Spectator" beschrieb das Buch als "a mad, magnificent work which we are not able to endure, which perhaps we are right not to accept, but of which we dare not deny the genius or the justification". (44) Die "World Review" nannte das Werk einen aussergewöhnlichen Roman, "taut and bristling with vitality" (45) und "Time and Tide" bezeichnet "Auto da Fé" als "a disturbing masterpiece, a novel without precedent". (46)

Interessant ist, dass die meisten Rezensenten versuchten, Canettis Roman zwischen Joyce und Kafka anzusiedeln; dies zeigt sich nicht nur im englischen oder französischen Besprechungen, sondern auch F.C. Weiskopf versucht in seinem Abriss der deutschen Literatur im Exil, unter dem Titel "Unter fremden Himmeln", Canettis Werk in dieser Richtung festzulegen. Weiskopf führt dazu aus: "An Kafka und Joyce anknüpfend, versucht Elias Canetti in dramatischen Szenen und Novellen (47) Grenzgebiete des Bewusstseins literarisch zu erschliessen." (48) Diesem Suchen nach eventuellen literarischen Vorbildern ist die Irritation gemeinsam, die Canettis Werk nach Jahrzehnten noch hervorrief.

Im Jahre 1948, kurz vor der Währungsreform, zu einem denkbar ungünstigen Zeitpunkt also, erschien die "Blendung" zum zweiten Mal in deutscher Sprache, im Verlage Willi Weismann, München. (49) Obwohl auch diese Ausgabe von der Presse eingehend gewürdigt wurde, kam es nur zu einem Achtungserfolg, und die gewünschte Resonanz blieb dem Werk auch diesmal versagt.

Im Jahre 1949 lag die "Blendung" unter dem Titel "La Tour de Babel" in französischer Uebersetzung vor. Mit dieser Ausgabe erlangte Canetti den "Grand Prix International du Club Français du livre 1949". In seiner Rezension in "Le Monde" führt der scharfzüngige Kritiker Marcel Brion aus, indem auch er auf das besondere Klima dieses Buches, das er "en effet très kafkaien" empfindet: "Il me semble surtout que "La Tour de Babel" est avant tout un roman, un roman qui se suffit à lui-même, qui est assez captivant pour retenir notre attention tout au long de ses cinq cents pages: qu'on en discute après, qu'on recherche quel sens caché contient tel cu, tel épisode, qu'on relie les fils qui rattachent les uns aux autres, en une sorte de terrible familiarité, tous les personnages du récit, rien n'est plus légitime. Et je dois dire qu'une lecture superficielle et amusée nous arrêterait à la surface d'un livre dont il convient de scruter les profondeurs."

Der endgültige Durchbruch im englischen Sprachraum gelang Elias Canetti mit der Neuauflage von "Auto da Fé" im Jahre 1962. Inzwischen wurde auch Canettis drittes Drama "Die Befristeten", das er 1952 beendet hatte, in englischer Uebersetzung unter dem Titel "The Numbered" in Oxford mit einigem Erfolg uraufgeführt. Gleichzeitig mit der Neuauflage von "Auto da Fé" erschien die englische und amerikanische Ausgabe von "Masse und Macht" als "Crowds and Power". Der Name und das Werk von Elias Canetti wurden in England bekannt. Das Echo auf die Neuausgabe von "Auto da Fé" war erstaunlich. Philip Toynbee beschreibt den

Roman im "Observer" als "a brillant and important novel, a book which among other things, makes all the later novels of Beckett superfluous". (51) Im "Sunday Telegraph" gibt Anthony Curtis etwas widerwillig zu: "Now the resistance has weakened and I have at least read it, the unwilling world masterpiece difficult to avoid." (52) Und auch "The Spectator" spricht über den Roman als "this amazing novel". (53) Raymond Williams, der die erste Ausgabe von "Auto da Fé" schon enthusiastisch begrüsst hatte, bemerkt in seiner Studie "Fiction and Delusion", er sei bei der abermaligen Lektüre des Romans besonders fasziniert gewesen durch "this series of interlocking studies of the ways in which people interpret the world in terms of their own fantasies, and of the ways in which these interpretations coexist, interlock and finally destroy each other". (54)

Den bedeutendsten Versuch, den Rang der "Blendung" kritisch zu erfassen, verdanken wir Professor J. Isaacs von der Universität London. Schon im Oktober 1950 äusserte er sich in einem seiner sechs Vorträge, die vom dritten Programm der BBC ausgestrahlt wurden, und die 1951 unter dem Titel "An Assessment of Twentieth-Century Literature" in Buchform erschienen, über Canettis Werk. Professor Isaacs spricht in seiner Untersuchung von der zusammenbrechenden Zivilisation, die sich besonders deutlich in der grossen, anonymen Stadt als dem Symbol und dem Abbild der Auflösung und der Verzweiflung manifestiert. Er spricht vom Dublin des James Joyce, wie er es im "Ulysses" darstellt, und von der Grossstadt Berlin, wie wir sie in Alfred Döblins Roman "Berlin Alexanderplatz" erleben. Dann geht er auf die Stadt Wien ein, so wie sie in der "Blendung" aufscheint, und kennzeichnet dieses Werk wie folgt:

> "The finest book of this kind I have ever read is Elias Canetti's masterpiece 'Auto da Fé', published originally in Vienna in 1935 and magnificently translated by Miss Veronica Wedgwood in 1946. It has been hailed as one of the great novels of the century. It is a book of giant stature, one of those books whose multitudinous intensity sweeps along in a torrent like the first reading of 'The Brothers Karamazov' or Joyce's 'Ulysses', leaving the richness of the detail to be savoured at leisure. Its theme is the disintegration of culture and the degradation of man. In the treatment of evil, compared with Canetti, François Mauriac is a mere amateur and Graham Greene as innocent as a babe unborn. And it is not theological evil. No good appears or is implied in this hell which boils up from the calmest beginning." (55)

Dann geht Isaacs auf die Fabel des Romans ein und erkennt, was wir auch in unserer Betrachtung der "Blendung" feststellten, dass diese Figuren nicht Einzelschicksale darstellen, sondern dass sie durch ihre symptomatischen Züge Allgemeingültigkeit erreichen und dass Canettis Roman daher höchste Aktualität zukomme. (56)

Ernst Robert Curtius taxiert J. Isaacs Versuch in seinem "Büchertagebuch" als "wertvoll, anregend und originell", (57) bemerkt dann aber lapidar, dass neben Döblin, Kafka und anderen ein ihm "unbekannter Oesterreicher, Elias Canetti, dessen 'Auto da Fé', 1935, ein Meisterwerk sein solle" (57) behandelt werde. Diese Bemerkung eines Fachmannes, als den wir Curtius gewiss bezeichnen dürfen, ist nicht weiter erstaunlich, denn der Name unseres Autors ist der literarischen Oeffentlichkeit erst bekannt geworden, als der Hanser Verlag, München, sich um sein Werk bemühte. Mit der dritten Auflage der "Blendung", 1963, zeichnet sich die Wertschätzung allmählich, aber in stetig zunehmendem Mass, auch im deutschen Sprachraum ab.

Wenn man die Verleihung von Titeln, Preisen und Ehrenämtern allgemein als Werturteile anzunehmen gewillt ist, so zeigt es sich, dass auch Elias Canetti, jeglicher Publizität abhold, mit öffentlichen Anerkennungen geehrt wurde. So wurde ihm 1966 der Literaturpreis der Stadt Wien verliehen. Die Jury der Gruppe Literatur des Verbandes deutscher Kritiker vergab ihren "Kritikerpreis 1967" an Elias Canetti, und ebenso wurde er im genannten Jahr vom Bundesministerium für Unterricht in Wien mit der Verleihung des Professorentitels ausgezeichnet. Der "Literaturpreis der Berliner Akademie der Künste" und der "Grosse Oesterreichische Staatspreis für Literatur" folgten im gleichen Jahr.

Die Verleihung des "Oesterreichischen Staatspreises für Literatur" fällt zeitlich zusammen mit der ersten deutschen Aufführung von Canettis letztem publiziertem Drama, den "Befristeten". (58) Dieses Theaterstück stellt einen dramatischen Kontrapunkt zur damaligen intensiven Beschäftigung und der Niederschrift von "Masse und Macht" dar. Thematisch schliesst es sich jedenfalls fugenlos dem genannten Essay an. Canetti selbst nennt sein Drama "Die Befristeten" ein "Lehrbuch des Todes". (59)

Die "Befristeten" spielen in einer Zeit und in einer Gesellschaftsordnung, in der jeder den Zeitpunkt seines Todes kennt, es ist sein "Augenblick". (60) Bei der Geburt bekommen die Menschen eine Kapsel umgehängt, in der Geburts- und Todestag verzeichnet sind. Die Leute tragen anstelle von Namen nur noch Nummern: die Zahl ihrer Lebensjahre. Verschwunden ist jegliche Unsicherheit vor dem Tod. Man kann nicht mehr vor seinem "Augenblick" sterben oder umkommen, daher ist auch der Mord in dieser Gesellschaft nicht mehr möglich.

Der Tod aber bleibt noch jetzt ein Tabu, denn jeder kennt vom anderen zwar das Alter, das er erreichen wird, nicht aber sein Geburtsdatum. Der Zeitpunkt des Todes soll den übrigen unbekannt bleiben, und es gilt als schamlos, ihn anzukündigen. Diese Sicherheit vor dem Tode führt keineswegs zur Sicherheit vor den andern. Man kann zwar nicht mehr getötet werden, aber man wird berechenbar.

Nicht nur gibt es Männer, die ein hohes Alter erreichen werden und sich bald alle Jahre eine Frau mit geringerer Lebenserwartung nehmen, sondern auch Paare, die sich heiraten, weil sie etwa dieselbe Anzahl Jahre zu leben haben. In dieser Gesellschaftsordnung gibt es Privilegierte. So ist ein Achtzig mehr wert als ein Vierzig und wird daher auch höher geachtet. Die Geringschätzung weicht dem Erbarmen erst in der untersten Stufe. So darf ein Junge namens Zehn alles tun und lassen, was er will, weil seine Lebenserwartung so gering ist. Im Moment des Todes wird in diesem Utopia die umgehängte Kapsel von einem sogenannten Kapselan geöffnet. Dieser bestätigt dann das Geburts- und Todesdatum. Die Hauptgestalt des Stücks, Fünfzig, ist ein Zweifler. Er will seinen "Augenblick" nicht akzeptieren, ohne nachzuprüfen, was in der Kapsel steht. Er bricht sie auf und findet seine Vermutung bestätigt: die Kapsel ist leer. Triumphierend entlarvt er den Kapsel-Kult als eine weltweite Verblendung. Die gesetzlichen Namen der Einzel-

nen sind auf Unwissenheit gebaut, denn es kommt nur darauf an, dass sie einge-
halten werden. Fünfzig ruft dem Volke zu:

"Hört ihr Leute, ihr braven Toten, auch die Jahre, die ihr am
Halse tragt, sind falsch. Ihr glaubt, ihr habt sie. Ihr seid so
sicher. Aber nichts ist sicher. Es ist alles falsch. Ihr habt
leere Kapseln am Halse hängen. Die Kapseln sind leer. Ihr
habt nicht einmal die Jahre, die ihr zu haben glaubt! Ihr habt
nichts! Nichts ist sicher! Die Kapseln sind leer! Es ist alles so
ungewiss, wie es immer war. Wer Lust zu sterben hat, kann
es heute schon tun. Wer keine Lust hat, nun, der stirbt doch.
Die Kapseln sind leer! Die Kapseln sind leer!" (61)

Die Masse jubelt Fünfzig zu. Aber einer willkürlichen Ordnung folgt die Willkür
der Anarchie. Der gleichförmige Ablauf ist zerstört. Die Atmosphäre der allgemeinen Lebensunsicherheit und der allgemeinen Todesfurcht breitet sich aus. Der
eine missversteht die Leere der Kapsel als Zeichen für seine Unsterblichkeit -
aber nur für sich. Er bringt andere um. Ein Chaos bricht los und reisst alle mit
ihren Leidenschaften und Verbrechen mit sich. Die errungene Freiheit zeigt sich
nur als Freiheit zum Tode, an der selbst Fünfzig irre wird.
Das Drama "Die Befristeten" ist ein philosophisches Stück, ein Abstraktionsdra-
ma, ein Denkspiel, weit weg von den ungemütlichen Volksstücken der Zeit in Wien.
Vieles ist neu an diesem Drama, und doch bleibt Canetti sich und seinen Theorien
auch in diesem Stück treu. In knappen Szenen, meist Zwiegesprächen, in einer
Art platonischen Dialogen, arbeitet er den originellen Grundeinfall aus. Die Konstellationen der Figuren werden behandelt wie musikalische Themata und sind so
gegeneinander gestellt, dass "alle Einstellungen zum Tode vorkommen, die unter
Menschen möglich sind". (62) Doch nie wächst Eintönigkeit aus dieser dramatur-
gischen Technik.
Die Sprache ist von kühler Präzision und doch lebendig-anschaulich bis in den Sil-
benrhythmus. Und hier findet sich eine grosse Neuerung, die Figuren in den "Befristeten" sprechen Hochdeutsch, der Dialekt Wiens mit seiner spezifischen Musikalität ging in diesem Stück verloren. Canetti fehlten in England die "akustischen
Masken" im Wienerdialekt. Hier bewahrheitet sich Th.W. Adornos Bemerkung,
dass der Schriftsteller im Exil "seiner Sprache enteignet sei". (63)
Ein zweites Novum, das gewiss mit der Entstehung dieses Stücks in England zusammenhängt: Canetti, der früher so viel Sorgfalt und Wert auf die Verwendung
von Namen legte, braucht hier für die Benennung seiner Figuren nur noch abstrakte Zahlenbegriffe. Obwohl diese Nummern-Namen, die mit der Lebensdauer der
Gestalten identisch sind, als bewusste Konzeption verstanden sein wollen, gehören
die folgenden Betrachtungen Canettis in diesen Zusammenhang:

"Es ist eine alte Sicherheit in der Sprache, die sich Namen zu
geben getraut. Der Dichter im Exil, und ganz besonders der
Dramatiker, ist nach mehr als einer Richtung hin ernsthaft
geschwächt. Aus seiner sprachlichen Luft entfernt, entbehrt
er die vertraute Nahrung der Namen. Er mochte früher die

Namen, die er täglich hörte, gar nicht beachten; doch sie beach-
teten ihn und riefen ihn rund und sicher. Wenn er seine Figuren
entwarf, schöpfte er aus der Gewissheit eines ungeheuren Sturms
von Namen, und obwohl er dann einen verwenden mochte, der in
der Klarheit der Erinnerung nicht mehr bedeutete, irgendeinmal
war jener doch dagewesen und hatte sich rufen gehört. Nun ist dem
Ausgewanderten das Gedächtnis seiner Namen ja nicht verlorenge-
gangen, aber es ist kein lebender Wind mehr, der sie zu ihm trägt,
er hütet sie als toten Schatz, und je länger er seinem alten Klima
fern bleiben muss, um so geiziger werden die Finger, durch die
alte Namen gleiten." (64)

Wenn wir die "Hochzeit", die "Komödie der Eitelkeit" und die "Befristeten" ver-
gleichen, so stellen wir fest, dass in allen drei Stücken eine Figur auftritt, welcher die Funktion eines Räsoneurs zukommt. In der "Hochzeit" ist es Horch der
Idealist, der die Spielleitung plötzlich an sich reisst. Da ist die Figur Horchs
noch Motor, noch technische Notwendigkeit. Im zweiten Stück, in der "Komödie
der Eitelkeit" sind nahezu alle Charaktere gleichwertig, nur eine Figur artikuliert sich deutlicher: Heinrich Föhn. Er ist es, der dem Volke die Spiegel im
Rausche seines Egoismus wiedergibt und damit die Massenhysterie entfacht. Im
dritten Drama, in den "Befristeten", ist es Herr Fünfzig, der die Rolle des Räsoneurs spielt; er ist es, der die Befristung des Lebens als eine Suggestion des
Kapselans entlarvt und damit die Anarchie herbeiführt. Gewöhnlich gehört die
Liebe des Autors dem Räsoneur. Bei Elias Canetti ist dies nicht der Fall. Horch
und Föhn entgehen ihrem Schicksal nicht, und auch Herr Fünfzig bereut am Ende
der "Befristeten" seinen Vorwitz, denn der Schwindel der Befristung war eine
barmherzige Lüge. Dieser Vergleich zeigt, dass auch das letzte Drama Canettis
trotz vieler Neuerungen wiederum ein Theaterstück ist, das für ihn sehr charakteristisch ist und sich würdig den beiden ersten Stücken angliedert.
Am 11. November 1967 fand im Konzerthaus des "Kleinen Theaters in der Josefstadt" in Wien, die deutsche Erstaufführung der "Befristeten" statt - jenes Thea-
terstücks Canettis, das auf die Bühne zu bringen am schwierigsten schien. (65)
Das Drama wurde vom Publikum "sehr gut aufgenommen und hat sich fünf Wochen
bei nahezu stets ausverkauftem Hause im Spielplan gehalten". (66) Die Presse-
stimmen werteten das Theaterstück und die Inszenierung durchwegs positiv.

Friedrich Schreyvogl schreibt: "Das originelle, jedoch unbequeme Meisterwerk
Canettis stellte das Theater vor eine überaus schwierige Aufgabe. Aber dem Regisseur Friedrich Kallina und seinem Ensemble ist eine Vorstellung gelungen,
die keinen Wunsch offen lässt." (67) Wolfgang Kraus führt in seiner Rezension
unter dem Titel "Philosophisches Stück wurde zum Theaterereignis" aus: "Die
Aufführung unter Friedrich Kallinas Regie war identisch mit dem Geist des Werkes. Die Schauspieler sprachen und agierten genau, knapp und doch farbig, die
Szenenfolge war rasch, das Bühnenbild (Gottfried Neumann-Spallart) zeigte das
grosse Auge - und es entsprach dem Stück, dass es mehr das Auge Gottes, als
das des 'Grossen Bruders' war. Nicht nur dieses Stück, sondern überhaupt Elias
Canetti - diese Ueberzeugung musste sich hier bestätigen - scheint eine grosse

Zukunft zu haben." (68)

Mit dieser werkgerechten Inszenierung der "Befristeten" ist Elias Canetti jene Ehre widerfahren, die ihm in Braunschweig versagt blieb, denn diese Aufführung hat wesentlich dazu beigetragen, sein Werk in seiner Heimatstadt Wien, damit in ganz Oesterreich und im gesamten deutschen Sprachraum erneut in Diskussion zu bringen. Und es zeigt sich, dass die verspätete Rezeption Canettis im deutschen Sprachgebiet ein ebenso faszinierendes Phänomen ist wie sein Werk. Und ein Phänomen ausserdem, das ein Charisma vieler singulärer Gestalten der deutschen Literatur zu sein scheint.

Z U   D E N   A N M E R K U N G E N

Unserer Interpretation liegen die folgenden Werke, Gespräche und Interviews von
und mit Elias Canetti zugrunde. Um unnötige Wiederholungen zu vermeiden, wurden die rechts am Rande notierten Abkürzungen benützt. Die Ziffern nach den Abkürzungen weisen auf die Seite hin, auf der das jeweilige Zitat zu finden ist.

CANETTI Elias	"Die Blendung" München 1963	C/BL
	"Dramen" München 1963	C/DR
	"Aufzeichnungen 1942 - 1948" München 1965	C/AU
	"Masse und Macht" Hamburg 1960	C/MM
	"Welt im Kopf" eingeleitet und ausgewählt von Erich Fried Graz-Wien 1962	C/FR

Interview Dr. Elias Canetti - Dr. Friedrich Witz
gesendet 23. August 1968
von Radio DRS, II. Programm, Studio Zürich   CW/I

Treatment zur Fernsehsendung "Das Porträt: Elias Canetti"
hergestellt im Auftrage des Deutschschweizer Fernsehens
vom Verfasser im Herbst 1966
Ausstrahlung der Sendung: 11. Juli 1968, 21.25 - 23.10   CP/T

Gespräch Dr. Elias Canetti - Heinz-Klaus Metzger
gesendet 22. Dezember 1967
von Radio DRS, II. Programm, Studio Zürich   CM/I

ANMERKUNGEN

VORWORT

1) C/AU 160.

I. HERKUNFT, KINDHEIT, ERINNERUNGEN

1) Spitteler Carl: "Meine frühesten Erlebnisse", Jena 1914, S. 3.
2) Broch Hermann: "Gesammelte Werke", Band 8, Zürich 1957, S. 404.
3) Eine verlässliche Biographie steht bis heute noch aus, doch sei auf den Essay: Elias Canetti, "Welt im Kopf", eingeleitet und ausgewählt von Erich Fried, Graz-Wien 1962, verwiesen. Dieser Versuch basiert auf Materialien, die Elias Canetti Erich Fried auf Betreiben des Stiasny-Verlages zur Verfügung gestellt hat. Unsere Ausführungen stützen sich hauptsächlich auf Angaben, die Elias Canetti dem Verfasser in dankenswerter Weise für ein Treatment im Auftrage des Schweizer Fernsehens gemacht hat. (Die Emission der Sendung erfolgte am 11. Juli 1968 von 21.25 - 23.10) Ebenso wurde das Interview von Dr. Friedrich Witz, dem ehemaligen Leiter des Artemis-Verlages, Zürich, und dem damaligen Lehrer Canettis während dessen Zeit in Zürich, zu Rate gezogen. (Interview gesendet am 23. August 1968 von Radio DRS, II. Programm, Studio Zürich.)
4) Sephardim = (aus Sepharat, d.h. unbekanntes Exilland; wurde allgemein mit Spanien gleichgesetzt.) Sammelbegriff aller Juden, die im 14. und 15. Jahrhundert aus Spanien und Portugal ausgewiesen wurden und über Europa, Nord-Afrika, Latein-Amerika und im Orient zerstreut leben.
5) Als Beispiel sei hier die Person des Chasdai ben Isaak ibn Schaprut, der vom Kalifen Abd ar-Rahman III. zum Leibarzt berufen wurde, erwähnt. Später stieg Chasdai zum Handels- und Finanzminister auf, um darnach dem Kalifen als Diplomat und Aussenminister unschätzbare Dienste zu leisten.
6) Der Vollständigkeit halber sei hier allerdings vermerkt, dass es gerade unter der Herrschaft von Alfons VII. von Kastilien, durch sein eigenes Verschulden, zu judenfeindlichen Ausschreitungen kam. Dieser Herrscher, mit einer englischen Prinzessin vermählt, verliebte sich so über alle Massen in die schöne Jüdin Rahel (la Formosa), dass er um ihretwillen Weib, Volk und Staat vergass. Diese Liebesgeschichte hat bei Lope de Vega dichterische Gestaltung erfahren, und sie diente später auch Franz Grillparzer als Vorwurf zum Drama "Die Jüdin von Toledo".
7) Diese zwangsgetauften Juden werden Marranen (spanisch = Schweine; hebräisch Anussim = Gezwungene) genannt. Als wohl berühmtester Marrane kann der Philosoph Baruch de Spinoza (1632 - 1677) bezeichnet werden. Aber auch Fernando de Rojas, der mutmassliche Schöpfer oder Mitverfasser der unsterbli-

chen "Celestina", die nur als Kanevasse vorliegt, entstammte einer Marranenfamilie.

8) Der Zeitpunkt, in dem die Familie Canetti sich in Russe niederliess, konnte nicht eruiert werden. Wiederholte briefliche Anfragen des Verfassers an das Rabbinat und an die zuständigen Behörden von Russe wurden leider nicht beantwortet.

9) So erhielt z. B. der Politiker Joseph Nassi, ein Marrane, unter der Regentschaft Selim II. den Titel eines Herzogs von Naxos und der Zykladischen Inseln.

10) Diese für sie typische Eigenart wird auch von Josef Roth in seinem Aufsatz "Juden auf Wanderschaft" erkannt, wenn Roth, nicht ohne Ressentiments, das Verhältnis zwischen Aschkenasim und Sephardim wie folgt kennzeichnet: "Man kann sich freilich keinen stärkeren Gegensatz denken, als den zwischen Ostjuden und spaniolischen. Die spaniolischen Juden verachten die Aschkenasim im allgemeinen, die Ostjuden im besonderen. Die spaniolischen sind stolz auf ihre alte, adelige Rasse."*
Roth Josef: "Romane, Erzählungen, Aufsätze", Köln, Berlin 1964, S. 603.

11) Kayser Wolfgang: "Das sprachliche Kunstwerk", Bern-München 1960, S. 57.

12) CW/I.

13) CW/I.

14) CW/I.

15) Saiko George: "Auf dem Floss", Wiesbaden 1948, S. 121.

16) vergl. C/BL 460.

17) C/AU 194.

18) C/AU 66.

19) C/AU 137.

20) C/AU 120.

21) C/FR 8.

22) CW/I.

23) CW/I.

24) CP/T 2.

25) CP/T 2.

26) Zweig Stefan: "Die Welt von gestern", Erinnerungen eines Europäers, Stockholm 1943, S. 294.

27) In Zürich wohnte die Familie Canetti zuerst an der Scheuchzerstrasse 68, darauf bezog sie eine Wohnung an der Scheuchzerstrasse 72, Zürich 6, schliesslich, als die beiden Brüder George und Nisim in ein Pensionat nach Lausanne gegeben wurden, lebte Elias Canetti allein in der Pension Villa Yalta, Seefeldstrasse 28, Zürich 8.

28) C/FR 18.

29) CP/T 2, 3.

30) CP/T 4.

31) vergl. C/BL 474.

32) C/FR 19.

II. DIE JAHRE IN WIEN

1) CW/I.
2) Borges, Bulatovic, Canetti: "Drei Gespräche mit Horst Bienek" gedruckt für die Freunde des Carl Hanser-Verlags zum Jahreswechsel 1965-1966, München 1966, S. 35.
3) C/FR 19.
4) Doderer Heimito von: "Die Dämonen", München 1956, S. 1328.
5) C/FR 19.
6) Es sei hier mit Nachdruck darauf verwiesen, dass Rudolf Brunngrabers Arbeitslosenroman "Karl und das 20. Jahrhundert" (neuerdings unter dem Titel "Die Zeitlawine" ediert) wohl zu den interessantesten, weil reich dokumentierten, prosaepischen Werken der "Neuen Sachlichkeit" zu zählen ist. Rudolf Brunngraber vermittelt in diesem zu unrecht in Vergessenheit geratenen Roman anhand nüchterner Tatsachenberichte, die scheinbar nur in indirekter Beziehung zum Zentralmotiv stehen, eine überaus gelungene Situationsschilderung der Wirtschaftskrise und des Ringens der Ersten Republik Oesterreich um ihre Existenz. Vergleiche in diesem Zusammenhang:
   Alker Ernst: "Il Romanzo Sociologico" in "Rivista di Letterature Moderne e Comparate", Firenze 1958, XI, Heft 1.
7) Durzak Manfred: "Hermann Broch, in Selbstzeugnissen und Bilddokumenten", Hamburg 1966, S. 73. (Unveröffentlichter Brief Daniel Brodys an Hermann Broch vom 4.8.1931.)
   Vergleiche auch:
   Broch Hermann: "Gesammelte Werke", Band 8, Zürich 1956, S. 59.
8) Vergl. C/MM 326 f.
9) C/FR 19.
10) Alker Ernst: "Im Widerschein der Fackel", Karl Kraus als Zeitkritiker und Dichter, in "Reinischer Merkur", 13. Oktober 1967, Nr. 41, S. 20.
    Alker Ernst: "Karl Kraus" in "Schweizer Monatsheften", Januar 1969, III., Heft 10, S. 1044-1050.
11) Canetti Elias: "Warum ich nicht wie Karl Kraus schreibe", in "Worte in der Zeit", Graz 1966, Heft 1, S. 41-47.
    Dieser Aufsatz entstand auf Einladung des Hessischen Rundfunks und findet sich unverändert in "Fünfzehn Autoren suchen sich selbst", herausgegeben von Uwe Schultz, München 1967, S. 128-138,
    ebenso in "Aufforderung zum Misstrauen", Salzburg 1967 (hier unter dem vieldeutigen Titel: "Karl Kraus' Schule des Widerstandes").
12) "Fünfzehn Autoren suchen sich selbst", herausgegeben von Uwe Schultz, München 1967, S. 134.
13) do., S. 138.
14) do., S. 129.
15) do., S. 131.
16) Kraus Karl: "Die letzten Tage der Menschheit", München 1957, S. 9.
17) Alker Ernst: "Im Widerschein der Fackel", Karl Kraus als Zeitkritiker und Dichter in "Rheinischer Merkur", 13. Oktober 1967, Nr. 41, S. 20.

18) "Fünfzehn Autoren suchen sich selbst", herausgegeben von Uwe Schultz, München 1967, S. 134.
19) do., S. 133.
20) do., S. 133.
21) do., S. 137.
22) do., S. 137.
23) In den Dreissiger-Jahren erwogen Fritz Wotruba und Canetti die Gründung einer literarischen Zeitschrift. Durch Wotruba kam Canetti auch mit Robert Musil in Kontakt, den sie als Mitarbeiter für ihr geplantes, leider nicht realisiertes Unternehmen gewinnen wollten.
Im Jahre 1955 erschien Elias Canettis Versuch: "Fritz Wotruba"*, eine Freundesgabe, die von tiefgründiger Faszination, aber ebenso von klarer Erfassung des plastischen Werks von Wotruba zeugt.
* Canetti Elias: "Fritz Wotruba", Verlag Brüder Rosenbaum, Wien 1955. (Die Gesamtauflage dieses Werkes belief sich auf 5'000 Exemplare, wovon 1'700 in deutscher und 3'300 in englischer Sprache gedruckt wurden.)
24) Dem Verfasser ist kein Werk von Frau Canetti bekannt. Allerdings soll sie unter Pseudonym einige Unterhaltungsromane für Zeitungen und literarische Beihefte veröffentlicht haben. Der Schriftsteller H.G. Adler schreibt in seinem Brief vom 11. November 1968 an den Verfasser: "... ich habe Frau Canetti immer sehr verehrt. Als Schriftstellerin hat sie unter Pseudonymen veröffentlicht, dies um Geld zu verdienen, denn besonders in der Emigration hier in London lebten Herr und Frau Canetti in stetiger Geldsorge. Ich habe aber ein Drama, "Oger", von ihr gelesen, und dieses Stück halte ich für ein literarisches Meisterwerk ..."
25) CW/I.
26) Canetti promovierte mit der Arbeit "Ueber die Darstellung des Tertiaerbutylcarbinols" bei Professor Dr. A. Franke, Wien.
27) Der Malik-Verlag existierte von 1917 bis 1932 in Berlin. "Wieland Herzfelde verlegte seinen Malik-Verlag am 1. März 1933 von Berlin nach Prag und am 12. September 1935 nach London."* Von 1944 bis 1947 arbeitete der Malik-Verlag in New York.
* Berendsohn Walter A.: "Die humanistische Front", Einführung in die deutsche Emigranten-Literatur, 1. Teil, Zürich 1946, S. 58.
28) Folgende Werke wurden von Canetti für den Malik-Verlag übersetzt:
Sinclair Upton: "Das Geld schreibt", eine Studie über die amerikanische Literatur, übersetzt von Elias Canetti. (Die deutsche Ausgabe wurde mit Einverständnis des Verfassers gekürzt.) Berlin 1930, 215 S. (Sinclair: Gesammelte Werke in Einzelausgaben, Band 12)
Sinclair Upton: "Leidweg der Liebe", Roman, erste vollständige Ausgabe des Romans "Love's Pilgrimage", übersetzt von Elias Canetti, Berlin 1930, 660 S. (Sinclair: Gesammelte Werke in Einzelausgaben, Band 4)
Sinclair Upton: "Alkohol", Roman, autorisierte Uebersetzung aus dem Amerikanischen von Elias Canetti, Berlin 1932, 479 S. (Sinclair: Gesammelte Werke in Einzelausgaben, Band 14)
29) Professor Wieland Herzfelde schreibt in seinem Brief vom 11.2.1969 an den Verfasser: "Er, (Canetti) wie wir alle, die damals in Berlin dem Malik-Ver-

lag nahestanden, hatten zu wenig Geld. Natürlich hätte er bei anderen Verla-
gen möglicherweise mehr verdient. Aber wir waren auch befreundet und sind
es heute noch. Das schliesst aber nicht aus, dass Canetti damals wie heute
andere politische Ansichten, oder richtiger formuliert, Ansichten über Politik hatte. Ich bin überzeugt, er war in keiner Partei Mitglied. Wie ja aus seinen Büchern hervorgeht, (ich kenne allerdings nicht alle,) war er niemals
ein "kommunistischer Ideologe". Sein Interesse galt und gilt psychologischen
Fragen. Weit entfernt, solches Interesse für nebensächlich zu halten, habe
ich mich mit ihm gerade auf dieser Plattform sehr gut unterhalten ... "

30) Borges, Bulatovic, Canetti: "Drei Gespräche mit Horst Bienek", gedruckt für
die Freunde des Carl Hanser-Verlags zum Jahreswechsel 1965-1966, München
1966, S. 31.

31) Ueber die Funktion dieser Figur klärt uns Canetti in einem Eintrag aus dem
Kriegsjahr 1943 auf, welcher sich in seinen "Aufzeichnungen 1942-1948" findet. Indem er von "einem ganz konkreten und ernsthaften Ziel seines Lebens"
spricht, nämlich der "Erlangung der Unsterblichkeit für die Menschen" - Gedanken, die der Verfasser nicht nachzuvollziehen vermag - führt er aus:
"Es gab Zeiten, da ich dieses Ziel der zentralen Figur eines Romans
leihen wollte, die ich bei mir den "Todfeind" nannte. Während dieses
Krieges wurde es mir klar, dass man Ueberzeugungen von solcher
Wichtigkeit, eigentlich eine Religion, unmittelbar und ohne Verklei-
dung aussprechen müsse. So verzeichne ich jetzt alles, was mit dem
Tod zusammenhängt, so wie ich es den andern selber mitteilen will,
und den "Todfeind" habe ich ganz in den Hintergrund gedrängt. Ich
will nicht sagen, dass es bei dieser Wendung bleiben wird; er mag
in kommenden Jahren auferstehen, anders als ich ihn mir früher
vorgestellt habe. In dem Roman sollte er an seinem unmässigen Unternehmen scheitern; ein ehrender Tod war ihm zugedacht; er sollte
von einem Meteor erschlagen werden. Vielleicht stört es mich heute am meisten, dass er scheitern sollte. Er darf nicht scheitern.
Ich kann ihn aber auch nicht siegen lassen, während die Menschen
zu Millionen weiter sterben. In beiden Fällen wird zu blosser Ironie,
was bitter ernst gemeint ist. Ich muss mich schon selber lächerlich
machen. Mit dem feigen Vorschieben einer Figur ist nichts getan.
Auf diesem Feld der Ehre darf ich fallen, und wenn sie mich wie
einen namenlosen Köter verscharren, wie einen Rasenden verschrei-
en, wie eine bittere, eine hartnäckige, eine unheilbare Qual mei-
den. "*

* C/AU 67.

32) Borges, Bulatovic, Canetti: "Drei Gespräche mit Horst Bienek", gedruckt für
die Freunde des Carl Hanser-Verlags zum Jahreswechsel 1965-1966, München
1966, S. 31 f.

33) Wohnort Canettis von 1927 bis 1933: Wien XIII, Hacking, Hagenberggasse 47,
2. Stock.

34) Canetti Elias: "Unsichtbarer Kristall", aus der Rede anlässlich der Verleihung des Grossen Oesterreichischen Staatspreises am 25. Januar 1968, in
"Literatur und Kritik", März 1968, Heft 22, Salzburg 1968, S. 66.

35) Die interessante Feststellung, dass sich progressive Schriftsteller in stilistischer Hinsicht an Werken formkonservativer Autoren orientieren, ist nicht irrelevant. Das analoge Bekenntnis zu Stendhal finden wir u.a. bei Otto Flake,
bei Hans Erich Nossack ("... Befreit von Strindberg hat mich erst Stendhal,
der mich gelehrt hat, mehr auf den Stil zu achten ...")*, bei Johannes R.
Becher ("Was ich vielen Dichtern raten möchte: Sie sollen Stendhal lesen und
studieren; sich gewissermassen einer Stendhalkur unterziehen, um sich inner-
lich zu klären und aufzuhellen und um zu lernen, dass das Modernste vom Modernen immer war und ist und bleiben wird: einen anständigen, verständlichen,
sauberen, menschlichen Stil zu schreiben.")**.
Ein bleibendes literarisches Denkmal hat Canetti Stendhal in seinem Werke
"Masse und Macht" unter dem Titel "Von der Unsterblichkeit"*** gesetzt. In
diesem Kapitel nimmt er Stendhal als Ausgangspunkt, um seine Idee von der
privaten und der literarischen Unsterblichkeit zu exemplifizieren.
* Nossack Hans Erich: "Fünfzehn Autoren suchen sich selbst", herausgegeben
von Uwe Schultz, München 1967, S. 70.
** Becher Johannes R.: "Verteidigung der Poesie", Berlin 1952, S. 372.
*** C/MM 318 f.
36) Diese Angabe beruht auf mündlicher Mitteilung Elias Canettis an den Verfasser. Zur Titelfrage vergl. auch:
Fischer Ernst: "Bemerkungen zu Elias Canettis 'Masse und Macht'", in "Literatur und Kritik", Heft 7, Salzburg 1966, S. 12 ff.
37) Borges, Bulatovic, C netti: "Drei Gespräche mit Horst Bienek", gedruckt für
die Freunde des Carl Hanser-Verlags zum Jahreswechsel 1965-1966, München
1966, S. 32.
38) Diese zögernde Publikationsbereitschaft Canettis lässt sich am Beispiel seines
jüngst erschienenen Werkes "Die Stimmen von Marrakesch" darstellen. Dieses
Buch entstand 1954. Anlass dazu bot Canettis Besuch, gemeinsam mit einer
Filmequipe, in Marokko. 1955 war das Buch abgeschlossen. 1962 übergab er
zwei Kapitel, "Begegnung mit Kamelen" und "Der Unsichtbare" zur Publikation dem Stiasny-Verlag für das Bändchen "Welt im Kopf". Die restlichen Teile dieses Berichts liess er erst 1967 unter dem Titel "Die Stimmen von Marrakesch" bei Hanser erscheinen.
39) Borges, Bulatovic, Canetti: "Drei Gespräche mit Horst Bienek", gedruckt für
die Freunde des Carl Hanser-Verlags zum Jahreswechsel 1965-1966, München
1966, S. 33 f.
40) Zur Geschichte des Reichner-Verlags vergleiche Bibliographie. Die Auflagehöhe der "Blendung" ist heute trotz intensiver Bemühungen nicht mehr mit Gewissheit festzustellen. Herbert Reichner führt zu dieser Frage in seinem Brief
vom 10. Mai 1968 an den Verfasser an: das Werk "ist wohl in 2000-3000 Exemplaren verlegt worden". Eine entsprechende Auflageziffer nannte auch Canetti
dem Verfasser. Es sei hier noch auf den verbreiteten Irrtum hingewiesen, der
sich in vielen Literaturgeschichten und Rezensionen, die das Werk zur Kenntnis nehmen, findet. Der Roman wurde nicht 1935 veröffentlicht, nur das Copy-
right wurde in diesem Jahr vom Reichner-Verlag erworben.
41) Vergleiche: "Philobiblon", eine Zeitschrift für Bücherfreunde, Wien IX. Jahr
1936, Heft 2.

Der diesem Heft beiliegende Prospekt für die Ausgabe der "Blendung" enthält auch Urteile von René Fülöp-Miller, Paul Frischauer, Carl Seelig, u.a. Es sind Rezensionen folgender Zeitschriften oder Zeitungen angeführt: Frankfurter Zeitung, Frankfurt am Main; Neue freie Presse, Wien; Basler Nachrichten, Basel; Tagesbote, Brünn; Prager Presse, Prag; Das Silberboot, Wien; Tagespost, Graz; Nieuwe Rotterdamsche Courant, Rotterdam; etc.

42) Hesse Hermann: "'Die Blendung' von Elias Canetti", NZZ, Zürich 13. Januar 1936, Nr. 96, Blatt 3.

43) C/FR 9.

44) Bärmann-Steiner Franz: Brief aus Stub Teplice an Paul Brüll, datiert 12. Juli 1937. (Unveröffentlichter Brief. Die Erlaubnis zur Veröffentlichung dieses Dokumentes erhielt der Verfasser in dankenswerter Weise vom Nachlassverwalter F. Baermann-Steiners, dem Schriftsteller H.G. Adler, London.)

45) Haselberg Peter von: "Ein Roman-Experiment", Frankfurter Zeitung, Frankfurt am Main, 12. April 1936, Literaturblatt Nr. 15, S. 18.

46) Canetti selbst nennt diese Untersuchung "das Klügste, was während mehr als zehn Jahren über das Buch gesagt wurde".* Der Verfasser kann dieser Meinung nicht uneingeschränkt - aus Gründen, die zu Worte kommen werden - beistimmen.
* Borges, Bulatovic, Canetti: "Drei Gespräche mit Horst Bienek", gedruckt für die Freunde des Carl Hanser-Verlags zum Jahreswechsel 1965-1966, München 1966, S. 33.

47) C/AU 154 f.

48) C/FR 10. Die Punktfolgen (...) bezeichnen Stellen, die Fried weggelassen oder verändert hat. Vergl. dazu:
Haselberg Peter von: "Ein Roman-Experiment", Frankfurter Zeitung, Frankfurt am Main, 12. April 1936, Literaturblatt Nr. 15, S. 18.

49) C/FR 10.

50) Daiber Hans: Manuskript zur Radiosendung: "Die Blendung" des SDR (Emission, 29.9.1963).

51) Nach Mitteilung des Institutes für Zeitgeschichte, München (Brief an den Verfasser vom 28. Oktober 1968), figurierte die "Blendung" nicht im "Verzeichnis der polizeilich beschlagnahmten und eingezogenen sowie für Leihbüchereien verbotenen Druckschriften", ebenso findet sich das Werk nicht aufgeführt in der "Liste des schädlichen und unerwünschten Schrifttums", die von der Reichsschrifttumsstelle der Schrifttumskammer unter Propagandaminister Goebbels erlassen wurde. (Diese Tatsache ist weiter nicht erstaunlich, da ja die geringe Auflagehöhe der Erstausgabe nicht dazu beitrug, dem Werk eine weite Verbreitung und die nötige Beachtung zu sichern. Als Absatzmärkte kamen, zur Zeit der Ausgabe, nur deutschsprachige Gebiete in Betracht, die noch nicht vom Nazismus erfasst waren. Nach dem Anschluss Oesterreichs an das Reich waren sämtliche Exemplare der "Blendung" abgesetzt.)

52) Strelka Josef: "Brücke zu vielen Ufern", Wesen und Eigenart der österreichischen Literatur, Wien 1966, S. 73.

53) Bloecker Günter: "Die Masse in uns selbst", in "Frankfurter Allgemeine Zeitung", Frankfurt am Main, 24. August 1963.

54) Wie diese ungestüme Fabulierkunst von Canetti Besitz ergreift, sodass sie

nicht nur zum Wohle des Werks ausschlägt, mag folgende Begebenheit illustrieren. Im zweiten Teil der "Blendung", "Kopflose Welt", im Kapitel "Vier und ihre Zukunft", kehrt Fischerle von Kien kommend zu seinen Kumpanen zurück und legt ihnen seinen perfiden Plan dar, der darauf abzielt, Kien seines Geldes zu berauben. Der Zwerg hebt also an: " 'Kommt's alle her, Leutln, ich hab' was für euch!' '" Alle, ohne den schwindsüchtigen Kellner, der sich von dem Juden nichts befehlen liess, auf nichts neugierig war und ruhig beim Büffet stehenblieb, im ganzen also drei, traten auf ihn zu und erdrückten ihn fast vor Interesse. 'Bei mir kann ein jeder zwanzig Schilling pro Tag verdienen! Ich schätz' auf drei Tage.' 'Acht Kilo Toilettenseife', rechnet der schlaflose Hausierer hastig vor. Der Blinde blickte Fischerle zweifelnd ins Aug*. 'Des waar a Schub!' brummte der Kanalräumer. Die Fischerin merkte sich 'bei mir' und überhörte die Summe." (C/BL 243.)
Wie wir sehen, ruft Fischerle zu sich: den schlaflosen Hausierer, den Blinden, den Kanalräumer und die Fischerin, sein weibliches Ebenbild. Der Erzähler spricht von "im ganzen also drei", obwohl es vier Personen sind, wie belegt wurde. (Diese Begebenheit wurde mit der nämlichen Textstelle in der ersten Ausgabe der "Blendung" verglichen und identisch gefunden, vergl. S. 267 f.)
Selbstverständlich hält der Verfasser dieses Versehen für unbedeutsam, aber es mag hier als Beleg für das angeführte sein, was wir eingangs dieser Anmerkung feststellten. Aehnliche Fehlerstellen lassen sich sonst im ganzen Roman, der durch Präzision und Sorgfalt angenehm auffällt, nicht mehr nachweisen.
* Es handelt sich hier um eine sogenannte "Berufsblindheit", die der "Blinde" zum Zwecke des Bettelns simuliert.

55) Bloecker Günter: "Die Masse in uns selbst", in "Frankfurter Allgemeine Zeitung", Frankfurt am Main, 24. August 1963.
56) Der Gedanke, dass die Geisteskranken eigentlich "die einzig wirklichen Persönlichkeiten seien"*, scheint schon auf in jenem offenen Brief, den namhafte Surrealisten an alle bedeutenden Psychiater der Welt richteten, und in dem sie forderten, die Aerzte sollten die Tore ihrer Anstalten öffnen und sämtliche Patienten freilassen. Nur Willkür könne zwischen Geisteskrankheit und "Normalität" Grenzen ziehen, zudem sei jeder Wahn eine schöpferische Aeusserung, die zu unterdrücken unverantwortlich wäre.
* C/BL 439.
57) Doeblin Alfred: "Berlin Alexanderplatz", Olten, Freiburg im Breisgau 1961, S. 37.
58) Meyrink Gustav: "Der Golem", Leipzig 1916, S. 68, S. 100, S. 161.
59) Wir geben hier die Ausführungen Canettis in ihrem ursprünglichen Wortlaut wieder. Erich Fried hat aus unersichtlichen Gründen Canettis damalige Aussagen modifiziert in seine Einleitung zum Stiasny-Bändchen "Welt im Kopf", S. 12 ff., übernommen.
60) O.K. = Wiener Gaststätten für jedermann.
61) "Sonntag", Wien, 19. April 1937.
62) Luther Martin: "Sendbrief vom Dolmetschen".
63) Borges, Bulatovic, Canetti: "Gespräch mit Horst Bienek", gedruckt für die Freunde des Carl Hanser-Verlags zum Jahreswechsel 1965-1966, München

1966, S. 39.

64) Broch Hermann: "Bemerkungen zum 'Tod des Vergil'", in Essays, Band 1, Zürich 1955, S. 265.

65) Borges, Bulatovic, Canetti: "Gespräch mit Horst Bienek", gedruckt für die Freunde des Carl Hanser-Verlags zum Jahreswechsel 1965-1966, München 1966, S. 35.

66) Eisenreich Herbert: "Das zeitlose Wort", Graz 1964, S. 229 f.

67) Strelka Josef: "Brücke zu vielen Ufern", Wesen und Eigenart der österreichischen Literatur, Wien 1966, S. 58.

68) Enzensberger Hans Magnus: "Elias Canetti: Die Blendung", in "Der Spiegel", Hamburg 1963, 17. Jahrgang, Heft 32, S. 48 f.

69) C/BL 104 f.

70) In diesem Zusammenhang sei auf die Figur Joschko in Georg Saikos Roman "Auf dem Floss" verwiesen. In diesem Werk, das wesentlich zur Prägung des Begriffs des "magischen Realismus" beigetragen hat, holt der Fürst Alexander Fenckh seinen ungebildeten Diener, ein Urbild der Kraft und der Treue, von den Bergen. Dieser wird von der Zigeunerin Marischka, der ehemaligen Mätresse des Fürsten, vergiftet. Joschko, der mit dem Tode ringt, wird in seiner Gedankenwelt von Saiko so dargestellt, dass es den Anschein erweckt, diese treue und liebenswürdige, doch ungebildete Gestalt sei befähigt, abstrakt-rational zu denken - ein Unterfangen, das die Glaubwürdigkeit dieser Figur beeinträchtigt.

71) Musil Robert: "Der Mann ohne Eigenschaften", Hamburg 1952, S. 1640.

72) Kayser Wolfgang: "Entstehung und Krise des Romans", Stuttgart 1954, S. 34.

73) Benjamin Walter: "Der Erzähler", Betrachtungen zum Werk Nikolai Lesskows in "Illuminationen", Frankfurt am Main 1961, S. 409.

74) Stanzel Franz K.: "Typische Formen des Romans", Göttingen 1964.

75) do.

76) C/BL 401.

77) C/BL 72.

78) Stanzel Franz K.: "Typische Formen des Romans", Göttingen 1964, S. 17.

79) do., S. 17.

80) Borges, Bulatovic, Canetti: "Gespräch mit Horst Bienek", gedruckt für die Freunde des Carl Hanser-Verlags zum Jahreswechsel 1965-1966, München 1966, S. 39.

81) C/BL 116/117.

82) C/BL 31.

83) C/BL 274.

84) Magris Claudio: "Der habsburgische Mythos in der österreichischen Literatur", Salzburg 1966, S. 242.

85) Doderer Heimito von: "Die Dämonen", München 1962, S. 326.

86) Trommler Frank: "Roman und Wirklichkeit", Stuttgart 1966, S. 78.

87) Musil Robert: "Der Mann ohne Eigenschaften", Hamburg 1952, S. 16.

88) C/BL 8.

89) Diese Paul Ehrlich-Strasse wurde erst nach dem 2. Weltkrieg erstellt. Die Hausnummern reichen nur von 1 bis 15 und 2 bis 18.

90) C/BL 129/130.

91) In diesem Zusammenhang vergleiche:
Groner Richard: "Wien, wie es war", Wien, München 1965, S. 667.
Ebenso zur Ikonographie der Halbfigur:
Tietze Hans: "Geschichte und Beschreibung des St. Stephansdoms in Wien", Wien 1931, S. 364 f.
Groner führt dazu aus: "An der Südostmauer des Stephansdomes befindet sich eine 1625 durch Wolf Salmann, Hofmeister bei den Laurenzerinnen, errichtete, auf einer Halbsäule ruhende Christusbüste. Vor diesem Christusbild fanden sich stets viele Betende ein, die Hilfe gegen ihre Zahnschmerzen erflehten, weshalb man hier einen gedeckten Betstuhl anbrachte. Als das Oval des Christuskopfes von einem Unbekannten mit einem unter dem Kinn zusammengebundenen Tüchel bedeckt worden war (welches dort eine Zeitlang verblieb) bildete sich die volkstümliche Bezeichnung 'Zahnweh-Herrgott'. Ursprünglich stand die Säule als 'Totenherrgott' inmitten der Gräber des Stephansfriedhofs (gegenüber dem unausgebauten Turm). Nach Auflassung des Friedhofes wurde das Denkmal an die Kirchenwand übertragen und in einer Nische aufgestellt (1842 - 1844)."
92) C/BL 141.
93) C/BL 141.
94) Das Originalfresko, an dem Leonardo da Vinci von 1481 bis 1487 gearbeitet hatte, befindet sich in Mailand, im ehemaligen Refektorium des Klosters S. Maria delle Grazie.
95) Theresens Verehrung für die wertbeständigen "teuren Oelfarben" kommt in der "Blendung" Seite 156 zum Ausdruck. Es entspricht auch ihrer kümmerlichen Bildung, dass sie die Materialien, die für dieses Bild Verwendung fanden, nicht kennt.
96) Es sei hier auf die bemerkenswerte Geschichte dieses Mosaiks verwiesen. Giovanni Giuliani führt dazu aus: "Indirekt stiftete Napoleon der Kirche das grosse Mosaik, welches das letzte Abendmahl, das berühmte Fresko Leonardo da Vincis, wiedergibt. Denn, als Napoleon mit seinen Truppen Mailand besetzte und das kostbare Meisterwerk sah, war er von diesem so begeistert, dass er befahl, es vorsichtig von der Mauer abzulösen und nach Paris zu überführen. Dieser Versuch erwies sich aber als unmöglich und so beauftragte er den hervorragenden Mosaikkünstler Giacomo Raffaeli, eine Reproduktion dieses Werkes in den gleichen Grössenverhältnissen herzustellen. Nach Beendigung dieses Werkes war der Stern Napoleons bereits für immer erloschen. Das Meisterwerk wurde nun vom österreichischen Kaiser Franz I. gekauft; er liess es mit Militärwagen nach Wien bringen und wollte mit diesem Meisterwerk das Belvedere schmücken. Aus technischen Gründen konnte aber keine würdige Aufstellung erreicht werden. Auf Ersuchen der italienischen Kongregation übergab Kaiser Ferdinand I. im Jahre 1847 dieses Werk der Minoritenkirche, wo es in einem grossen neugotischen Rahmen aus Carraramarmor im linken Kirchenschiff aufgestellt wurde. Der feierlichen Enthüllung wohnte der Kaiser mit dem Hof bei. Aus diesem Anlass wurde auch eine Gedenkmünze geprägt."*
* Giuliano Giovanni: "Die Wiener Minoritenkirche", Hinweise über Geschichte und Kunstschätze der Kirche, Padova 1967, S. 21 f.

97) Das Wort " 'enter' hat das sprachlich ältere, in Oesterreich lange gebräuch-
lich gewesene 'enthalb' ersetzt und meint wie dieses 'jenseitig', oft mit der
Nebenbedeutung 'unheimlich'."*
* Kurer Alfred: "Josef Roths 'Radetzkymarsch'", Interpretation, Dissertation, Zürich 1968, S. 94.

98) Roth Josef: "Die westlichen Gettos, Wien", in "Romane, Erzählungen, Aufsätze", Köln, Berlin 1964, S. 591.

99) C/BL 188.

100) C/BL 189.

101) Das Theresianum wurde 1616-1625 als kaiserliches Lustschloss erbaut, ab
1746 war es eine Erziehungsanstalt für katholische Jugendliche von Adel und
hohen Ministerialbeamten. Durch die Josefinische Reform (1784) wurde die
Exklusivität der Schule weniger streng, seit 1918 war sie ein allgemein zu-
gängliches Knabeninstitut. Im Gebäude des Theresianums ist nun die neue
diplomatische Akademie untergebracht.

102) Groner Richard: "Wien, wie es war", Wien, München 1965, S. 126.

103) do., S. 126.

104) Vergleiche: Festschrift "250 Jahre Dorotheum", herausgegeben vom Kura-
torium des Dorotheums, Wien 1957, S. 23.

105) do., S. 3.

106) C/BL 223.

107) C/BL 8.

108) C/BL 30.

109) Hinter der Gestalt Kiens verbirgt sich kein reales Vorbild. Zur Darstellung
des Gesichts allerdings, so teilte Elias Canetti dem Verfasser mit, sei er
inspiriert worden durch einen Kakteenhändler, dessen Züge von den Sukkulen-
ten kaum mehr zu unterscheiden gewesen seien. Der Eindruck dieser Identifikation habe ihn so eigentümlich berührt, dass er versucht habe, den abstrakten Geist Kiens in derartige, abstrakte Gesichtszüge zu bannen.

110) C/BL 187 f.

111) Kayser Wolfgang: "Das Groteske in Malerei und Dichtung", Hamburg 1961,
S. 17.

112) C/BL 13.

113) C/BL 21.

114) C/BL 13.

115) C/BL 13.

116) Dass die Isolation zu menschlicher Nichtigkeit führen muss, erkannte schon
Goethe, indem er ausführt: "... dass der vorzüglichste Mensch auch nur vom
Tage lebt und nur kümmerlichen Unterhalt geniesst, wenn er sich zu sehr auf
sich selber zurückwirft und in die Fülle der äusseren Welt zu greifen ver-
säumt, wo er allein Nahrung für sein Wachstum und zugleich einen Massstab
desselben finden kann."*
Goethe Johann Wolfgang von: "Dichtung und Wahrheit", Teil II, Hamburg 1955,
S. 401.

117) Kretschmer Ernst: "Körperbau und Charakter", Berlin 1921.

118) C/BL 14.

119) Dieser "absolute Abschluss von der Welt, das Leben rein aus eignem innern

Vorrat"* entspricht etwa der isolierten Lebensform des Amtsrates Julius Zihal bei Doderer.

* Doderer Heimito von: "Die erleuchteten Fenster oder die Menschwerdung des Amtsrates Zihal", München 1950, S. 156.

120) Michel Klaus Markus: "Der Intellektuelle und die Masse", in "Neue Rundschau", 75. Jahrgang 1964, Heft 2, S. 310.

121) Humor als der Ausdruck der Selbstbehauptung gegenüber den Menschen und dem eigenen Geschick, gründet auf Selbsterkenntnis und Lebenserfahrung, und weil Kien beides gänzlich abgeht, kennt er den Humor nicht. Humor, so wie ihn Theodor Haecker definiert, wäre Kiens einzige Rettung. "Humor ist das Feuchte, und das Feuchte stellt die Verbindung her zwischen den Teilen, das Trockene und Vertrocknete ist die Isolation, das Steinerne. Verbindung aber ist Leben, und Tod ist Isolation."*

* Haecker Theodor: "Ueber Humor und Satire", Essays, München 1958, S. 257.

122) C/BL 14.

123) Ein analoges Zerfallsmoment findet sich besonders eindrücklich dargestellt in Albert J. Weltis Roman "Wenn Puritaner jung sind."*

* Welti Albert J.: "Wenn Puritaner jung sind", Zürich 1941, S. 400 ff.

124) C/BL 15.

125) C/BL 15.

126) C/BL 494.

127) C/BL 234.

128) C/BL 269.

129) Hier ergibt sich eine exakte Analogie zum Rechtsgelehrten Dr. Hubert in Meyrinks "Golem". Von diesem Gelehrten heisst es, er habe nichts gekannt, als "trockenes, entnervendes Studium ... Wie grüne Wiesen aussehen und Hecken und Hügel voll Blumen und Wälder, erfuhr er ... nur aus Büchern."* Obwohl dieser Dr. Hulbert zu grossen Ehren gelangt - er wird Rektor der Universität Prag - scheitert auch er.

* Meyrink Gustav: "Der Golem", Leipzig 1916, S. 109.

130) C/BL 41.

131) Strasser Charlot: "Geschmeiss um die 'Blendlaterne'", Zürich (ohne Jahr), S. 11.

132) Alker Ernst: "Martin Collin und seine Bücher", in "Philobiblon", XII. Jahrgang, Leipzig 1940, S. 93.

133) C/BL 56.

134) In diesem Zusammenhang sei auf das interessante Motiv des Bibliophilen verwiesen, das man leider in stoff- und motivgeschichtlichen Lexika vergeblich sucht. In der französischen und englischen Literatur scheint es - man vergleiche dazu etwa die köstliche Novelle Gustave Flauberts "Der Büchernarr" - eine reiche Tradition jener Novellen zu geben, die als Protagonisten Bibliophile vorstellen, ein Phänomen, das die deutsche Literatur zeitweilig vermissen lässt. In den Jahren zwischen 1920 und 1935 aber halten die bibliophilen Sonderlinge auch in der deutschen Literatur Einzug. In ästhetisch inferioren Werken, in der Trivialliteratur ist dieses Motiv allerdings schon früher zu fassen, so zum Beispiel in einigen Geschichten des Unterhaltungsschriftstel-

lers Fedor von Zobeltitz.

Als erste typische Novelle, in der die Gestalten zweier Bibliophiler im Zentrum stehen, muss hier Emanuel Stickelbergers "Liebestraum des Poliphilos" (1924) genannt werden. Diese Novelle erzählt die Geschichte eines ärmlichen Sonderlings namens Lobiguet und des reichen Marquis Marc de Fassigny, beides Bibliophile, die durch ihr gemeinsames Interesse selbst die sozialen Schranken vergessen. In dieser Novelle, sie spielt in den unruhigen Jahren der französischen Revolution, wird der eine durch seine Liebe zu den Büchern zum Retter des andern, und in ihr findet sich schon der erstaunliche Beziehungsreichtum vorgeprägt, den wir an den Geschichten über Bibliophile so sehr bewundern. Stickelbergers Novelle - sie wirkt in stilistischer Hinsicht oft allzu preziös - erzählt von der typischen Neugierde dieser Büchernarren für die gehäuften Schätze Gleichgearteter, vom Neid auch, den sie gegenüber ihren Konkurrenten empfinden, von der ständigen Angst vor Einbrechern und von ihrer misstrauischen Unnahbarkeit. (Die beiden letzten Charakteristika treten bei Kien in übersteigerter Form ebenso zutage.)

Neben Stickelberger wäre hier Franz Karl Ginzky zu erwähnen, der sich in seinem Werk "Magie des Schicksals" um die Darstellung der Welt der Bücherliebhaber bemüht. Josef Maria Franks "Berliner Capriccio" (1932) ist eine amüsante Novelle, deren Inhalt die phantastische Jagd des Sammlers Lichtblick nach einem Manuskript aus Paul Scheerbarts "Asteroiden" beschreibt. Hinter den Figuren, die in dieser Novelle auftreten, verstecken sich reale Gestalten des damaligen literarischen Lebens in Berlin. Auch hinter der traurigen Gestalt des "Buchmendels", der Zentralfigur von Stefan Zweigs gleichnamiger Novelle, soll sich eine stadtbekannte Persönlichkeit Wiens verbergen. Jedenfalls trägt die Hauptfigur in Zweigs Novelle die Züge des Bibliographen Michael Holzmann, des berühmten Mitverfassers des Anonymen- und Pseudonymenlexikons. Zu den Romanen über Bibliophile ist auch Willi Seidels Werk "Jossa und die Junggesellen" (1930) zu zählen. Dieses liebenswürdige, mehr als Schwabinger Lokalchronik, denn als dichterische Leistung bedeutsame Buch, überliefert manches biographisch bemerkenswerte Detail aus der Schwabinger Bücher-Bohème von Carl Georg von Maassen, dem Herausgeber einer unvollständig gebliebenen E. T. H. Hoffmann Gesamtausgabe.

Die Feststellung, dass das Motiv des Bibliophilen oder des Bibliomanen - die Grenzen dieser Leidenschaften sind fliessend - um diese Zeit so häufig zu finden ist, lässt den Schluss zu, dass es sich bei diesem zeitgeschichtlich gebundenen Motiv mehr als nur um eine Laune der genannten Schriftsteller handeln kann. Welche Figur wäre tauglicher, durch ihre Existenz die Devise "ohne mich", die absolute Negation des Engagements oder den totalen Rückzug in die private Sphäre zu symbolisieren, als die Gestalt des Bibliophilen, der in aller Abgeschiedenheit von der Welt nur seiner Leidenschaft lebt?

Die Gestalt Kiens allerdings scheint die gewohnten Proportionen der Bibliomanie zu sprengen. Denn so wie alles in der "Blendung" ins Extrem getrieben wird, so nimmt auch Kiens Bücherbesessenheit groteske Züge an. Kien ist es primär nicht um den Besitz des Buches zu tun, er will über die Masse seiner Bücher herrschen. Deshalb ruft er die Bücher auch auf, ihm zu helfen gegen den "Einbruch einer fremden Macht" (C/BL 93), in welcher der

Leser Therese erkennt, und er ernennt sich selbst zum Anführer seines Bücherheeres im imaginären Kampf gegen seine Haushälterin.

135) Neben diesem seltsamen Fall selbstmörderischer Bibliomanie des Eratosthenes gibt es noch andere reale Vorbilder, die ihre Leidenschaft des Büchersammelns tatsächlich mit dem Tode bezahlten. Aus den gleichen Gründen, der Angst vor dem Erblinden, beging der französische Reiseschriftsteller Charles Didier Selbstmord, und mancher Bibliophile siechte dahin oder starb, weil er aus finanzieller Not die Kostbarkeiten seiner Bibliothek hätte veräussern müssen. Aber auch ohne diese seelische Belastung scheinen Büchernarren nicht ungefährlich zu leben, wie das Ende des hochberühmten Hellenisten Coray beweist. Dieser französische Gelehrte wurde nämlich von den herabstürzenden Büchermassen eines altersschwachen Regals erschlagen. Aehnlich grotesken Unfällen erlagen beispielsweise Jakob de Saint-Charese, Bibliothekar des Kardinal Retz, der spanische Marquis de Morante und der Dresdner Bibliothekar Friedrich Adolf Ebert. Der merkwürdigste Bibliophilen-Tod jedoch wird vom Marquis de Chalabre überliefert. Mit an Irrsinn grenzender Besessenheit versuchte der Marquis eine seltene Bibelausgabe aufzuspüren und zu erwerben, die es überhaupt nicht gab; denn ein Spassvogel hatte die antiquarische Kostbarkeit schlichtweg erfunden. Der adelige Büchernarr aber glaubte unerschütterlich an ihre Existenz. Verfolgt von der entsetzlichen Vorstellung, den imaginären Bibeldruck nicht für seine Bibliothek erwerben zu können, schied der Marquis freiwillig aus dem Leben.

136) C/BL 21.

137) C/BL 72.

138) C/BL 10.

139) C/BL 24.

140) C/BL 24.

141) C/BL 24.

142) Dieses Motiv findet eine weite Verbreitung schon in der mittelhochdeutschen Dichtung. Vergleiche dazu etwa Konrad von Würzburg, "Der Welt Lohn".* In dieser Allegorie tritt die Frau Welt in die Studierstube eines Gelehrten. Der Dichter behaftet diese "frouwe Welt" mit den abstrusesten Zügen und dem unappetitlichsten Aeusseren. Die frontale Ansicht dieser Frau wird als ebenmässig und schön dargestellt, der Rücken aber ist "bestecket und behangen mit würmen und mit slangen, mit kroten und mit nätern". Diese Darstellung stimmt mit der Theresens exakt überein, denn auch sie zeigt sich anfänglich gefällig, und erst nach und nach lässt sie ihre Maske fallen und ihr wahres Wesen sich enthüllen.

Als zeitloser Topos in überaus reicher Variationsskala ist dieses Motiv fassbar etwa in Heinrich Manns Roman "Professor Unrat". Auch hier ist es eine raffinierte Frau, die Künstlerin Fröhlich, die den Schultyrannen durch erotische Abhängigkeit vernichtet und zu einer tragikomischen Figur werden lässt.
* Konrad von Wuerzburg: "Der Welt Lohn", in "Kleinere Dichtungen", Berlin 1959, S. 9.

143) Vergleiche Weininger Otto: "Geschlecht und Charakter", Wien 1923.

144) Hinter der Gestalt der Therese verbirgt sich ein reales Vorbild. Canetti war als Student eine kurze Zeit bei einer geldgierigen Zimmerwirtin in Logis. Die

Vermieterin störte Canetti dauernd, und jedesmal, wenn sie den ohnehin
schon übersetzten Zimmerpreis erhöhen wollte, leitete sie ihr nicht enden-
wollendes Lamento mit den Sätzen ein: "Es wird ja alles von Tag zu Tag teurer. Die Kartoffeln kosten bereits das Doppelte." Diese Sätze finden sich in
Theresens Reden in der "Blendung" auf den Seiten 27, 33, 35 und 65.
Dazu gibt es eine auffällige literarische Parallele in Christian Reuters (1665 -
1712) Komödie "L'Honnête Femme oder die ehrliche Frau zu Plissine", in
der er Rache nahm an seiner unehrlichen Hauswirtin. In der stereotypen Re-
dewendung "so wahr ich eine ehrliche Frau bin", die im Drama dauernd von
der Wirtin ausgesprochen wird, erkannten die Leipziger Reuters ehemalige
Logisgeberin. Diese literarische Rache hat zu Reuters Relegation von der
Universität wesentlich beigetragen.
Elisabeth Frenzel bemerkt zum Problem der Keimkraft einzelner Worte,
dass "auch lediglich ein paar den Dichter anrührende Worte ... als Aufforde-
rung zur Gestaltung empfunden werden, wie es Fontane von jenem Ruf 'Effi,
komm!' berichtet, der für ihn mehr Keimkraft als Fakten der ihm bekannt
gewordenen Ehebruchsaffäre besass. Bei der Ausarbeitung von 'Effi Briest'
geriet der Ruf jedoch an eine unauffällige Stelle und ergab nur einen kleinen
Zug."* Diese von Frenzel festgestellte "Keimkraft" von Worten findet sich
auch in einem Satz im Drama "Hochzeit" wieder und soll dort erschöpfend
gedeutet werden.
* Frenzel Elisabeth: "Stoff- und Motivgeschichte", Berlin 1966, S. 34.
145) C/BL 23.
146) C/BL 77.
147) Hier drängt sich ein Vergleich auf. In seinem Roman "Die hässliche Herzogin Margarethe Maultasch" spart Lion Feuchtwanger keineswegs damit - unser gewähltes Beispiel wird dies verdeutlichen - die Herzogin mit dem wider-
lichsten Aussehen und den hässlichsten Zügen zu behaften. Feuchtwanger beschreibt seine jugendliche Herzogin wie folgt: "Sie sah älter aus als ihre
zwölf Jahre. Ueber einem dicklichen Körper mit kurzen Gliedmassen sass
ein grosser, unförmiger Kopf. Wohl war die Stirn klar und rein, und die Augen schauten klug, rasch, urteilend, spürend; aber unter einer kleinen, plat-
ten Nase sprang der Mund äffisch vor mit ungeheuren Kiefern, wulstiger Un-
terlippe. Das kuperfarbene Haar war hart, spröde, ohne Glanz, die Haut kal-
kig grau, blässlich, lappig."* Trotz der eindrücklichen Beschreibung des ab-
stossenden Aussehens und des fehlerhaften Charakters bleibt Feuchtwangers
Darstellung an der Oberfläche haften. Der Grund, weshalb Canetti mit der
Schilderung seiner Therese grössere Tiefenwirkung erzielt und sich die Gestalt dem Leser unvergesslich einprägt, ist die genaue Kongruenz des Aeusseren mit dem Innern, die durch die "akustische Maske" erreicht wird.
* Feuchtwanger Lion: "Die hässliche Herzogin Margarethe Maultasch", in
"Gesammelte Werke", Band I, Berlin und Weimar 1965, S. 16.
148) C/BL 333.
149) C/BL 115.
150) Diese stetige Wiederholung der Wortfolge "ich bitt' sie", die "spitz wie ein
Dorn durch ihre ölige Sprache"* sticht, findet ihre Entsprechung im stereotypen Nachsatz der braven Köchin Teta in Franz Werfels "Der veruntreute

Himmel".** Bei Therese wirkt diese Interjektion alles andere als unterwür-
fig, bei Teta hingegen veranschaulicht die Wendung "wenn ich bittlich sein
darf", vorgetragen im "harten slawischen Tonfall ihrer Sprache, der aber
durch den österreichischen Dialekt seltsam gemildert klang", ihre servile
Unterwürfigkeit und ihr eigentliches Ideal, das Dienen.
* C/BL 23.
** Werfel Franz: "Der veruntreute Himmel", die Geschichte einer Magd,
Frankfurt am Main 1952, S. 16.

151) Im Original lautet Wittgensteins Aussage allerdings: "Die Grenzen meiner
Sprache bedeuten die Grenzen meiner Welt."*
* Wittgenstein Ludwig: "Tractatus logico-philosophicus", Frankfurt am Main
1963, Nr. 5, 6.

152) Im gewählten Roman dürfen wir keine kritische Wertung des Werks von Willibald Alexis sehen. Canetti schien der Titel dieses Romans geeignet, satiri-
schen Kontrast zu schaffen.

153) Diese Präzisierung der Seitenzahl findet ihre Entsprechung im von Canetti
hochgeschätzten Roman Gogols "Die toten Seelen". Dort ist es der Grundbe-
sitzer Manilov, der zwei Jahre lang ein Buch, aufgeschlagen auf Seite 15,
herumliegen hat.

154) C/BL 8.

155) C/BL 44.

156) C/BL 47.

157) C/BL 127.

158) Weil alle Gestalten in diesem Roman Geblendete ihrer eigenen Wahnsysteme
sind, das heisst im eigentlichen Sinn des Wortes Getäuschte, trägt dieses
Werk wohl zu Recht den Titel "Die Blendung". Hans Daiber bemerkt dazu
passend: "Der Roman zeigt keine verblendete, also korrigierbare Welt, sondern eine geblendete."*
* Daiber Hans: "Die Blendung", in "Neue deutsche Hefte", Berlin, Januar-
Februar 1964, S. 134.

159) C/BL 116.

160) Hartung Rudolf: "Die Lebensfeindschaft eines Geistes", zur Neuauflage von
Elias Canettis Roman "Die Blendung", in "Die Zeit", Hamburg, 22. November 1963.

161) C/BL 124/125.

162) Hier wird klar, weshalb die 1949 erfolgte französische Ausgabe der "Blendung", die mit dem "Prix international" ausgezeichnet wurde, den bezeichnenden Titel "La Tour de Babel" trägt. Denselben Titel, aus den erwähnten
Gründen, trägt auch die amerikanische Ausgabe, die bereits 1947 als "The
Tower of Babel" ediert wurde.

163) Canetti Elias: "Warum ich nicht wie Karl Kraus schreibe", Elias Canetti über
sein literarisches Vorbild, in "Fünfzehn Autoren suchen sich selbst", herausgegeben von Uwe Schultz, München 1967, S. 134/135.

164) C/BL 177.

165) C/BL 178.

166) C/BL 181.

167) C/BL 183.

168) C/BL 189/190.
169) C/BL 190.
170) Dieser Zwerg Fischerle entspricht in seinem Aeussern dem "Buckligen" in Alfred Lichtensteins gleichnamigen Gedicht:

Der Bucklige

In ebner Höhe mit dem Tisch, der kippt
Von seinem Höcker vor, und von der Last
Des breiten Leibes, kauert er und wippt
Die grosse Nase schwarz auf dem Damast.
Er scheint betrunken. Doch sein Auge schiesst
Dem schrägen Blick voll Bosheit, Kummer, Neid,
Rührt seinen Arm ein pralles Seidenkleid,
Das fest um einen starken Hintern fliesst. *

Ebenso wie Lichtenstein für sein Gedicht ein reales Vorbild benutzte, so verbirgt sich hinter Canettis Fischerle ein buckliger Jude, den er als passionierten Schachspieler lange Zeit in einem Kaffeehaus an der Herrengasse in Wien I beobachten konnte.
* Lichtenstein Alfred: "Prosa", Zürich 1966, S. 128.
171) C/BL 190.
172) C/BL 190.
173) C/BL 191.
174) C/BL 192.
175) C/BL 360.
176) C/BL 196.
177) C/BL 200.
178) C/BL 202.
179) C/BL 201.
180) C/BL 206.
181) C/BL 207.
182) In dieser seiner Aktivität kontrastiert Fischerle auffällig mit seinem Stammesverwandten Schmul Leib Zwetschkenbaum, der durch seine Passivität, obwohl schuldlos, der Tretmühle der k. u. k. - Justiz nicht mehr entrinnt. *
* Vergleiche Drach Albert: "Das grosse Protokoll gegen Zwetschkenbaum", München 1967.
183) C/BL 208.
184) Wilpert Gero von: "Sachwörterbuch der Literatur", Stuttgart 1964, S. 622 f.
185) Borges, Bulatovic, Canetti: "Drei Gespräche mit Horst Bienek", gedruckt für die Freunde des Carl Hanser-Verlags zum Jahreswechsel 1965-1966, München 1966, S. 41.
186) Alewyn Richard: "Nachwort zum 'Narrenspital' Johann Beers", Hamburg 1957, S. 147.
187) Diese utopische Hoffnung Fischerles beseelt auch Esch im zweiten Teil von Hermann Brochs "Schlafwandlern", denn nach seinem erlittenen Fiasko als Buchhalter in Köln, will er der Verstrickung des Geschlechtlichen und seinem Milieu ganz allgemein durch einen Neubeginn in Amerika entrinnen.
188) Capablanca José Raoul = kubanischer Schachgrossweltmeister, geboren 1883

in Habana, gestorben 1942 in New York, Weltmeister von 1921 - 1927.

189) C/BL 218.
190) Der Begriff der "Verwandlung" hat bei Canetti einen spezifischen Stellenwert. Canetti deutet das Phänomen der Verwandlung als das oberste Lebensprinzip. In dieser Ansicht gleicht er Hugo von Hofmannsthal oder Alexander Lernet-Holenia.

Hugo von Hofmannsthal schreibt in einem Brief: "... Verwandlung ist Leben des Lebens, ist das eigentliche Mysterium der schöpfenden Natur; Beharren ist Erstarren und Tod."*

Zum nämlichen Phänomen äussert sich Alexander Lernet-Holenia in einem Brief an Carl Zuckmayer: "... Du wirst die Welt sehen, deren Gesetz die Verwandlung ist, Du wirst in einer neuen Welt ein neuer Mensch sein. Verwandle Dich! Nur in der Verwandlung ist Leben."**

* Hofmannsthal Hugo von: Brief an Richard Strauss, in "Rodauner Nachträge", Zürich 1918, Band III, S. 75.

** Zitiert nach Zuckmayer Carl: "Als wär's ein Stück von mir", Erinnerungen, Frankfurt am Main 1966, S. 123.

191) Jung C.G.: "Zur Psychologie der Schelmenfigur", Zürich 1954, S. 204.
192) C/BL 117.
193) Vergleiche Brandt Ingeborg: "Stendhal war meine Bibel", Gespräch mit Elias Canetti, in "Welt am Sonntag", Hamburg, 8. November 1963.
194) Vergleiche C/AU 77.
195) Vergleiche Plattenhülle "Elias Canetti liest", Deutsche Grammophongesellschaft, Nr. 168'086, 1967.
196) C/BL 405.
197) C/BL 417.
198) C/BL 406.
199) C/BL 118.
200) C/BL 421.
201) C/BL 434/435.
202) Hoffmeister Johann: "Wörterbuch der philosophischen Begriffe", Hamburg 1955, S. 452.
203) In dieser Darstellung nimmt Kien, der sich immer heilloser in seine paranoischen Wahnvorstellungen verstrickt, Züge des einstigen Dresdner Senatspräsidenten, Dr. Daniel Paul Schreber, an, der 1903 seine psychotischen Zustände schriftlich niederlegte.* Elias Canetti analysiert den Fall Schreber - denselben übrigens, durch den C.G. Jung zum erstenmal in offenen Widerspruch zu Sigmund Freud geriet - in "Masse und Macht" (S. 500 - 533), um am Beispiel dieser "Denkwürdigkeiten" den Konnex zwischen Herrschaft und Paranoia zu exemplifizieren. Besonders hier zeigt es sich, dass Canettis massenpsychologischer Essay sich vorzüglich dazu eignen würde, eine psychologische Interpretation der "Blendung" zu gestatten.

* Vergleiche Schreber D.P.: "Denkwürdigkeiten eines Nervenkranken", Leipzig 1903.

204) C/BL 471.
205) C/BL 50/51.
206) C/BL 503.

207) C/MM 502.

208) C/BL 499.

209) C/BL 453.

210) C/BL 453.

211) C/BL 454.

212) Diese Darstellung der Individualität und der Masse, die kaum mehr sichtbare Grenzen zwischen dem Humanen und dem Animalischen kennt, baut Canetti in "Masse und Macht" besonders eindrücklich aus, indem er auf einleuchtende Analogien zwischen Verhaltungsweisen im menschlichen und tierischen Bereich verweist.*

* Vergleiche C/MM Theorie des "Befehls", 347-382.
Ebenso Fischer Ernst: "Bemerkungen zu Elias Canettis 'Masse und Macht'", in "Literatur und Kritik", Salzburg 1966, Heft 7.
Ebenso Haedecke Wolfgang: "Anmerkung zu Ernst Fischers Aufsatz über Elias Canettis 'Masse und Macht'", in "Literatur und Kritik", Salzburg 1967, Heft 20, S. 599-610.

213) C/BL 447.

214) Alker Ernst: "Oesterreichische Literatur", in "Die Tat", Zürich, 19. Juni 1954, S. 15.

215) Horst Karl August: "Das Spektrum des modernen Romans", München 1964, S. 141.

216) Kayser Wolfgang: "Das Groteske in Malerei und Dichtung", Hamburg 1961, S. 139.

217) Wenn wir Fischerle unter dieser Perspektive betrachten, so zeigt er verwandte Züge mit der Gestalt des Roten Itzig in Richard Beer-Hofmanns Drama "Der Graf von Charolais" (1905).

218) C W/I.

219) Borges, Bulatovic, Canetti: "Drei Gespräche mit Horst Bienek", gedruckt für die Freunde des Carl Hanser-Verlags zum Jahreswechsel 1965-1966, München 1966, S. 37 f.

220) C W/I.

221) C/FR 15.

222) Vergleiche "Sonntag", Wien, 19. April 1937.
Ebenso C/FR 14.

223) C/FR 15.

224) Borges, Bulatovic, Canetti: "Drei Gespräche mit Horst Bienek", gedruckt für die Freunde des Carl Hanser-Verlags zum Jahreswechsel 1965-1966, München 1966, S. 35.

225) Zu diesem komplexen Thema, das auf Canetti eine ungeheure Faszination ausübt, vergleiche C/MM 385-469.
Ebenso C/AU 71.

226) C/AU 95.

227) Janouch Gustav: "Gespräche mit Kafka", Frankfurt am Main 1961, S. 98.

228) Vergleiche Brecht Bert: "Kleines Organon für das Theater", Frankfurt am Main 1960.

229) Eine grundsätzliche Bedeutung kommt der Groteske in der von Canetti nicht publizierten, 1950 abgeschlossenen "Affenoper" zu. Für dieses satirische

Libretto schrieb Boris Blacher, Berlin, die Musik.
In der grotesken Farce handelt als Hauptfigur - soviel ist dem Verfasser bekannt - ein gezähmter Affe. In Kleidern entweicht dieses Tier aus dem Zir-
kus, wo es als Mensch verkleidet aufgetreten war. Durch die erfolgte Dres-
sur und die natürliche Beobachtungsgabe beginnt das Tier nun menschliche
Verhaltensweisen "nachzuäffen". Die Folge des Geschehens ist nun so ange-
legt, dass sich Situationen ergeben, in denen sich stets der Mensch, nicht
aber das Tier blamiert. Durch diese Konstellation ist nicht nur die Vermischung der getrennten Bereiche - hier menschlicher, hier animalischer - gegeben, die nach Wolfgang Kayser zum Wesen des Grotesken gehören, sondern
die "unmenschlichen" Reaktionen werden nochmals in ihr Gegenteil perver-
tiert.

230) In diesem Zusammenhang ist es unerlässlich, auf folgende interessante und
vieldeutige Aussage über die Gruppierungen der Figuren in Canettis Dramen
zu verweisen. Das Zitat findet sich in den "Aufzeichnungen 1942 - 1948", gehört aber, wie Canetti dem Verfasser versicherte, in den grösseren unver-
öffentlichten Kontext seiner "Dramen-Theorie": "Ueber das Drama. - Es
wird mir langsam klar, dass ich im Drama etwas verwirklichen wollte, was
aus der Musik stammt. Ich habe Konstellationen von Figuren wie Themen behandelt. Der Hauptwiderstand, den ich gegen die 'Entwicklung' von Charakteren empfand (so als wären sie wirkliche, lebende Menschen), erinnert
daran, dass auch in der Musik die Instrumente gegeben sind. Sobald man sich
einmal für dieses oder jenes Instrument entschieden hat, hält man daran fest,
man kann es nicht, während ein Werk abläuft, in ein anderes Instrument um-
bauen. Etwas von der schönen Strenge der Musik beruht auf dieser Klarheit
der Instrumente. Aber es kann ein neues Thema auftauchen, von derselben
Geige gespielt, dies entspricht dem Maskensprung im Drama.
Die Zurückführung der dramatischen Figur auf ein Tier lässt sich mit dieser
Auffassung sehr wohl vereinen. Jedes Instrument ist ein ganz bestimmtes
Tier oder zumindest ein eigenes und wohlabgegrenztes Geschöpf, das mit sich
nur auf seine Weise spielen lässt. Im Drama hat man die göttliche und über
alle anderen Künste erhabene Möglichkeit, neue Tiere, also neue Instrumente, neue Geschöpfe zu erfinden, und je nach ihrer thematischen Fügung eine
immer wieder andersgeartete Form. Es gibt also unerschöpflich viele Arten
von Dramen, solange es neue 'Tiere' gibt. Die Schöpfung, sei es, dass sie
erschöpft, sei es, dass der geschwinde Mensch sie überholt hat, wird so
ganz buchstäblich ins Drama verlegt. Adam und Eva und die Schlange im Pa-
radies ist ein Drama unter sehr vielen, und zwar ein ganz schlichtes; es verhält sich zu späteren wie ein Lied für Lauten- und Gamben-Begleitung zu einer kompletten Symphonie.
Man hätte nachzuweisen, wie sehr die Oper das Drama verwirrt hat. Das Mu-
sikdrama ist der unsauberste und widersinnigste Kitsch, der je ersonnen wurde. Das Drama ist eine ganz eigene Art von Musik und verträgt sie als Zusatz
nur selten und spärlich. Auf keinen Fall sind Instrumente mit handelnden Figuren in Einklang zu bringen, oder die Figuren werden allegorisch, und dramatisch ganz bedeutungslos; es sind nur noch Fabeltiere, die da agieren; indem die Musik alles wird, kommt es auf das Drama gar nicht mehr an."*

* C/AU 21 f.

231) Vergleiche "Sonntag", Wien, 19. April 1937.
Ebenso C/FR 14.

232) Reinhold Grimm führt zur Entstehungsgeschichte von Brechts Dramolett folgendes aus: "... ebenfalls nach 1921 begann der Dichter ein drittes Drama,
das er vorläufig "Im Dickicht" nannte. ... Ob die vier nach dem Vorbild Karl
Valentins geschriebenen und stark mit volkstümlichen Elementen durchsetzten Einakter "Der Bettler oder der tote Hund", "Er treibt einen Teufel aus",
"Lux in tenebris" und die "Hochzeit" 1921 oder 1922 entstanden sind, ist ungewiss; dass sie aus der Zeit vor 1923 stammen, dürfte aber wohl ziemlich
sicher sein. "*
Dieser Einakter "Kleinbürgerhochzeit" wurde am 11. Dezember 1926 am
Frankfurter Schauspielhaus uraufgeführt. Ob allerdings Brecht nur durch
Karl Valentin zu dieser Satire angeregt wurde, darf bezweifelt werden, denn
es finden sich in diesem frühen Drama Brechts manche Analogien zum Wer-
ke Ludwig Thomas.
Thoma seinerseits hat in seiner Erzählung "Die Hochzeit, eine Bauerngе-
schichte" (1902) eine unseren Problemkreis tangierende Erzählung vorge-
legt. In dieser seiner Humoreske karikiert er den Brauch der altbayrischen
Brautwerbung und schliesslich die Heirat, die nur auf Vermehrung der Fi-
nanzen und Güter abzielt, in streitlustigem, satirischem Ton.**
* Grimm Reinhold: "Bertold Brecht", Stuttgart 1961, S. 7.
** Vergleiche Heinle Fritz: "Ludwig Thoma", Hamburg 1963, S. 82.

233) Bahr Hermann: "Theater", Berlin 1897, S. 76.

234) Vogelsang Hans: "Oesterreichische Dramatik des XX. Jahrhunderts", Wien
1963, S. 47.

235) C/DR 9.

236) C/DR 9.

237) C/DR 14.

238) C/DR 10.

239) C/DR 12.

240) Die Figur der alten, nicht sterbenwollenden Gilz, hat eine Verwandte in Oedön
von Horvaths "Geschichten aus dem Wienerwald". Auch dort ist es die Gestalt
einer Grossmutter, der alle den Tod wünschen, um sie beerben zu können.
Im dritten Akt, vierte Szene, herrscht diese Grossmutter ihre Tochter an:
"Dir täts schon lange passen, wenn ich schon unter der Erden wär - nicht?
Aber ich geh halt noch nicht, ich geh noch nicht. - Du! Verfaulen sollt ihr
alle, die ihr mir den Tod wünscht!"*
* Horvath Oedön von: "Geschichten aus dem Wienerwald", in "Oesterreichisches Theater des XX. Jahrhunderts", München 1961, S. 445.

241) Bergson Henri: "Das Lachen", Jena 1914, S. 83.

242) C/DR 16.

243) C/DR 17.

244) C/DR 18.

245) C/DR 22.

246) C/DR 24.

247) C/DR 36.

248) Vergleiche Altes Testament, Buch Richter, Kp. 16, Vers 21-31.
249) C/DR 25.
250) C/DR 35.
251) C/DR 32.
252) C/DR 50.
253) Ferber Christian: "Ein Untergang der kalt lässt", in "Die Welt", Hamburg
      5. November 1965.
254) C/DR 55.
255) C/DR 57.
256) C/DR 73.
257) In Anmerkung 144 zum Kapitel "Deutungsversuch" wurde darauf verwiesen,
      dass gewisse sprachliche Relikte der Figur Theresens mit der "akustischen
      Maske" von Canettis damaliger Zimmerwirtin identisch seien. Ebenso wur-
      de im aufgeführten Beleg aus Elisabeth Frenzels "Stoff- und Motivgeschich-
      te" jene Stelle zitiert, die sich mit der "Keimkraft" einzelner Worte befasst,
      die bei der Genese eines schriftstellerischen Werkes von eminenter Bedeu-
      tung sein können. Im Drama "Hochzeit" findet sich ein frappierendes Bei-
      spiel, das sich zur Illustration von Frenzels These vorzüglich eignet. In den
      Bemerkungen unter dem Titel "Der Gegen-Satz zur 'Hochzeit'"*, erzählt
      Canetti, dass der Satz: "Und da hat er mich auf den Altar gezogen und hat
      mich küsst und so lieb war er"**, der im Stück wie ein "erratischer Bock"
      liegt und sich auf nichts Vorangegangenes bezieht, in ihm schon bestanden
      hätte, bevor er das Drama konzipierte. Zur Virulenz dieses Satzes, der wie-
      derum Canettis eigentümliche akustische Begabung beweist, bemerkt er selbst;
      dieser Satz "war mir rätselhaft geblieben, und in dieser Rätselhaftigkeit woll-
      te ich ihn erhalten ... Ich hörte ihn vor 34 Jahren. Ich wohnte damals in ei-
      nem Vorort von Wien, in Hütteldorf. Es war meine eigentliche Passion, auf
      stundenlangen Gängen Gesprächen zuzuhören. Bei einer solchen Gelegenheit
      fielen mir einmal, schon aus einiger Entfernung, drei sehr alte Frauen auf,
      die eng auf einer Bank zusammensassen. Sie sprachen mit zitternden Kopfbe-
      wegungen zueinander, aber überaus lebhaft und ernst. Ich näherte mich ihnen
      langsam. Es war noch Platz auf der Bank. Ich setzte mich aber nicht, obwohl
      ich es für mein Leben gern getan hätte, denn ich hatte das Gefühl, dass ihr
      Gespräch sich durch meine Gegenwart verändern würde. Im Vorübergehen
      hörte ich einen einzigen Satz: 'Und da hat er mich auf den Altar gezogen und
      hat mich küsst und so lieb war er.' Ich wurde den Satz nicht mehr los, er ver-
      folgte mich bis in den Schlaf, und das meine ich buchstäblich. Es ging um die
      tiefste, die eigentliche Liebe dieser alten Frau, das war klar, alles andere
      daran schien rätselhaft. Wer hat sie auf den Altar gezogen? Ihr Mann, als
      sie heirateten? Das war doch während einer solchen Zeremonie kaum mög-
      lich. Ein anderer? Aber sie sprach davon wie von etwas Heiligem, sie hatte
      ihr ganzes Leben daran gedacht, es war sein Kern, sie war noch, mit sicher
      über achtzig, nicht nur glücklich darüber, sie sagte es mit einem Stolz, der
      mir durch Mark und Bein ging und sie sagte es wie über einen Toten.
      Aus diesem Satz ist etwa ein halbes Jahr später die 'Hochzeit' entstanden. Ich
      habe ihn unverändert in das Stück aufgenommen, als eine Art Talisman, es
      ist der viertletzte Satz des Ganzen, die alte Kokosch sagt ihn, nachdem das

Haus über ihr eingestürzt ist, es ist ihr letzter Satz. Alles andere ist frei erfunden, wenigstens bin ich mir der Ursprünge von nichts anderem bewusst. Ich könnte so weit gehen, zu sagen, dass das Stück diesem Satz zu Ehren erfunden wurde. Ich liebe ihn noch heute, es ist mir, als hätte ich ihn gestern gehört. Er hat die Zerstörung des Hauses in der 'Hochzeit', er hat alle anderen Zerstörungen überdauert. Ich wollte, er hätte die Kraft, uns gegen spätere Zerstörung zu feien."

* Canetti Elias: "Der Gegen-Satz zur 'Hochzeit'", in Theaterheft Nr. 15, Staatstheater Braunschweig, Spielzeit 1965/1966, Braunschweig, S. 162.
** C/DR 73.

258) C/DR 73.
259) Buechner Georg: "Woyzeck" in "Gesammelte Werke", Leipzig 1921, S. 156.
260) C/DR 58.
261) C/FR 12.
262) Die Uraufführung erfolgte unter der Leitung des Generalintendanten des Braunschweiger Staatstheaters, Dr. Helmut Matiasek. Die Inszenierung besorgte Alexander Wagner. Bühnenbild und Kostüme entwarf Manfred Schröter. Liste der Hauptdarsteller vergleiche: Theaterheft Nr. 15, Staatstheater Braunschweig, Spielzeit 1965/1966, Braunschweig, S. 182 f.
263) Auf die Anfrage nach der Besucherfrequenz erhielt der Verfasser vom jetzigen Chefdramaturgen, Horst Statkus folgende Antwort: "Genaue Angaben über den Besuch von Canettis Stück 'Hochzeit' sind zur Zeit nicht verfügbar, der war aber offensichtlich nicht sehr gut."*
* Brief an den Verfasser vom 16. August 1968 von Horst Statkus, Chefdramaturg, Staatstheater Braunschweig.
264) Wolf Achilles: "Canettis 'Hochzeit' uraufgeführt", "Neuer Skandal im Theater", in "Braunschweiger Presse", 5. November 1965.
265) Die Strafanzeige, sie findet sich in der "Braunschweiger Zeitung" vom 5. November 1965, soll hier im originalen Wortlaut zitiert werden. "Die Uraufführung des Schauspiels 'Hochzeit' von Canetti am 3. November 1965 gibt mir Veranlassung, gegen den Intendanten Dr. Matiasek und den Regisseur eine Strafanzeige wegen Erregung geschlechtlichen Aergernisses zu erstatten. Die Art der Wiedergabe des Textes war so eindeutig, dass es im Zuhörerraum zu lebhaften Protestkundgebungen kam. Auch die Kunst ist an die Strafgesetze gebunden ... Ich bleibe anonym. Die Staatsanwaltschaft ist ohnehin zum Einschreiten verpflichtet, sobald der Verdacht einer strafbaren Handlung auftaucht. Im übrigen würde ich mich bei der Kulturdiktatur, unter der wir leben, erheblichen publizistischen Anwürfen ausgesetzt sehen, die nicht nur einem Rufmord gleichkämen, sondern auch Repressalien befürchten lassen, die meine seelische und körperliche Integrität unmittelbar gefährden könnten. Diese Repressalien würden von gelenkten Personen ausgehen oder von solchen, die geglaubt haben, der Aufführung Beifall zollen zu müssen."*
* Vergleiche auch Bachmann Claus-Henning: "Das Nachspiel zur 'Hochzeit'", Bericht von einer "skandalösen" Entrüstung, in "Die deutsche Bühne", Januar 1966, S. 9 ff.
266) Folgende Persönlichkeiten äusserten sich: Prof. Dr. Theodor W. Adorno, Frankfurt am Main; Peter Weiss, Stockholm; Günter Grass, Berlin; Prof.

Oscar Fitz Schuh, Hamburg; Chefdramaturg Jochen Jachmann, Schauspielhaus Bochum; Günter Eich, Grossgmain bei Salzburg; Prof. Dr. Siegfried Melchinger, Stuttgart; Peter Härtling, Berlin; Roland H. Wiegenstein, Westdeutscher Rundfunk Köln; Prof. Hilde Spiel, Wien; Prof. Dr. Fritz Martini, Technische Hochschule, Stuttgart; Reinhard Baumgart, Grünwald bei München; Dr. Rudolf Bayr, Salzburg; Hermann Kesten, New York; Dr. Richard Friedenthal, London; Heinz Hilpert, Göttingen; Gerhard Reuter, Landestheater, Hannover; Erwin Piscator, Freie Volksbühne, Berlin; Dr. Heinz Gerstinger, Augsburg; Dr. Wolfgang Kraus, Oesterreichische Gesellschaft für Literatur, Wien; Rainer Litten, Radio Basel; Dr. Fritz Bauer, Frankfurt am Main; Dr. P. Diego Götz, Wien; Martin Walser, Friedrichshafen. Vergleiche "Zeugnissammlung Staatstheater Braunschweig", S. 1-11.

267) Auszug aus dem Brief von Erwin Piscator, Freie Volksbühne, Berlin, in "Zeugnissammlung Staatstheater Braunschweig", S. 7.

268) Auszug aus dem Brief von Prof. Th. W. Adorno an das Staatstheater Braunschweig, in "Zeugnissammlung Staatstheater Braunschweig", S. 1.

269) Auszug aus dem Brief von Dr. Wolfgang Kraus an das Staatstheater Braunschweig, in "Zeugnissammlung Staatstheater Braunschweig", S. 9.

270) Im Einstellungsbeschluss hält der leitende Staatsanwalt Dr. Ernst Thiele, Braunschweig, zunächst fest, "dass das Werk selbst in der schriftlichen Fassung nicht als unzüchtige Schrift im Sinne des Paragraphen 184 StGB anzusehen ist". Dann heisst es: "Die durchgeführten Ermittlungen durch Befragung sachverständiger Zuschauer, denen auch das Textbuch überlassen worden ist, haben ... keine Anhaltspunkte dafür ergeben, dass bei der Uraufführung am 3. November 1965 ... Erweiterungen des Manuskripts im sprachlichen oder mimischen Bereich vorgenommen worden sind. Auch bei der Aufführung am 13. November 1965, die durch den Behördenleiter und den Dezernenten besucht worden ist, konnten derartige Erweiterungen nicht festgestellt werden. Es müsse zugunsten des Intendanten, des Regisseurs und der Schauspieler unterstellt werden, dass es ihnen bei der Wiedergabe des Werkes des Dichters Canetti um ein künstlerisches Anliegen ging. Den Beteiligten ist nicht zu widerlegen, dass sie sich an ein zwar möglicherweise kritisches, aber kulturell interessiertes Publikum wendeten und glaubten, dieses Publikum auch mit einem Stück bekanntmachen zu sollen, das eine gewisse Toleranz bezüglich der vom Dichter gewählten Formulierungen voraussetzte. Ebenso wie der Verleger des zum Verkauf gelangten Textbuches konnten Intendant und Regisseur erwarten, dass nur Leser bzw. Zuschauer sich mit dem Stück bekanntmachen würden, die nicht wegen der geschlechtsbezogenen Stellen, sondern wegen des Gesamtinhalts das Stück kennenlernen wollten." Der leitende Staatsanwalt Dr. Thiele kommt zu folgendem Schluss: "Der Tatbestand des Paragraphen 183 StGB ist daher bereits objektiv nicht erfüllt, da die Darstellung des Theaterstückes 'Hochzeit' in seiner Gesamtheit nicht als unzüchtige Handlung anzusehen ist. Es bedarf daher nicht der Erörterung der Frage, ob mündliche Aeusserungen allein, wie der Bundesgerichtshof im 12. Bande, S. 42 ff. entschieden hat, überhaupt als unzüchtige 'Handlung' anzusehen sind oder nur nach Paragraph 360, Abs. 1 Nr. 11 oder Paragraph 185 StGB bestraft werden können. Es hat sich nichts dafür ergeben, dass in der

Vorstellung am 13. November 1965 von Schauspielern Worte gebraucht worden sind, die sich nicht mit dem Manuskript des Stückes deckten ... In der Vorstellung am 13. November 1965 sind weder dem Behördenleiter noch dem Sachbearbeiter Gesten oder sonstige Handlungen aufgefallen, die sich nicht zwangsläufig aus der Wiedergabe des Stückes ergaben. Offenbar wurde sogar bewusst alles irgendwie besonders Obszöne vermieden." Obgleich sich für die (Premieren-) Vorstellung vom 3. November 1965 "keine hinreichend sicheren Feststellungen mehr treffen" liessen, wurde erkannt, dass ein Verstoss gegen den Paragraphen 183 StGB auch in dieser Aufführung nicht vorlag.

271) Horvath Oedön von: "Stücke", Hamburg 1965, S. 7.
272) Canetti Elias: "Sonntag", Wien, 19. April 1937.
273) Kienzle Siegfried: "Modernes Welttheater", Stuttgart 1966, S. 118.
274) Canetti Elias: in "Mykenae", Theater-Korrespondenz, Darmstadt, 30. November 1965.
275) Ferber Christian: "Ein Untergang, der kalt lässt", in "Die Welt", Hamburg, 5. November 1965.
276) "Philister", Elias Canettis Uraufführung im Staatstheater Braunschweig, sig. e.w. in "Theater heute", Velber bei Hannover, 10. Dezember 1965.
277) Singer Herta: "Zeit und Gesellschaft im Werke Arthur Schnitzlers", Dissertation, Wien 1948, S. 33.
278) C/AU 116.
279) C/DR 90.
280) C/DR 90.
281) C/DR 90.
282) C/DR 79.
283) Was Canetti hier auf der Bühne zeigt, beschreibt er in seinem philosophisch soziologischen Essay "Masse und Macht" folgendermassen: "Von der Zerstörungswut der Masse ist oft die Rede, es ist das erste an ihr, was ins Auge fällt, und es ist unleugbar, dass sie sich überall findet, in den verschiedensten Ländern und Kulturen. Sie wird zwar festgestellt und missbilligt, doch wird sie nie wirklich erklärt.
An liebsten zerstört die Masse Häuser und Gegenstände. Da es sich oft um Zerbrechliches handelt, wie Scheiben, Spiegel, Töpfe, Bilder, Geschirr, neigt man dazu zu glauben, dass es eben diese Zerbrechlichkeit von Gegenständen sei, die die Masse zur Zerstörung anreizt. Es ist nun gewiss richtig, dass der Lärm der Zerstörung, das Zerbrechen von Geschirr, das Klirren von Scheiben zur Freude daran ein Beträchtliches beiträgt: Es sind die kräftigen Lebenslaute eines neuen Geschöpfes, die Schreie eines Neugeborenen. Dass es so leicht ist, sie hervorzurufen, steigert ihre Beliebtheit, alles schreit mit einem und den anderen mit, und das Klirren ist der Beifall der Dinge. Ein besonderes Bedürfnis nach dieser Art Lärm scheint zu Beginn der Ereignisse zu bestehen, da man sich noch nicht aus allzu vielen zusammensetzt und wenig oder gar nichts geschehen ist. Der Lärm verheisst die Verstärkung, auf die man hofft, und er ist ein glückliches Omen für die kommenden Taten. Aber es wäre irrig zu glauben, dass die Leichtigkeit des Zerbrechens das Entscheidende daran ist. Man hat sich an Skulpturen aus hartem

Stein herangemacht und nicht geruht, bis sie verstümmelt und unkenntlich waren. Von Christen wurden die Köpfe und Arme griechischer Götter zerstört. Von Reformatoren und Revolutionären wurden die Bildwerke der Heiligen heruntergeholt, manchmal aus Höhen, wo es lebensgefährlich war, und oft war der Stein, den man zu zertrümmern suchte, so hart, dass man nur halb zum Ziel gelangte.

Die Zerstörung von Bildwerken, die etwas vorstellen, ist die Zerstörung einer Hierarchie, die man nicht mehr anerkennt. Man vergreift sich an den allgemein etablierten Distanzen, die für alle sichtbar sind und überall gelten. Ihre Härte war der Ausdruck für ihre Permanenz, sie haben seit langem, man denkt, seit je bestanden, aufrecht und unverrückbar; und es war unmöglich, sich ihnen in feindlicher Absicht zu nähern. Nun sind sie gestürzt und in Trümmer geschlagen. Die Entladung hat sich in diesem Akt vollendet.

Das eindruckvollste Mittel der Zerstörung ist das Feuer. Es ist weithin sichtbar und zieht andere an. Es zerstört auf unwiderrufliche Weise. Nichts ist nach einem Feuer, wie es vorher war. Die Masse, die Feuer legt, hält sich für unwiderstehlich. Alles wird zu ihr stossen, während es um sich greift. Alles Feindliche wird von ihm vernichtet werden. Es ist, wie man noch sehen wird, das kräftigste Symbol, das es für die Masse gibt. Nach aller Zerstörung muss es wie sie erlöschen."*

* C/MM 16/17.

284) C/DR 176.
285) C/DR 184.
286) C/DR 184.
287) C/MM 11-66.
288) Besetzung der Hauptrollen vergleiche "Theaterheft Nr. 23", Staatstheater Braunschweig, Spielzeit 1964/1965, S. 266 f.
289) Brief an den Verfasser vom 16. August 1968 von Horst Statkus, Chefdramaturg, Staatstheater Braunschweig.
290) Schlueter Wolfgang: "Beklemmender Blick auf Spiegelbilder", in "Braunschweiger Presse", Braunschweig, 8. Februar 1965.
291) Piscator Erwin: "Technik - eine künstlerische Notwendigkeit des modernen Theaters", in Pörtner Paul, "Experiment Theater", Zürich 1960, S. 148-157.
292) Vergleiche Jubiläumsband "275 Jahre Theater Braunschweig", Geschichte und Wirkung, herausgegeben von der Generalintendanz des Staatstheaters Braunschweig, Braunschweig 1965, S. 73.
293) Wendt Ernst: "Gemeuchelt", Canettis "Komödie der Eitelkeit", in "Stuttgarter Zeitung", Stuttgart, 16. Februar 1965.
294) Bloecker Günter: "Elias Canettis 'Aufzeichnungen 1942 - 1948'", in "Literatur als Teilhabe", Berlin 1966, S. 253.
295) "Komödie der Eitelkeit", Elias Canettis Uraufführung, sig. e.w., in "Theater heute", Velber bei Hannover, 15. März 1965.
296) Elias Canettis Rede auf Hermann Broch findet sich vollständig abgedruckt in: Canetti Elias: "Aufzeichnungen 1942 - 1948", München 1965, S. 187-203. Ebenfalls in Canetti Elias: "Welt im Kopf" ausgewählt und eingeleitet von Erich Fried, Graz-Wien 1962, S. 92-108.

297) Durzak Manfred: "Hermann Broch in Selbstzeugnissen und Bilddokumenten", Hamburg 1966, S. 79 f.

298) C/FR 20.

299) Leider ist der Briefwechsel zwischen Elias Canetti und Hermann Broch bis heute noch nicht veröffentlicht, doch arbeitet, so versicherte Elias Canetti dem Verfasser, Manfred Durzak zur Zeit an der Publikation dieser Sammlung.

300) C/AU 190.

301) C/AU 191.

302) Dürrenmatt Friedrich: "Der Meteor", Zürich 1966, S. 69.

303) C/AU 192.

304) C/AU 193.

305) C/AU 193.

306) Broch Hermann: "Dichten und Erkennen", Essays, Band 1, Zürich 1955, S. 194.

307) C/AU 193 f.

308) Jenny Urs: "Von Vätern und Göttern", Elias Canetti in "Merkur", Deutsche Zeitschrift für europäisches Denken, München 1966, Heft 3, XX. Jahrgang, S. 285.

309) C/AU 194 f.

310) C/AU 195.

311) Canetti Elias: "Dialog mit dem grausamen Partner", in "Das Tagebuch und der moderne Autor", herausgegeben von Uwe Schultz, München 1965, S. 69.

312) Vergleiche "Von der Unsterblichkeit" in C/MM 318/319.

313) Jenny Urs: "Von Vätern und Göttern", Elias Canetti in "Merkur", Deutsche Zeitschrift für europäisches Denken, München 1966, Heft 3, XX. Jahrgang, S. 286.

314) C/AU 118.

315) C/AU 203.

316) C/AU 26.

317) C/FR 21.

III. DIE JAHRE DER EMIGRATION, NACHKRIEGSZEIT

1) Zweig Stefan: "Die Welt von gestern", Erinnerungen eines Europäers, Stockholm 1943, S. 219 f.

2) Broch Hermann: "Briefe von 1929 bis 1951", Brief an Dr. Daniel Brody vom 19. Oktober 1934, in "Gesammelte Werke", Band 8, Zürich 1957, S. 103.

3) C/AU 7.

4) Broch Hermann: "Die unbekannte Grösse und frühe Schriften", Brief an Willa Muir vom 27. Februar 1933, in "Gesammelte Werke", Band 10, Zürich 1961, S. 351.

5) C/AU 7.

6) C/MM 212.

7) C/AU 95 f.

8) C/AU 12.

9) Adler H.G.: Brief an den Verfasser vom 1. Dezember 1968.

10) C/AU 89.

11) C/AU 116.

12) Frau Venezia Canetti-de Calderon verschied am 1. Mai 1963 nach langjähriger Krankheit. Elias Canetti hat dem Andenken seiner Gemahlin alle bisher veröffentlichten Werke gewidmet. Nach Mitteilung des Schriftstellers H.G. Adler, London, hat Canetti die Wohnung seit dem Tode so belassen, wie zu Lebenszeiten seiner geliebten Gattin. Seine Verehrung für diese Frau, die ihm in den schwersten Stunden seines Lebens treu zur Seite gestanden war, ist grenzenlos. Frau Canetti, eine tiefgläubige Sephardin, hat sich mit dem Unglück der Juden in der Welt identifiziert, und darin sieht Adler "... den tieferen Grund ihres psychischen und physischen Zerfalls ..."*

* Adler H.G.: Brief an den Verfasser vom 1. Dezember 1968.

13) C/AU 141.

14) C/FR 20.

15) C/AU 91 f.

16) Ein anderesmal bemerkt Canetti, und diese Ausführungen zeigen sein Verhältnis zur Kontinuität der Kultur ebenso wie seine eigentümliche Konstellation, in der die sephardische Komponente deutlich zum Ausdruck kommt: "Ich habe immer nur deutsch geschrieben und werde es nie anders halten. Deutsch war mir viel zu wichtig geworden, als ich nach England kam, um etwas daran zu ändern. Es wird auch Stolz mitgespielt haben. Ich wollte mir von niemand - und schon gar nicht von Hitler - vorschreiben lassen in welcher Sprache ich schreibe. Meine Vorfahren haben 1492 Spanien verlassen müssen und ihr Spanisch in die Türkei mitgenommen, wo sie sich niederliessen. Dieses Spanisch haben sie über 400 Jahre in ihrer neuen Heimat rein gehalten, und es war auch meine Muttersprache. Ich lernte Deutsch mit acht und wuchs immer mehr in diese Sprache hinein. Mit dreiunddreissig musste ich Wien verlassen und nahm Deutsch so mit, wie sie damals ihr Spanisch. Vielleicht bin ich die einzige literarische Person, in der die Sprache der beiden grossen Vertreibungen so eng beieinanderliegen. Eine so kuriose Konstellation soll man nicht stören. Es ist klüger und vielleicht ergiebiger, sie sich auswirken zu lassen. Niemand weiss, wer er wirklich ist. Es gibt mir Kraft, dieses Wenige zu wissen."*

*Borges, Bulatovic, Canetti: "Drei Gespräche mit Horst Bienek", gedruckt für die Freunde des Carl Hanser-Verlags zum Jahreswechsel 1965-1966, München 1966.

17) C/AU 7.

18) C/AU 8.

19) Elias Canetti führt diese Aufzeichnungen heute noch als eine ihm gemässe Form weiter, wie die Publikation "Aus den Aufzeichnungen 1957"* beweist. Alle Aufzeichnungen zusammen, so versicherte Canetti dem Verfasser, sollen heute schon eine stattliche Anzahl von Bänden füllen.

* Canetti Elias: "Aus den Aufzeichnungen 1957", in "Literatur und Kritik", Heft 7, Salzburg, Oktober 1966.

20) C/AU 8.

21) Musil Robert: "Tagebücher, Aphorismen, Essays, Reden", Hamburg 1955,

S. 31.

22) Gütersloh Albert Paris: "Der innere Erdteil", München 1966, S. 5.

23) Elias Canetti las besonders intensiv während seiner Arbeit an "Masse und Macht" in Lichtenbergs Werken, und er nahm sich seine "knappe und komprimierte Diktion" als Vorbild."
* CW/I.

24) Canetti Elias: "Dialog mit dem grausamen Partner", in "Das Tagebuch und der moderne Autor", herausgegeben von Uwe Schultz, München 1965, S. 64.

25) Hebbel Friedrich: "Sämtliche Werke", Band 1, Berlin 1903, S. 2.

26) Bloecker Günter: "Elias Canettis Gedankenplantagen", in "Süddeutsche Zeitung", München, 1. Mai 1965.

27) Canetti Elias: "Dialog mit dem grausamen Partner", in "Das Tagebuch und der moderne Autor", herausgegeben von Uwe Schultz, München 1965, S. 60.

28) do., S. 61.

29) C/AU 8.

30) Canetti Elias: "Dialog mit dem grausamen Partner", in "Das Tagebuch und der moderne Autor", herausgegeben von Uwe Schultz, München 1965, S. 49.

31) do., S. 54.

32) do., S. 55.

33) do., S. 51.

34) do., S. 52.

35) C/AU 73.

36) C/AU 73.

37) C/AU 41.

38) C/AU 98.

39) C/AU 103 f.

40) Canetti Elias: "Dialog mit dem grausamen Partner", in "Das Tagebuch und der moderne Autor", herausgegeben von Uwe Schultz, München 1965, S. 68.

41) C/AU 34.

42) C/AU 37.

43) Canetti Elias: "Auto da Fé", Translated from the German under the personal supervision of the author by C.V. Wedgwood, London (Jonathan Cape) 1946.

44) O'Brien Kate: in "The Spectator", zitiert nach:
Parry Idris: "Elias Canetti's Novel 'Die Blendung'", in "Essays in German Literature - I", Institute of Germanic Studies, University of London (ohne Jahr), S. 145.

45) In "World Review", zitiert nach:
Parry Idris: "Elias Canetti's Novel 'Die Blendung'", in "Essays in German Literature - I", Institute of Germanic Studies, University of London (ohne Jahr), S. 145.

46) Meres Francis: "Reason Dethroned", in "Time and Tide", 18 Mai 1946, S. 469 f.

47) Dazu bemerkt Elias Canetti in seinem Brief vom 21. Dezember 1966 an den Verfasser: "Weiskopf muss sich geirrt haben, ich habe nie Novellen veröffentlicht."

48) Weiskopf F.C.: "Unter fremden Himmeln", Ein Abriss deutscher Literatur im Exil 1933-1947, Berlin 1948, S. 109.

49) Vergleiche Verlagsgeschichte in der Bibliographie.

50) Brion Marcel: "Elias Canetti et 'La Tour de Babel'", in "Le Monde", 13. Dezember 1949.

51) Toynbee Philip: "Innocents in the inferno, 'Auto da Fé' by Elias Canetti", in "The Observer Weekend Review", 18. Februar 1962.

52) Curtis Anthony: "Madman's Logic", Elias Canetti "Auto da Fé", in "Sunday Telegraph", 2. Februar 1962.

53) Furbank R.P.N.: "Burning the Books", in "The Spectator", 16. Februar 1962.

54) Williams Raymond: "Fiction and Delusion", in "New Left Review", Mai-Juni 1962.

55) Isaacs J.: "An Assessment of Twentieth Century Literature", Aus dem zweiten Vortrag: The Age of Anxiety, S. 60.

56) Dazu führt Isaacs aus: "In this EVERYMAN of a crumbling culture, pure knowledge is beset by the forces of ignorance, cupidity, anger, cunning, hatred and envy, and is beaten to a pulp. Yet everything is sufficiently human for us to take an interest, sufficient for us to feel a guilty complicity and identification with part of the victim - the victim, certainly, for no figure was ever less the hero of a book. It has wisdom and fairness, lunacy and comic invention in a grand satanic scale."*
   * Isaacs J.: "An Assessment of Twentieth Century Literature", Aus dem zweiten Vortrag: The Age of Anxiety, S. 62.

57) Curtius Ernst Robert: "Büchertagebuch", Bern 1960, S. 25.

58) Das genannte Drama wurde am 9. November 1966 in einer vom Autor approbierten Hörspielfassung, vom WDR gesendet.

59) C/FR 21.

60) C/DR 191.

61) C/DR 243.

62) C/FR 21.

63) Adorno Th.W.: "Minima Moralia", Berlin, Frankfurt am Main 1951, S. 44.

64) C/AU 70.

65) Die Inszenierung des Stücks besorgte Friedrich Kallina, für das Bühnenbild und die Kostüme zeichnete Gottfried Neumann-Spallat verantwortlich. Die Liste der Hauptdarsteller siehe Theaterheft "Die Befristeten", herausgegeben vom Theater in der Josefstadt.

66) Kropotscheck Gustav: Brief des Chefdramaturgen des Theaters in der Josefstadt, Wien, an den Verfasser vom 19. Dezember 1967.

67) Schreyvogl Friedrich: "Originelles Gedankenspiel", in "Wiener Zeitung", Wien, 12. November 1967.

68) Kraus Wolfgang: "Philosophisches Stück wurde zum Theaterereignis", in "Tages-Anzeiger", Zürich, 29. November 1967.

BIBLIOGRAPHIE

VORBEMERKUNG

Die vorliegende erste Bibliographie über Elias Canetti zerfällt in drei Abschnitte. Im ersten Teil werden jene Verlage vorgestellt, die Werke von Elias Canetti edierten und die sich wohl in Verlagslexika erwähnt finden, deren Tätigkeit aber bis heute nicht eingehend gewürdigt worden ist. Diese Abrisse skizzieren die geistige Haltung und die Tendenz der aufgeführten Verlage, so wie sie sich in ihren Programmen - auch wenn sie nur teilweise realisiert werden konnten - wiederspiegelt. An ihrem Ende finden sich dann die Auflageziffern der publizierten Werke von Elias Canetti vermerkt.

Der zweite Abschnitt enthält alle bisherigen Veröffentlichungen Canettis in deutscher Sprache, ebenso seine wichtigsten Beiträge in Anthologien, Zeitschriften, seine Interviews in Rundfunk- und Fernsehsendungen, die vorliegenden Uebersetzungen (Stand: Sommer 1968) und endlich die von ihm selbst übersetzten Werke. Dagegen ist der Nachweis von Abdrucken aus dem inzwischen in deutscher Sprache dreimal herausgegebenen Roman, sowie von Szenen aus seinen Dramen und dem Essay "Masse und Macht" absichtlich ausgeklammert worden. Eine Bibliographie, die das nicht rein belletristische Schaffen Canettis betrifft (z. B. "Masse und Macht") ebenso ein erschöpfendes Literaturverzeichnis, das Studien, Rezensionen und sonstige Artikel in englischer und französischer Sprache umfasst, ist vom Verfasser begonnen worden und wird mit der zugesagten Hilfe von Herrn Dr. Elias Canetti, London, dem Carl Hanser-Verlag, München, und dem Claassen-Verlag, Hamburg - die an dieser Stelle aufrichtig verdankt sei - später publiziert werden.

Im dritten Teil der Bibliographie werden die umfänglicheren und substanzielleren Versuche, Aufsätze und Besprechungen über Elias Canetti, die sich in Zeitschriften und Zeitungen finden (Stand: Frühjahr 1969) chronologisch aufgeführt, weil auf diese Weise das zunehmende Interesse an Canettis Arbeiten am besten zum Ausdruck kommt. Glossen, Hinweise auf Veröffentlichungen oder stichwortartige Rezensionen bleiben absichtlich unberücksichtigt, da ihre Zahl unübersehbar geworden ist und sie daher den Rahmen dieser Bibliographie sprengen würden. Die Anordnung der Beiträge innerhalb dieser Gruppe folgt der gewählten chronologischen Methode; beim Zusammentreffen von Publikationsdaten jedoch, soweit sie signiert sind, der alphabetischen Ordnung. Bei unsignierten Artikeln wurden nur Titel, Publikationsort und Datum, sofern vermerkt, angegeben.

1. GESCHICHTE DER VERLAGE, DIE CANETTIS WERKE EDIERTEN

a) Verlag Herbert Reichner, Wien, Leipzig, Zürich

Im Jahre 1928 gründete Herbert Reichner in Wien die Zeitschrift "Philobiblon". Wie schon der Untertitel "Eine Zeitschrift für Bücherfreunde" unmissverständlich zum Ausdruck bringt, wollte sie ein Organ sein, "das die Kenntnis der vielen mehr oder weniger wichtigen Ereignisse in der bibliophilen Welt vermittelt". (Philobiblon, Heft 1, 1. Jahrgang 1928, Wien.) Herbert Reichner zeichnete bis zu seiner Emigration im Jahre 1938 als alleiniger Herausgeber, Redakteur und Eigentümer dieser Blätter für den Bücherliebhaber verantwortlich. Im Jahre 1938 (Philobiblon, Heft 1, 10. Jahrgang) gingen die Editionsrechte an den Rudolf M. Rohrer-Verlag, Brünn, Leipzig, Wien, über und ab 1939 (Heft 7, 11. Jahrgang) an den Johann Asmus-Verlag, Leipzig. Von 1941 bis 1952 war Ernst Ludwig Hauswedell, Hamburg, im Auftrag der Maximilian-Gesellschaft Herausgeber dieser nur noch als Vierteljahresschrift in zwangloser Folge erscheinenden Zeitschrift.

Unter Herbert Reichner - er verfasste 1924 das grundlegende Werk "Das deutsche Buch als Kunstwerk"; Zeittafeln zu seiner Geschichte von 1880 - 1923 - erhielt diese Zeitschrift ein ausgesprochen bibliophiles Gepräge, wovon die vielen wertvollen Sonderbeilagen und reizvollen Sonderdrucke, die der Zeitschrift beigeheftet waren, Zeugnis ablegen (vergleiche dazu etwa 2. Jahrgang, Heft 7, 1929, Stefan Zweig: "Dank an die Bücher"; 8. Jahrgang, Heft 7, 1935, Alexander Lernet-Holenia: "Olympische Hymnen" oder etwa das Sonderheft 8. Jahrgang, Heft 10, 1936, Rainer Maria Rilke: "Dem Gedenken des Dichters zu seinem 60. Geburtstag", usw.).

Dieses spezifische Interesse Herbert Reichners an Autographen und am Bibliophilen ganz allgemein hat ihn mit Stefan Zweig zusammengeführt, der in dieser Zeit seinen geliebten "Insel-Verlag" allein durch die Tatsache, dass er Jude war, verloren hatte. Zweig, dessen hohe Auflageziffern von seinem grossen Erfolg zeugten, verband sich mit Reichner, dem am 2.2.1929 die Verlagskonzession erteilt wurde. Das Ziel dieses Verlages war es, mit besonders sorgfältigen Publikationen aus der Welt der Literatur und der Musik aufzuwarten. Im Jahre 1935 debütierte der Verlag mit Bruno Walters Werk: "Von den magischen Kräften der Musik". Darauf, 1936, edierte Reichner den Erfolgsroman James Hiltons "Lebwohl, alter Chips"; René Fülöp-Millers Roman "Katzenmusik"; die formkonservativen Gedichte und Szenen Alexander Lernet-Holenias "Die goldene Horde", denen später die Erzählung "Der Herr von Paris" sowie der Roman "Die Auferstehung des Maltravers" folgten, und endlich den avantgardistischen Roman Elias Canettis "Die Blendung". Im selben Jahr edierte der Verlag unter anderem Hermann Brochs Essay "James Joyce und die Gegenwart", Felix Brauns "Ausgewählte Gedichte", später Hugo von Hofmannsthals "Beethoven". Es folgten Franz Molnars "Der grüne Husar", Willi Reichs "Alban Berg" und weitere Werke bekannter Autoren.

Im erfolgreichen Jahre 1936 kam es erstmals zu Spannungen zwischen Stefan Zweig, der den Verlag finanziell unterstützte, und Herbert Reichner (vergleiche: Stefan Zweig - Frederike Zweig, "Briefwechsel 1912-1942", Bern 1951, S. 303 f., 306 f.), die dazu führten, dass Zweig Reichner verbot, einen Teil der schon gesetzten Werke zu publizieren. Auch zwischen Elias Canetti und Herbert Reichner kam es zu Auseinandersetzungen, weil Reichner die von Alfred Kubin geschaffenen Graphiken zur Illustration der "Blendung" ablehnte, so dass heute nur noch die Umschlagszeichnung zur "Blendung" erhalten geblieben ist.

Im Jahre 1938 emigrierte Herbert Reichner nach den U.S.A., wo er heute in Stockbridge, Massachusetts, als Antiquar und Verleger von Bibliographien weiterarbeitet. Sein Verlag in Wien wurde am 9.10.1941 zwangsarisiert, d.h. aufgelöst.

Die Auflagehöhe der ersten Ausgabe von Elias Canettis Roman "Die Blendung" belief sich auf 2000-3000 Exemplare (mitgeteilt von Herbert Reichner und verifiziert durch Elias Canetti).

b) Verlag Willi Weismann, München

Dieser Verlag wurde 1946 von Willi Weismann senior in München gegründet. Das Ziel dieses Unternehmens war es, die Tradition der deutschen Literatur vor 1933 weiterzuführen, genau das Gegenteil dessen zu erreichen, was die Gruppe 47 für sich propagierte, nämlich keine Trümmerliteratur, sondern Kontinuität. Diese Ueberlegungen führten Weismann dazu, im Jahre 1947 eine literarische Zeitschrift "Die Fähre" zu gründen, als deren Herausgeber Hans Hennecke und Herbert Burgmüller und als deren Redaktor Herbert Schlüter zeichnete. Diese Zeitschrift wurde 1948, im 2. Jahrgang, in "Literarische Revue" umbenannt. In der "Literarischen Revue", einer Monatszeitschrift, publizierte der Verlag - dem als Lektor Rudolf Hartung vorstand, der heute die "Neue Rundschau" (S. Fischer Verlag, Frankfurt am Main) redigiert - Leseproben, Aufsätze, Essays und Kritiken von Autoren, die im kriegsversehrten Deutschland damals nahezu unbekannt oder deren Werke in der Originalversion nicht mehr erhältlich waren. In der "Literarischen Revue" oder in den Almanachen dieser Zeitschrift finden sich Beiträge deutscher und ausländischer Autoren, die heute hoch geschätzt werden. Das zeugt für das bemerkenswert sichere Gespür dieses Verlegers und seiner Mitarbeiter. Es seien hier nur einige Namen deutscher Schriftsteller und Publizisten in Erinnerung gerufen, von denen Beiträge oder Teilabdrucke aus ihren Werken in der Hauszeitschrift des Weismann Verlages veröffentlicht wurden: Stefan Andres, Werner Bergengruen, Wolfgang Borchert, Bert Brecht, Max Brod, Hermann Broch, Herbert Burgmüller, Elias Canetti, Rudolf Hagelstange, Rudolf Hartung, Hans Hennecke, Stephan Hermlin, Hans Henny Jahnn, Rudolf Leonhard, Alexander Lernet-Holenia, Thomas Mann, Heinrich Mann, Robert Musil, Albrecht Schaeffer, Fritz Usinger, Carl Zuckmayer u.a.m.

Die Zeitschrift mit ihrem repräsentativen Niveau bestand nur bis Ende 1950, denn zu diesem Zeitpunkt wurde der Verlag Willi Weismann als Opfer der deutschen Währungsreform aufgelöst. Die edierten Werke und das nur teilweise realisierte Programm, das neben bekannten Autoren auch Schriftsteller aufnahm, die sich bis heute, trotz des hohen Qualitätsniveaus ihrer Werke, nicht durchzusetzen vermochten, spricht eindeutig für das Niveau dieses Unternehmens. So gab Weismann beispielsweise schon 1947 Hermann Grabs "Stadtpark", 1948 Elias Canettis Roman

"Die Blendung", im selben Jahr die Gedichtsammlung des zu unrecht vergessenen Ernst Waldinger unter dem Titel "Musik für diese Zeit", Herbert Schlüters Roman "Nach fünf Jahren", Ernst Schönwieses Gedichtzyklus "Der siebenfarbige Bogen", Herbert Burgmüllers Roman "Die Trauminsel" und seine Erzählungen "Gang in den Herbst" heraus. Im Jahre 1949 erfolgten die Veröffentlichungen zweier Werke von Oskar Maria Graf "Bollwieser" (später unter dem Titel "Die Ehe des Herrn Bollwieser" neu ediert) und seine bekannte Satire "Das bayrische Decameron". Zu Beginn des Jahres 1950 übernahm der Weismann-Verlag die Restbestände des Pegasus-Verlags, Zürich (Gregor Müller), und veröffentlichte dessen Bücher, unter anderen Karl Kraus "Die letzten Tage der Menschheit", Martin Bubers "Dialogisches Leben" und Alexander Lernet-Holenias "Abenteuer eines jungen Herrn in Polen".

Im Jahre 1950, zur Zeit, als der Vergleich schon lief, publizierte dieser Verlag noch Teile der damals konzipierten Gesamtausgabe von Hans Henny Jahnn, so zum Beispiel sein Drama "Die Spur des dunklen Engels" (in 1000 Exemplaren), einige Essays Jahnns unter dem Titel "Ueber den Anlass" und in einem Privatdruck den epochalen Roman "Perrudja" (in 300 Exemplaren), dann den zweiten Teil seiner Romantrilogie "Die Niederschrift des Gustav Anias Horn" (in 200 Exemplaren). Im genannten Jahr wurde auch Heinrich Manns prosaepisches Werk "Liebesgeschichte" veröffentlicht.

Besondere Verdienste scheint sich Willi Weismann auch als Anreger bedeutender literarischer Werke erworben zu haben. So hat er beispielsweise Hermann Broch dazu bewegen, seine in den dreissiger Jahren veröffentlichten Erzählungen zu einem Band zusammenzufassen und eventuell, um die Kohärenz dieser Erzählungen zu erreichen, eine "Zusatznovelle zu fabrizieren" (vergleiche Hermann Broch, Gesammelte Werke, Band 8, Zürich 1957, S. 339; ebenso Durzak Manfred "Hermann Broch in Selbstzeugnissen und Bilddokumenten", Hamburg 1966, S. 147). Der Band erschien dann 1949 im Willi Weismann Verlag unter dem Titel "Die Schuldlosen" und später im Rhein-Verlag, Zürich.

Ebenso wie für Jahnn und Broch setzte sich Weismann für die Werke Elias Canettis ein. Neben der "Blendung" druckte er 1950 dann 2000 Exemplare der "Komödie der Eitelkeit", die aber wegen des Konkurses des Verlags an die Sortimenter nicht mehr ausgeliefert werden konnte. Die geplante Edition des Dramas "Hochzeit" wurde durch den Bankrott ebenfalls verunmöglicht.

Heute betreibt Willi Weismann einen erfolgreichen Kinder-Bücher Verlag unter der Bezeichnung "Parabel Verlag, München".

Die zweite deutsche Ausgabe der "Blendung" im Weismann Verlag, München, erreichte folgende Auflageziffern:

1. Auflage 1948: 5000 Exemplare
2. Auflage 1949: 5000 Exemplare, von denen ein guter Teil des schlechten Absatzes wegen verramscht werden musste. Die Umschlagzeichnung dieser Ausgabe, die auf Holzpapier gedruckt wurde und die Zulassungsnummer US-E-157 trägt, führte Walter Klose aus.

Die Auflage der "Komödie der Eitelkeit" wurde in 2000 Exemplaren gedruckt, kam aber nur noch teilweise zur Auslieferung.

c) Verlag Carl Hanser, München

Im Jahre 1928 gründete Dr. Carl Hanser in München seinen Verlag, dessen Interesse im gleichen Masse der belletristischen wie auch den fachwissenschaftlichen Publikationen gilt. Der Verlag debütierte mit einer technischen Zeitschrift sowie mit dem philosophischen Roman Fedor Stepuns "Die Liebe des Nikolai Perelegin".

Nach 1933 stellte Hanser die belletristische Produktion ein, um keine Zugeständnisse an den Geist der Diktatur machen zu müssen, und edierte nur noch unpolitische Zeitschriften und technische Bücher.

Ab 1946 baute Hanser seinen Verlag sukzessive weiter aus und spezialisierte sich einerseits auf sorgfältige Klassikereditionen, für die er kompetente Herausgeber verpflichtete, andererseits verlegte er viele osteuropäische Autoren, die sich dank seiner Ausgaben im deutschen Sprachgebiet einen Platz erobern konnten.

Im Jahre 1954 gründete der Verlag die Zeitschrift "Akzente", deren Herausgeber Walter Höllerer (bis 1968) und Hans Bender waren. Diese Zeitschrift und das Verlagsprogramm haben wesentlich zur Förderung der modernen Weltliteratur im deutschen Sprachbereich beigetragen.

Mit der Reihe "prosa viva", die sich besonders der Pflege der modernen Kurzprosa widmet, wurde 1963 begonnen, und 1967 eröffnete der Verlag mit der "Reihe Hanser" eine Buchfolge, die sowohl Politisches als auch moderne Kleinprosa umfasst.

Seit der Hanser Verlag das Werk Elias Canetti betreut, wächst sein Ansehen auch im deutschen Sprachraum stetig. Davon zeugt die untenstehende Liste der Auflagen seines Werks.

1963: 1. Auflage der "Blendung":   3000 Exemplare in Leinen
                                       2000 Exemplare Broschur
     2. Auflage der "Blendung":   2500 Exemplare in Leinen
                                         2000 Exemplare Broschur
     (Im Oktober 1965 erschien die "Blendung" in der Fischerbücherei (Nr. 696/697) in 47'000 Exemplaren.)

1964: Dramen in Einzelausgaben je 3500 Exemplare
     Dramen in einem Band   1500 Exemplare
     (1966: Dramen in einem Band, 5000 Exemplare für den "Modernen Buchclub", Darmstadt.)

1965: "Aufzeichnungen 1942-1948": 2000 Exemplare in Leinen
                                      1000 Exemplare Broschur
     (Im Frühjahr 1969 erschienen die "Aufzeichnungen 1942-1948" im Deutschen Taschenbuchverlag (dtv) in 20'000 Exemplaren.)

     "Das Tagebuch und der moderne Autor", Band Hanser "prosa viva", Nr. 20: 5000 Exemplare.

1967: "Die Stimmen von Marrakesch", "Reihe Hanser", Nr. 1

1. Auflage: 5000 Exemplare
2. Auflage: 3000 Exemplare

2. VEROEFFENTLICHUNGEN ELIAS CANETTIS

a)   Ve r ö f f e n t l i c h u n g e n   i n   B u c h f o r m

Die Blendung (Roman), Wien, Leipzig, Zürich (Herbert Reichner Verlag), 1936.

Die Blendung (Roman), München (Willi Weismann Verlag), 1948.

Komödie der Eitelkeit (Drama), Frankfurt am Main (S. Fischer Verlag), 1950.

Fritz Wotruba, Wien (Brüder Rosenbaum Verlag), 1955.

Masse und Macht (Essay), Hamburg (Claassen Verlag), 1960.

Welt im Kopf (Auswahl aus dem Werk), eingeleitet und ausgewählt von Erich Fried, Graz und Wien (Stiasny Verlag), 1962.

Die Blendung (Roman), München (Carl Hanser Verlag), 1963.

Dramen (Sammelband: Hochzeit, Komödie der Eitelkeit, Die Befristeten), München (Carl Hanser Verlag), 1964.

Hochzeit (Drama), München (Carl Hanser Verlag), 1964.

Komödie der Eitelkeit (Drama), München (Carl Hanser Verlag), 1964.

Die Befristeten (Drama), München (Carl Hanser Verlag), 1964.

Die Blendung (Roman), Frankfurt am Main (S. Fischer Verlag), 1965.

Aufzeichnungen 1942-1948, München (Carl Hanser Verlag), 1965.

Die Stimmen von Marrakesch (Aufzeichnungen nach einer Reise), München (Carl Hanser Verlag), 1967.

Aufzeichnungen 1942-1948, München (Deutscher Taschenbuchverlag), 1969.

b)   B e i t r ä g e   i n   A n t h o l o g i e n

Dialog mit dem grausamen Partner, in: Das Tagebuch und der moderne Autor, herausgegeben von Uwe Schultz, München (Carl Hanser Verlag), 1965, S. 49-70.

Warum ich nicht wie Karl Kraus schreibe, in: Fünfzehn Autoren suchen sich selbst, herausgegeben von Uwe Schultz, München (List Verlag), 1967, 128-139.

c) Beiträge in Zeitschriften

Realismus und neue Wirklichkeit (Auszug aus dem Referat für die internationale Tagung über Probleme des modernen Romans, veranstaltet von der Oesterreichischen Gesellschaft für Literatur), in: Neue Rundschau, Frankfurt am Main (S. Fischer Verlag) 1966, Erstes Heft, S. 87-91.

Warum ich nicht wie Karl Kraus schreibe, in: Wort in der Zeit, Graz, Wien (Stiasny Verlag), 1966, Heft 1, S. 41-47.

Aus den Aufzeichnungen 1957, in: Literatur und Kritik, Salzburg (Otto Müller Verlag), 1966, Heft 7, Oktober, S. 1-11.

Besuch in der Mellah, in: Neue Rundschau, Frankfurt am Main (S. Fischer Verlag), 1967, Drittes Heft, S. 433-441.

Macht und Ueberleben, in: Neues Forum, Wien (Schriften zur Zeit), 1968, Heft 169-170, Januar-Februar, S. 85-91.

Unsichtbarer Kristall (aus der Rede anlässlich der Verleihung des Grossen Oesterreichischen Staatspreises am 25. Januar 1968), in: Literatur und Kritik, Salzburg (Otto Müller Verlag), 1968, Heft 22, März, S. 65-67.

Der andere Prozess, Kafkas Briefe an Felice, in: Neue Rundschau, Frankfurt am Main (S. Fischer Verlag), 1968, Zweites Heft, S. 185-220 (1. Teil).
Der andere Prozess, Kafkas Briefe an Felice, in: Neue Rundschau, Frankfurt am Main (S. Fischer Verlag), 1968, Viertes Heft, S. 586-623 (2. Teil).

Die Frau am Gitter, in: Literatur und Kritik, Salzburg (Otto Müller Verlag), 1968, Doppelheft 26-27, Juli-August, S. 343-346.

d) Rundfunk- und Fernsehsendungen, Schallplatten

Elias Canetti liest: Der gute Vater (aus: Die Blendung), Begegnungen mit Kamelen, der Unsichtbare (aus: Marokkanische Erinnerungen), Deutsche Grammophon Gesellschaft, Nr. 168 086, Frühjahr 1967.

Gespräch Dr. Elias Canetti - Heinz Klaus Metzger, Radio DRS, II. Programm, Studio Zürich, 22. Dezember 1967.

Das Porträt: Elias Canetti, Deutschschweizerisches Fernsehen, 11. Juli 1968.

Interview Dr. Elias Canetti - Dr. Friedrich Witz, Radio DRS, II. Programm,

Studio Zürich, 23. August 1968.

e) S o n s t i g e s

Borges, Bulatovic, Canetti: Drei Gespräche mit Horst Bieneck, (Interview), München (Carl Hanser Verlag), 1965.

f) U e b e r s e t z u n g e n   d e r   " B l e n d u n g "

In Englisch: Auto da Fé, London (Jonathan Cape), 1946.

In Amerikanisch: The Tower of Babel, New York (Sein & Day), 1947.

In Französisch: La Tour de Babel, Paris (Arthaud), 1949.

In Polnisch: Auto da fe, Warschau (Czytelnik), 1966.

In Italienisch: Auto da fe, Mailand (Garzanti), 1967.

In Holländisch: Het Martyrium, Amsterdam (Polak en van Gennep), 1967.

g) U e b e r s e t z u n g s a r b e i t e n

Sinclair Upton: Das Geld schreibt, Eine Studien über die amerikanische Literatur, übersetzt von Elias Canetti, Berlin (Malik-Verlag), 1930.

Sinclair Upton: Leidweg der Liebe, Roman, übersetzt von Elias Canetti, Berlin (Malik-Verlag), 1930.

Sinclair Upton: Alkohol, Roman, übersetzt von Elias Canetti, Berlin (Malik-Verlag), 1932.

3. VEROEFFENTLICHUNGEN UEBER ELIAS CANETTI

1935
Frischauer Paul: Der Roman eines jungen Wieners, Neue freie Presse, Wien 1.12.1935.

1936
Hesse Hermann: Erzählende Literatur, Die Blendung von Elias Canetti, Neue Zürcher Zeitung, Nr. 56, Zürich 12.1.1936.

Mann Thomas, Fülöp-Miller René, Hesse Hermann: Sammlung erster Presse-Stimmen zur "Blendung" im Verlagsprospekt Reichner Wien, in Philobiblon, IX. Jahr, Heft 2, Wien, April 1936.

Sammlung erster Presse-Stimmen zur "Blendung" im Verlagsprospekt Rechner Wien, aus Frankfurter Zeitung, Frankfurt am Main; Neue freie Presse, Wien; Basler Nachrichten, Basel; Tagesbote, Brünn; Prager Presse, Prag; Das Silberboot, Wien; Tagespost, Graz; Pester Lloyd, Budapest; Nieuwe Rotterdamsche Courant, Rotterdam; in Philobiblon, IX. Jahr, Heft 2, Wien, April 1936.

Haselberg Peter von: Ein Romanexperiment, Frankfurter Zeitung, Nr. 15, Frankfurt am Main 12.4.1936.

Seelig Carl: Elias Canetti, Die Blendung, National-Zeitung, Basel 16.4.1936.

1937
Interview mit Elias Canetti: Leergegessene Bonbonnieren - Das Reich der Schatten - Die akustische Maske, Sonntag, Wien, 19.4.1937.

1948
Hartung Rudolf: Fabel und Gestalt, Sonderdruck der Literarische Revue, Weismann-Verlag, München 1948.

1949
Elias Canettis Blendung, Bouquiniste Katalog 9, Kiel 10.2.1949.

Westphal Gert: Neues vom Büchermarkt, Elias Canettis Blendung, Radio Bremen, Bremen 2.3.1949.

Elias Canettis Blendung, Rheinischer Merkur, Koblenz 5.3.1949.

Fehse Willi: Für mutige Leser, Hessische Nachrichten, Nr. 71, Kassel 25.3. 1949.

m.b.: Die unfreiwillige Monade, Die Gegenwart, Freiburg im Breisgau 1.4.1949.

jab.: Bisschen sehr verrückt, Elias Canetti, Die Blendung, Neues Tagblatt, Nr. 41, Oldenburg 7.4.1949.

R.K.: Elias Canetti, Die Blendung, Frankfurter Neue Presse, Nr. 88, Frankfurt am Main 14.4.1949

Friedrich Heinz: Der Mensch, der Geist und die Geschichte, Elias Canetti, Die Blendung, Hessischer Rundfunk 28.6.1949.

W.L.: Deutsche Romane, Elias Canetti, Die Blendung, Hamburger Akademische Rundschau, Nr. 7, Hamburg Juli 1949.

Milch Werner: Bücherschau, Pionierromane, Manuskript zur Sendung im Südwestfunk, Baden-Baden 4.7.1949.

Thiel H.O.: Elias Canettis Blendung, Mitteilungsblatt der Staatlichen Volksbücherei, Nürnberg 11.7.1949.

Elias Canettis Blendung, Der Schlüssel, Nr. 31, Frankenthal 31.7.1949.

Bücher die enttäuschen, Elias Canetti, Die Blendung, Nürnberger Nachrichten, Nr. 110, Nürnberg 17.9.1949.

Elias Canettis Blendung, Rhein-Echo, Nr. 125, Düsseldorf 27.9.1949.

Wien Werner: Elias Canetti, Die Blendung, Die Muschel, 1.10.1949.

Elias Canettis Blendung, Sonntag, Berlin 6.11.1949.

Elias Canettis Blendung, Badische Illustrierte, Freiburg im Breisgau, 22.11.1949.

Cl.M.: Die Blendung, Deutsche Zeitung, Stuttgart 26.11.1949.

Cl.M.: Die Blendung, Literatur-Rundschau, Deutsche Zeitung und Wirtschaftszeitung, Jahrgang 4, Nr. 95, 26.11.1949.

Fehse Willi: Die Blendung von Elias Canetti, Wiesbadener Kurier, Wiesbaden 22.12.1949.

1950
Haala Erika: Elias Canetti, Die Blendung, Buch und Bücherei, Nr. 6, Wien 1950.

Rüdiger Horst: Elias Canettis Blendung, Wiener Literatur Echo, Wien 1950.

Alexandre Alexandre: Elias Canetti, Die Blendung auch auf französisch, Jüdisches Wochenblatt, Nr. 40, Düsseldorf 13.1.1950.

Mr.: Ein eigenwilliges Buch, Hamburger Freie Presse, Hamburg 14.2.1950.

Elias Canetti, Komödie der Eitelkeit, Die Zeit, Hamburg 2.11.1950.

F.R.: Elias Canettis Komödie der Eitelkeit, Neue Zeitung, München 12.11.1950.

1951
Ferber Christian: Keine Angst vor Canetti, Frankfurter Hefte, Nr. 1, Frankfurt am Main 1951.

gz.: Elias Canettis Komödie der Eitelkeit, Norddeutsche Zeitung, Hannover 17.2.1951.

1954

Daiber Hans: Elias Canettis Blendung, Manuskript zur Sendung im Süddeutschen Rundfunk, Stuttgart 21.1.1954.

1957

Daiber Hans: Elias Canetti, Wort in der Zeit, 3. Jahrgang, Heft 7, Graz 1957.

1963

a.: Der Mensch, Dämonen und Gott, Die Barke, Heft 4, Frankfurt am Main 1963.

Kramberg K.H.: Elias Canettis Blendung, Das kleine Buch der 100 Bücher, II. Jahrgang, München 1963.

Elias Canettis Blendung, Bücherschiff, Kronberg 1963.

Elias Canettis Blendung, Herrenjournal, Nr. 11, Berlin 1963.

Elias Canettis Blendung, Die Welt der Bücher, Herder-Korrespondenz, Nr. 10, Freiburg im Breisgau 1963.

Böhm Gotthard: In Wien von legendärer Unbekanntheit, Elias Canetti zählt in der westlichen Welt zu den ganz Grossen, Die Presse, Wien 28.2.1963.

Rohde Hedwig: Elias Canettis Blendung, Die Bücherkommentare, Nr. 3, Berlin März 1963.

gob: Wien hat Canetti wieder, Eindrucksvolle Lesung aus den Befristeten und der Blendung, Die Presse, Wien 3.3.1963.

R.Z.: Canetti, Unmenschen auf der Spur, Neues Oesterreich, Wien 3.3.1963.

RUK: Aus dem Lehrbuch des Todes, Zur Lesung Elias Canettis in der Gesellschaft für Literatur, Kurier, Wien 6.3.1963.

Kramberg K.H.: Aus kommenden Büchern, Der gute Vater, Das Schönste, Heft 4, IX. Jahrgang, München April 1963.

Nähbauer H.F.: Canetti kehrt wieder, Abendzeitung, Nr. 137, München 9.6.1963.

Elias Canettis Blendung, Cosmopress, Literarischer Kurier, Genf 4.7.1963.

Grözinger Wolfgang: Der Roman der Gegenwart, Alternativen der Gestaltung, Hochland, 55. Jahrgang, Heft 6, München August 1963.

Jenny Urs: Ein Menetekel der ewigen Dummheit, Du ("Das Wort", Literarische Beilage), Zürich August 1963.

Kraus Wolfgang: Eine Folge lukullisch kultivierter Henkersmahlzeiten: Elias Canetti, Die Blendung, Generalanzeiger für Bonn und Umgebung, Nr. 22'406, Bonn 2.8.1963.

Enzensberger H.M.: Elias Canetti, Die Blendung, Der Spiegel, Nr. 32, 17. Jahrgang, Hamburg 7.8.1963.

Spilberg Georg: Ein Roman wurde wiederentdeckt, Die Blendung hat Elias Canetti in Wien geschrieben, Kien = Kein wurde zur zeitlosen Gestalt, Oesterreichische Nachrichten, Nr. 185, Linz 10.8.1963.

Halperin Josef: Hirngespinst, Die Weltwoche, Nr. 1553, Zürich 11.8.1963.

Kraus Wolfgang: Eine bedeutende Wiederentdeckung, Elias Canettis Blendung, Die Presse, Wien 11.8.1963.

Wiederentdeckung eines Romans, Elias Canettis Blendung, Allgemeine Zeitung für Mannheim und die Kurpfalz, Mannheim 11.8.1963.

Elias Canettis Blendung, Deutsche Zeitung, Nr. 188, Köln 16.8.1963.

Ziersch Roland: Alptraum zwischen 25000 Büchern, Elias Canettis Blendung, Münchner Merkur, München 18.8.1963.

-el.: Furios in grellen Farben: Elias Canettis Blendung, Wiesbadener Tagblatt, Nr. 192, Wiesbaden 21.8.1963.

Neu auf dem Büchertisch: Elias Canettis Blendung, Osnabrücker Tagblatt, Nr. 23095, Osnabrück 23.8.1963.

Eines der grossen Werke unserer Zeit, Die Blendung, Norddeutsche Nachrichten, Nr. 34, Hamburg 23.8.1963.

Kühne Gespräche in der Pfandleihanstalt, von Elias Canetti, General-Anzeiger für Bonn und Umgebung, Nr. 22424, Bonn 23.8.1963.

Blöcker Günter: Die Masse in uns selbst, Frankfurter Allgemeine Zeitung, Frankfurt am Main 24.8.1963.

Fink Humbert: Elias Canettis Blendung, Manuskript zur Radiosendung im Bayrischen Rundfunk, München 24.8.1963.

Pollak Kurt: Die Blendung von Elias Canetti, Reutlinger General-Anzeiger, Reutlingen 30.8.1963.

hlg.: Flamme und Frost, Zwei Dokumente der Existenzkrise, Evangelischer Literaturbeobachter, 51. Folge, München September 1963.

Kraus Wolfgang: Einer legt Feuer an seine Bibliothek. Die Blendung, ein österreichisches Endspiel, Kölner Stadtanzeiger, Nr. 201, Köln 1.9.1963.

Daiber Hans: Neues vom Büchermarkt, Elias Canettis Blendung, Manuskript zur Sendung im Radio Bremen, 3.9.1963.

Mühlberger Josef: Nichts anderes als eine Komödie, Neue Württembergische Zeitung, Göppingen 4.9.1963.

Hartung Rudolf: Bücher im Gespräch: Elias Canetti, Die Blendung, Manuskript zur Sendung im Deutschlandfunk, 5.9.1963.

Ferber Christian: Comeback nach 30 Jahren, Hochgeschätzt von Thomas Mann: Elias Canettis Roman Die Blendung ist wieder da, Welt am Sonntag, Nr. 36, Hamburg 8.9.1963.

Hartung Rudolf: Elias Canetti, Die Blendung, Manuskript zur Sendung im Deutschlandfunk, 8.9.1963.

Elias Canetti, Die Blendung, Die Freiheit, Ramat-Gan (Israel) 12.9.1963.

Scheidt W.: Elias Canettis Blendung. Tarnkappenkrieg einbahniger Geister, Die Freiheit, Mainz 13.9.1963.

Helwig Werner: Kompendium der schlechten Laune, Elias Canetti, Die Blendung, St. Galler Tagblatt, Nr. 432, St. Gallen 15.9.1963.

Wiederentdeckung eines Romans, Express, Wien 15.9.1963.

Elias Canetti, Die Blendung, Offenbacher Post, Offenbach 20.9.1963.

Helwig Werner: Misslauniges Leben eines Universalisten, Elias Canetti, Die Blendung, Rheinische Post, Düsseldorf 21.9.1963.

Mühlberger Josef: Nichts anderes als nur Komödie, Esslinger Zeitung, Esslingen 28.9.1963.

Daiber Hans: Ein Buch und eine Meinung, Die Blendung von Elias Canetti, Manuskript zur Sendung im Süddeutschen Rundfunk, 29.9.1963.

W.H.: Elias Canetti, Die Blendung, Salzburger Volksblatt, Salzburg 29.9.1963.

Paul Wolfgang: Zum dritten: Die Blendung, Könische Rundschau, Rundschau am Sonntag, Nr. 225, Köln/Bonn 29.9.1963.

Cn: Im Gespräch: Elias Canetti, Die Blendung, Konkret, Nr. 10, Hamburg Oktober 1963.

Kramberg K. H.: Für Sie gelesen, Elias Canettis Blendung, Stuttgarter Leben, Heft 10, Stuttgart Oktober 1963.

Kraus Wolfgang: Bedeutende Wiederentdeckung, National-Zeitung, Basel 5.10. 1963.

Haslinger Adolf: Der Don Quichote der Bücher, Gedanken zur dritten Ausgabe von Elias Canettis Blendung, Salzburger Nachrichten, Salzburg 6.10.1963.

Helwig Werner: Der Hausdrache oder die Macht in ihrer Trivialgestalt, Elias Canetti, Die Blendung, Der Tagesspiegel, Berlin 6.10.1963.

Fink Humbert: In diesem Gehirn siedelt die Epoche, Elias Canetti, Die Blendung, Deutsche Zeitung, Köln 9.10.1963.

Kraus Wolfgang: Eine bedeutende Wiederentdeckung, Elias Canettis Roman Die Blendung, Hannoversche Allgemeine, Nr. 251, Hannover 13.10.1963.

Sante David: Welt im Kopf - Kopf ohne Welt, Christ und Welt, Stuttgart 18.10. 1963.

Kraus Wolfgang: Eine bedeutende Wiederentdeckung, Tages-Anzeiger, Zürich 19.10.1963.

Kramberg K. H.: Die verbrannte Bibliothek, Elias Canettis Blendung, Süddeutsche Zeitung, München 20.10.1963.

Daiber Hans: Buch-Kritik, Die Blendung von Elias Canetti, Manuskript zur Sendung im Westdeutschen Rundfunk, 28.10.1963.

Ein grosser Roman wiederentdeckt, Herner Zeitung, Herne 31.10.1963.

Gehmacher E.: Metaphysische Morität, Die Zukunft, Heft 22, Wien November 1963.

Busch Günther: Das Buch der Woche, Elias Canettis Blendung, Roman, Manuskript zur Sendung im Südwestfunk, Baden-Baden 3.11.1963.

E.G.: Nestroy und Kafka, Elias Canettis Roman, Die Blendung, Arbeiter Zeitung, Wien 3.11.1963.

Neumann H. J.: Späte Entdeckung und frohe Bestätigung, Hamburger Abendblatt, Nr. 260, Hamburg 7.11.1963.

dr.: Start mit stillem Ruhm, Elias Canetti, Berliner Morgenpost, Nr. 260, Berlin 7.11.1963.

Brandt Ingeborg: Stendhal war meine Bibel, Welt am Sonntag, Hamburg 8.11.1963.

Wallmann J.P.: Elias Canetti, Die Blendung, Die Tat, Zürich 8.11.1963.

Zihlmann Max: Entdeckung eines Meisterwerks, Zürcher Woche, Nr. 45, Zürich 8.11.1963.

Hartung Rudolf: Ein Buch meiner Wahl, Elias Canetti, Die Blendung, Manuskript zur Sendung im Norddeutschen Rundfunk, 10.11.1963.

Eigenbrodt K.-W.: Der merkwürdige Doktor Kien, Allgemeine Zeitung, Nr. 261, Mainz 10.11.1963.

Elias Canetti, Einst Frankfurter Schüler, jetzt weltbekannter Autor, Frankfurter Allgemeine Zeitung, Frankfurt am Main 11.11.1963.

VM: Blendung im Cantate Saal, Frankfurter Neue Presse, Frankfurt am Main 13.11.1963.

EMD: Elias Canetti, Ein Leseabend in Frankfurt, Frankfurter Allgemeine Zeitung, Frankfurt am Main 15.11.1963.

Elias Canetti, Die Blendung, Deutsche Tagespost, Würzburg 15.11.1963.

Elias Canetti, Die Blendung, Wiener Wochenendausgabe, Wien 15.11.1963.

Hartung Rudolf: Die Lebensfeindschaft eines Geistes, zur Neuauflage von Elias Canettis Roman "Die Blendung", Die Zeit, Hamburg 22.11.1963.

Baecker Sigurd: Der Welt nicht gewachsen, Westdeutsche Allgemeine Zeitung, Essen 23.11.1963.

Pablé Elisabeth: Elias Canetti, Die Blendung, Bücher für den Weihnachtstisch, Manuskript zur Radiosendung im Oesterreichischen Rundfunk, I. Programm, Klagenfurt 25.11.1963.

th.: Elias Canetti, Die Blendung, Mannheimer Morgen, Mannheim 27.11.1963.

Michelsen H.D.: Tragödie des absoluten Geistes, Wiederentdeckung des grossen Romans "Die Blendung", von Elias Canetti, Norddeutsche Rundschau, Itzehoe 29.11.1963.

gd.: Glanz und Elend des Menschen, Elias Canetti, Die Blendung, Giessener Freie Presse, Giessen 30.11.1963.

Winkler Gerhard: Elias Canetti, Die Blendung, Roman, Die Zeit im Buch, Wien November-Dezember 1963.

Rathei Rudolf: Elias Canetti, Die Blendung, Neue Wege, Nr. 190/191, Wien Dezember 1963.

Wallmann J.P.: Zeitkritik im Roman, Elias Canetti, Die Blendung, Deutsche Rundschau, Nr. 12/89, Stuttgart Dezember 1963.

Elias Canetti, Die Blendung, Neue Welt, Wien Dezember 1963.

Kraus Wolfgang: Eine bedeutende Wiederentdeckung, Neueste Badische Nachrichten, Karlsruhe 2.12.1963.

Kramberg K.H.: Ins unreine geschrieben, Elias Canetti, Die Blendung, Kölner Stadtanzeiger, Köln 3.12.1963.

Kraus Wolfgang: Elias Canettis Roman "Die Blendung", Eine bedeutende Wiederentdeckung, Wiesbadener Kurier, Wiesbaden 5.12.1963.

Abers Heinz: Die Welt im Kopfe Kiens, Canettis Blendung / Umwege eines Romans, Hamburger Abendblatt, Hamburg 6.12.1963.

H.M.: Canetti: Nur in Deutsch, Der Roman des bulgarischen Autors "Die Blendung" in einer deutschen Neuausgabe, Kurier, Weekend-Kurier, Wien 7.12.1963.

schü-: Die Welt im Kopf, Elias Canetti, Die Blendung, Roman, Allgemeine Zeiturg der Juden in Deutschland, Düsseldorf 13.12.1963.

eu.: Nicht nur zur Unterhaltung, Main Echo, Aschaffenburg 14.12.1963.

Newole Karl: Der geblendete Intellekt, Elias Canettis Blendung, Die Neue Zeit, Klagenfurt 15.12.1963.

Koller Christine: Von Büchern und Schriftstellern, Elias Canettis Blendung, Manuskript zur Sendung im RIAS, Berlin 17.12.1963.

Vogel Wolfgang: Elias Canetti, Die Blendung, Pandaimonium des Irrsinns, Express Internationes, Nr. 5, Frankfurt am Main 18.12.1963.

Kraus Wolfgang: Peter Kien, der Geblendete, Wiederentdeckung eines bedeutenden Romans, Saarbrücker Zeitung, Saarbrücken 22.12.1963.

Wallmann J.P.: Erbitterte Grossartigkeit, Elias Canetti, Die Blendung, Echo der Zeit, Recklinghausen 24.12.1963.

Kraus Wolfgang: Eine bedeutende literarische Wiederentdeckung, Dichterische Vorahnung der Ereignisse von 1933 und 1938, Elias Canetti, Die Blendung, Düsseldorfer Nachrichten, Düsseldorf 28.12.1963.

Nyszkiewicz Heinz: Elias Canetti, Die Blendung, Roman, Mitteilungen des deutschen Germanisten-Verbandes, Nr. 4, Königstein 1963-1964.

Elias Canetti, Die Blendung, Literarischer Ratgeber, München 1963-1964.

1964

Hermanns Irmgard: Elias Canetti, Die Blendung, Roman, Bücherei und Bildung, Heft 1, 1964, Reutlingen 1964.

Mühlberger Josef: Welt ohne Kopf - Kopf ohne Welt, Elias Canettis Roman Die Blendung, Welt und Wort, München 1964.

Elias Canetti, Die Blendung, Thurgauer Volksfreund, Kreuzlingen 3.1.1964.

S.L.: Elias Canetti, Die Blendung, Die Woche, Nr. 3, Olten 15.1.1964.

W.F.: Die Blendung, Der Bund, Nr. 23, Bern 17.1.1964.

Daiber Hans: Elias Canetti, Die Blendung, Neue Deutsche Hefte, Nr. 97, Gütersloh, Januar-Februar 1964.

Habermeier Klaus: Konstruktion des Abstrakten, Elias Canetti, Die Blendung, Diskus, Frankfurt am Main, Februar 1964.

Mudrich Heinz: Elias Canettis Blendung, Manuskript zur Sendung im Saarländischen Rundfunk, Saarbrücken 21.2.1964.

Das Werk Elias Canettis, Der Rundblick, Nr. 9, Wien 27.2.1964.

Bonhage H.J.: Ein Kopf ohne Welt - Welt im Kopf, Elias Canetti, Die Blendung, Westermanns Monatshefte, Nr. 3, Braunschweig März 1964.

Reuter Wolfgang: Verblendung eines Gelehrten Individualisten, Elias Canetti, Die Blendung, Europäische Begegnung, Heft 3, Hannover März 1964.

Elias Canetti, Die Blendung, Neuer Bücherdienst, Heft 1, Wien März 1964.

sf.: Erzähler aus dem alten Oesterreich, Canettis Roman Die Blendung, Bayrische Staatszeitung, München 6.3.1964.

Gebauer Kurt: Elias Canettis Blendung, Roman, Neue Volksbildung, Heft 4, Wien April 1964.

Michel Karl Markus: Der Intellektuelle und die Masse, Zu zwei Büchern von Elias Canetti, Neue Rundschau, Zweites Heft, Frankfurt am Main April 1964.

Kraus Wolfgang: Eine bedeutende Wiederentdeckung, Elias Canettis Blendung,

Manuskript zur Sendung im Oesterreichischen Rundfunk, Salzburg 18.4.1964.

Glaser Martha: Isolation, Elias Canetti, Die Blendung, Die neue Furche / Zeitwende, Hamburg Mai 1964.

Schickel Joachim: Canettis Verwandlungen, Romancier, Essayist, Dramatiker, Der Monat, Berlin Mai 1964.

Elias Canetti, Sind Sie eitel, mein Herr?, Schwäbische Donauzeitung, Ulm 9.5. 1964.

Richter Siegbert: Ein absoluter Roman, Elias Canetti, Die Blendung, Kieler Morgenzeitung, Nr. 124, Kiel 30.5.1964.

Stadlmann Franz: Elias Canetti und sein Roman Blendung, Wiener Bücherbriefe, Heft 6, Wien Juni 1964.

Geblendet sind wir alle, Elias Canettis Blendung, Politica, Nr. 2, Münster 2.6. 1964.

Hartl Edwin: Bücherecke: Canettis Dramen, Manuskript zur Sendung im Oesterreichischen Rundfunk, Graz 28.9.1964.

h.h.h.: Satire und Utopie, Elias Canettis Dramen, Die Zukunft, Heft 20, Wien Oktober 1964.

Engerth Rüdiger: Canettis Entlarvung der menschlichen Abgründe, Elias Canettis Dramen, Neues Oesterreich, Wien 10.10.1964.

Hartl Edwin: Ist Canetti nicht genug absurd? Zur Dramenausgabe des Exilösterreichers. Salzburger Nachrichten, Salzburg 10.10.1964.

Pablé Elisabeth: Kärntner Bücherecke: Elias Canettis Dramen, Manuskript zur Sendung im Oesterreichischen Rundfunk, Klagenfurt 26.10.1964.

Riemerschmid Werner: Canettis Dramen, Manuskript zur Sendung im Oesterreichischen Rundfunk, Wien 23.11.1964.

Geiger Hannsludwig: Wege zum Drama, Evangelischer Literaturanzeiger, 56. Folge, Dezember 1964.

Bachmann Claus-Henning: Katastrophe, Massenwahn und Tabu, Zu den Dramen von Elias Canetti, Wort in der Zeit, Nr. 12, Graz Dezember 1964.

Sartorius Gottfried: Elias Canettis Dramen, Evangelischer Literaturbeobachter, München Dezember 1964.

Bücher zur Zeit: Elias Canetti, Libreria International S.A., Mexico-City, Dezember 1964.

K.H.K.: Canettis Theaterstücke, Süddeutsche Zeitung, München 9.12.1964.

Von Büchern geblendet, Elias Canetti, Die Blendung, Weser Kurier, Bremen 18.12.1964.

1965
Daiber Hans: Ein Buch und eine Meinung: Ueber die Dramen von Elias Canetti, Manuskript zur Sendung im Süddeutschen Rundfunk, 31.1.1965.

Elias Canettis Dramen, Wiener Wochenausgabe, 31.1.1965.

Bachmann Claus-Henning: Staatstheater Braunschweig, Komödie der Eitelkeit, Theaterheft Nr. 23, Braunschweig Februar 1965.

Staatstheater Braunschweig: vor einer Uraufführung, Braunschweiger Zeitung, Braunschweig, 5.2.1965.

Schlüter Wolfgang: Beklemmender Blick auf Spiegelbilder, Grandios inszenierte Uraufführung im Staatstheater; Komödie der Eitelkeit, Braunschweiger Presse, Braunschweig 8.2.1965.

Schlüter Wolfgang: Fotografieren und Spiegel verboten, Uraufführung in Braunschweig: Komödie der Eitelkeit, Hannoversche Presse, Hannover 8.2.1965.

Dannenberg Peter: Ein Jahrmarkt der Eitelkeit, Zur Uraufführung eines Stückes von Elias Canetti, Kieler Morgenzeitung, Kiel 9.2.1965.

Hädecke Wolfgang: Die Masse und ihr Wahn als Titelheld, Komödie der Eitelkeit, von Elias Canetti in Braunschweig uraufgeführt, Die Welt, Hamburg 9.2.1965.

Hoffmann P.T.: Braunschweig entdeckte den Dramatiker Canetti, Der Mensch ohne sein Spiegelbild, Verblüffende Komödie der Eitelkeit, Das Publikum reagierte heftig, Hamburger Abendblatt, Hamburg 9.2.1965.

Jacobs Hermann: Buh-Rufe und lebhafter Beifall in Braunschweig, Uraufführung des Dramas Komödie der Eitelkeit von Elias Canetti, Heilbronner Stimme, Heilbronn 9.2.1965.

H.J.: Zuschauer gingen lärmend, Turbulente Uraufführung in Braunschweig, Bergdorfer Zeitung, Hamburg 9.2.1965.

Rühle Günther: Ein Skandal in Braunschweig, Uraufführung von Elias Canettis Komödie der Eitelkeit, Frankfurter Allgemeine Zeitung, Frankfurt am Main 9.2.1965.

Schneiders H. L.: Ein literarischer Bärendienst, Canettis Komödie der Eitelkeit in Braunschweig uraufgeführt, Handelsblatt, Deutsche Zeitung, Düsseldorf 9. 2. 1965.

Schulte Gerd: Die dritte Uraufführung, Canettis Komödie der Eitelkeit in Braunschweig, Hannoversche Allgemeine, Hannover 9. 2. 1965.

Berndt Hans: Komödie der Eitelkeit, Uraufführung eines Dramas von Elias Canetti in Braunschweig, Badische Neueste Nachrichten, Karlsruhe 10. 2. 1965.

Dannecker Hermann: Der Gebrauch von Spiegeln ist verboten, Canettis Komödie der Eitelkeit in Braunschweig, Schwäbische Donau-Zeitung, Ulm 10. 2. 1965.

Dannecker Hermann: In Braunschweig, Komödie der Eitelkeit, Donau-Kurier, Ingolstadt 10. 2. 1965.

Dannecker Hermann: Komödie der Eitelkeit von Elias Canetti, Beifall und Widerspruch bei der Uraufführung in Braunschweig, Badische Zeitung, Freiburg im Breisgau 10. 2. 1965.

Halperin Josef: Komödie der Eitelkeit, Neue Zürcher Zeitung, Zürich 10. 2. 1965.

Hartmann Horst: Ununterdrückbare Eitelkeit, Eine Elias Canetti Uraufführung in Braunschweig, Darmstädter Echo, Darmstadt 10. 2. 1965.

Hartmann Horst: Massenwahn auf der Bühne, Elias Canettis Komödie der Eitelkeit in Braunschweig uraufgeführt, Frankfurter Rundschau, Frankfurt am Main 10. 2. 1965.

Jacobs Hans: Komödie der Eitelkeit, Buh-Rufe und Beifall für Canettis Uraufführung, Main-Echo, Aschaffenburg 10. 2. 1965.

Jacobs Hans: Komödie der Eitelkeit, Umstrittene Uraufführung in Braunschweig, Neue Tagespost, Osnabrück 10. 2. 1965.

Jacobs Hans: Buh-Rufe in Braunschweig, Komödie der Eitelkeit, 8-Uhr Blatt, Nürnberg 10. 2. 1965.

P. D.: Ein Theaterskandal in Braunschweig, Elias Canettis Komödie der Eitelkeit wurde ausgepfiffen, Thema: Masse und Macht, Nürnberger Nachrichten, Nürnberg 10. 2. 1965.

Weise Gerhard: Theaterrevolte in Braunschweig, Uraufführung von Canettis Komödie der Eitelkeit unter Lärm und Protest, Deutsche Tagespost, Würzburg 10. 2. 1965.

Wendt Ernst: Bei der Uraufführung in Braunschweig, Gemeuchelt, Canettis Komödie der Eitelkeit, Stuttgarter Zeitung, Stuttgart 10.2.1965.

Fabian Walter: Bittere Satire auf Massenhysterie, Zur Uraufführung von Elias Canettis Komödie der Eitelkeit in Braunschweig, Die Weltwoche, Zürich 12.2.1965.

Fabian Walter: Fast ein Theaterskandal ..., Stürmische Canetti-Uraufführung in Braunschweig, National-Zeitung, Basel 12.2.1965.

P.T.H.: Elias Canettis Komödie der Eitelkeit, Christ und Welt, Stuttgart 12.2. 1965.

Wanderscheck Hermann: Bisher wagte es keiner, Abendpost, Frankfurt am Main 12.2.1965.

Wanderscheck Hermann: Schlacht um Canetti in Braunschweig, Eine heftig umstrittene Uraufführung der Komödie der Eitelkeit, Nürnberger Zeitung, Nürnberg 12.2.1965.

Tank K.L.: Braunschweig, Sonntagsblatt, Hamburg 14.2.1965.

J.A.: Theaterskandal in Braunschweig, Canettis Komödie der Eitelkeit uraufgeführt, Giessener Freie Presse, Giessen 16.2.1965.

H.D.: Canettis Komödie der Eitelkeit, Eine späte Uraufführung in Braunschweig, Süddeutsche Zeitung, München 16.2.1965.

Dannecker Hermann: Wenn alle Spiegel verboten sind, Canettis Komödie der Eitelkeit in Braunschweig uraufgeführt, Schwarwälder Tagblatt, Schramberg 17.2. 1965.

Hartmann Horst: Warnung vor dem Wahn der Masse, Zur Uraufführung eines Stükkes von Elias Canetti in Braunschweig, Allgemeine Wochenzeitung der Juden in Deutschland, Düsseldorf 19.2.1965.

W.A.K.: Elias Canetti, Die Zeit, Hamburg 19.2.1965.

Ditzen Eleonore: Das Thema, Blendung von Elias Canetti, Manuskript zur Sendung im Sender Freies Berlin, Berlin 20.2.1965.

Berndt Hans: Komödie der Eitelkeit, Eine umstrittene Canetti-Uraufführung in Braunschweig, Ueber den Missbrauch der Macht, Echo der Zeit, Recklinghausen 21.2.1965.

e.w.: Komödie der Eitelkeit, Theater Heute, Nr. 3, März 1965.

Bachmann Claus-Henning: Literarisches Echo, Manuskript zur Sendung im Oesterreichischen Rundfunk, Salzburg 8.3.1965.

Daiber Hans: Elias Canetti, Dramen, Neue Deutsche Hefte, Nr. 104, Gütersloh, März–April 1965.

Wallmann J. P.: Elias Canetti, Dramen, Die Tat, Zürich 2.4.1965.

Kraft Peter: Des Todes sterben – wie wir alle, Die Befristeten und zwei anderer unalltägliche Dramen des gelernten Österreichers Elias Canetti, Linz 3.4.1965.

Enzensberger Christian: Elias Canettis Aufzeichnungen 1942-1948, Manuskript zur Sendung im Hessischen Rundfunk, Frankfurt am Main 9.4.1965.

Blöcker Günter: Bücher im Gespräch, Elias Canetti, Aufzeichnungen 1942-1948, Manuskript zur Sendung im Deutschlandfunk, 25.4.1965.

Göd Ulf: Die Probe, Elias Canetti, Neue Wege, Wien, Mai 1965.

Blöcker Günter: Elias Canettis Gedankenplantagen, Süddeutsche Zeitung, München 2.5.1965.

W. H.: Gedanken zur Zeit, Elias Canetti, Aufzeichnungen 1942-1948, Salzburger Volksblatt, Salzburg 2.5.1965.

Fabian Rainer: Uebungen eines Verstummten, Rheinischer Merkur, Köln 14.5. 1965.

H. J.: Eitelkeit im Untergrund, Westdeutsche Allgemeine Zeitung, Essen 15.5. 1965.

Ziersch Roland: Die ganz anderen Aufzeichnungen des Elias Canetti, Münchner Merkur, München 16.5.1965.

Günther Joachim: Revolte gegen den Tod, Elias Canettis Kriegsaufzeichnungen, Tagesspiegel, Nr. 59888, Berlin 23.5.1965.

WA.: Leidenschaftlicher Humanist, Elias Canetti, Aufzeichnungen 1942-1948, Echo der Zeit, Recklinghausen 23.5.1965.

Niedermayer Franz: Jüdisches und Jiddisches, Neues zum alten Thema, Canetti: Aufzeichnungen 1942-1948, Deutsche Tagespost, Würzburg 29.5.1965.

Moeller Jürgen: Ich will andere Menschen, Wir besprechen hier: Elias Canetti, Aufzeichnungen 1942-1948, Twen, München Juni 1965.

Wallmann J. P.: Elias Canetti, Aufzeichnungen 1942-1948, Die Tat, Zürich 4.6. 1965.

L. G.: Jahre des schwersten Druckes, Elias Canetti, Aufzeichnungen 1942-1948,

Volksstimme, Wien 6.6.1965.

Engler Wienfried: Unbequeme Aphorismen, Stuttgarter Nachrichten, Stuttgart 19.6.1965.

M.R.: Die Kriegsnotizen eines emigrierten Dichters, zu Elias Canettis Aufzeichnungen 1942-1948, General-Anzeiger, Bonn 25.6.1965.

Hädecke Wolfgang: Verflucht sei die Rache, Krieg und Nachkrieg in den Aufzeichnungen von Elias Canetti, Christ und Welt, Stuttgart 2.7.1965.

Koch W.A.: Ein Bergwerk von Gedanken, Aufzeichnungen 1942-1948 von Elias Canetti, Hannoversche Allgemeine, Hannover 4.7.1965.

O.B.: Canettis Aufzeichnungen, Der Bund, Bern 9.7.1965.

Heinrich Eduard: Die Mappe des Gedankensammlers, Die Aufzeichnungen 1942-1948 von Elias Canetti, Die Furche, Wien 10.7.1965.

C.H.: Der Beweis ist das Erb-Unglück des Denkens. Der Dichter Elias Canetti begeht, nur Literatur-Kennern bekannt, seinen sechzigsten Geburtstag, Bayern Kurier, München 17.7.1965.

Rieger Manfred: Blätter am Weg, Elias Canetti, Aufzeichnungen 1942-1948, Allgemeine Zeitung, Mainz 18.7.1965.

Morstein Petra von: Das Gesetz der Maske, Elias Canettis akustische Künste, Die Welt der Literatur, Hamburg 22.7.1965.

Frenzel Otto: Ein Romancier, Dramatiker und Philosoph, Elias Canetti wird 60 Jahre, Hamburger Abendblatt, Hamburg 23.7.1965.

Halperin Josef: Elias Canettis Aufzeichnungen, Neue Zürcher Zeitung, Nr. 3097, Zürich 23.7.1965.

Hülsmanns Dieter: Den Dingen auf den Grund gehen, Zum 60. Geburtstag von Elias Canetti, Allgemeine Wochenzeitung der Juden in Deutschland, Düsseldorf 23.7.1965.

WKS: Ein Schriftsteller wiederentdeckt, Zum 60. Geburtstag von Elias Canetti, Wiesbadener Kurier, Wiesbaden 23.7.1965.

Geliehene Würdenträger, Elias Canettis Aufzeichnungen, Münchner Merkur, München 23.7.1965.

Bachmann Claus-Henning: Welt aus dem Geist, Elias Canetti zum 60. Geburtstag, Deutsche Tagespost, Würzburg 24.7.1965.

Basil Otto: Zum 60. Geburtstag Canettis, Neues Oesterreich, Bücherspiegel 24. 7. 1965.

Curly Wilfried (= Kraus Wolfgang): Ein Vergessener wird heute wiederentdeckt, Geburtstagsbesuch bei Elias Canetti in London, Rundschau, Saarbrücken 24. 7. 1965.

Hill Roland: Uebermacht der Umwelt, Elias Canetti wird 60, Frankfurter Allgemeine Zeitung, Frankfurt am Main 24. 7. 1965.

Elias Canetti wird 60 Jahre, Esslinger Zeitung, Esslingen 24. 7. 1965.

Bachmann Claus-Henning: Das Porträt, Fragen und sezieren, Elias Canetti, Sonntagsblatt, Hamburg 25. 7. 1965.

Hartung Rudolf: Literatur, Kultur und Kritik: Elias Canetti, Manuskript zur Sendung im Hessischen Rundfunk, Frankfurt am Main 25. 7. 1965.

Hilsbecher Walter: Das Buch der Woche, Elias Canettis Aufzeichnungen 1942-1948, Manuskript zur Sendung im Südwestfunk, Baden-Baden 25. 7. 1965.

Unger Wilhelm: Zum 60. Geburtstag von Elias Canetti, Kölner Stadt-Anzeiger, Köln 25. 7. 1965.

Halperin Josef: Elias Canettis Aufzeichnungen, Neue Zürcher Zeitung, Zürich 26. 7. 1965.

Elias Canetti, Aufzeichnungen 1942-1948, Der Spiegel, Hamburg 28. 7. 1965.

M. K.: Elias Canetti, Aufzeichnungen 1942-1948, Esslinger Zeitung, Esslingen 31. 7. 1965.

Günther Joachim: Elias Canetti, Aufzeichnungen 1942-1948, Neue Deutsche Hefte, Nr. 106, Gütersloh, Juli-August 1965.

Ein Sechzigjähriger: Elias Canetti, Bücherschiff, Oberursal, Juli-August 1965.

Ahl Herbert: Angst vor dem Intellektuellen? Literarische Marginalien, Diplomatischer Kurier, Heft 17, Köln, August 1965.

Kraeter Dieter: Exemplarisches Erleben, Elias Canettis Aufzeichnungen, Europäische Begegnung, August 1965.

Pablé Elisabeth: Kärntner Bücherecke: Elias Canetti, Aufzeichnungen 1942-1948, Manuskript zur Sendung im Oesterreichischen Rundfunk, Klagenfurt 2. 8. 1965.

Bisinger Gerald: Plötzlich auftauchende Gedanken, Die Aufzeichnungen von Elias

Canetti, Berliner Morgenpost, Berlin 4.8.1965.

C.W.-M.: Elias Canetti, Die Blendung, Israelisches Wochenblatt für die Schweiz, Zürich 6.8.1965.

Literarische Notizen, Elias Canetti, Aufzeichnungen 1942-1948, Hamburger Abendblatt, Hamburg 11.8.1965.

Fink Humbert: Begreifen, was geschehen war, Elias Canettis Aufzeichnungen, Die Presse, Wien 15.8.1965.

Hoyer Franz: Für Sie gelesen, Aus neuen Büchern, Elias Canetti, Aufzeichnungen 1942-1948, Manuskript zur Sendung im Bayrischen Rundfunk, München 16.8.1965.

Pablé Elisabeth: Verflucht sei die Rache, Elias Canettis Aufzeichnungen, Die neue Zeit, Klagenfurt 19.8.1965.

Terry Thomas: Welt im Kopf, Zum dichterischen Werk Elias Canettis, National-Zeitung, Basel 21.8.1965.

Halperin Josef: Elias Canettis Aufzeichnungen, Neue Zürcher Zeitung, Zürich 23.8.1965.

Geiger Hannsludwig: Das Porträt, Evangelischer Literaturanzeiger, München September 1965.

Elias Canettis Gedanken zu Aufzeichnungen 1942-1948, Welt und Wort, Heft 9, Tübingen September 1965.

Sondierung der Lage, Elias Canettis Aufzeichnungen, Zukunft, September 1965.

Daiber Hans: Ein Buch und eine Meinung: Elias Canetti, Aufzeichnungen 1942-1948, Manuskript zur Sendung im Süddeutschen Rundfunk, 12.9.1965.

Terry Thomas: Von Wien geprägt, Zum dichterischen Werk Elias Canettis, Tages-Anzeiger, Zürich 28.9.1965.

Corvin Michael: Elias Canetti, Die Blendung, Aufbau, Deutsche Zeitung, New York 1.10.1965.

Elias Canetti, Aufzeichnungen 1942-1948, Niederösterreichische Volkspresse, 9.10.1965.

Kanitz Hans: Philosophie im Sexus-Gewand, Elias Canettis Dramen lassen nach dem Standpunkt fragen, Lübecker Nachrichten, Lübeck 10.10.1965.

Dt: Canetti, Dramen, Wiesbadener Kurier, Wiesbaden 15.10.1965.

Darmstädter Lesung 1965, Der erste Abend: Elias Canetti, Marie-Luise Kaschnitz und Günter Eich, Darmstädter Echo, Darmstadt 20.10.1965.

Bachmann Claus-Henning: Staatstheater Braunschweig, Hochzeit, Theaterheft, Nr. 15, Braunschweig, November 1965.

Gneuss Christian: Hochzeit von Elias Canetti, Zur Uraufführung im Staatstheater Braunschweig, Manuskript zur Sendung im Norddeutschen Rundfunk, Hannover November 1965.

Rathei Rudolf: Elias Canetti, Aufzeichnungen 1942-1948, Neue Wege, Nr. 208, Wien November 1965.

W.R.: Elias Canetti oder die Abschaffung des Todes, Du, Atlantis, November-Nummer, Zürich November 1965.

Achilles Wolf: Canettis Hochzeit uraufgeführt, Neuer Skandal im Theater, Braunschweiger Presse, Braunschweig 5.11.1965.

Ferber Christian: Ein Untergang, der kalt lässt, Alexander Wagner inszenierte Elias Canettis Jugendstück Hochzeit am Braunschweiger Staatstheater, Die Welt, Hamburg 5.11.1965.

Häussermann Bernhard: Theaterdonner statt Dämonie, Zur Uraufführung von Canettis Hochzeit in Braunschweig, Hannoversche Allgemeine, Hannover 5.11.1965.

Herrmann Wilhelm: Canettis Totentanz, Uraufführung des Dramas Hochzeit am Staatstheater Braunschweig, Weser-Kurier, Bremen 5.11.1965.

Mersmann Heinrich: Missratene Uraufführung, Braunschweiger Zeitung, Braunschweig 5.11.1965.

Rühle Günther: Skandal Nummer zwo, Elias Canetti, Hochzeit, Uraufführung in Braunschweig, Frankfurter Allgemeine Zeitung, Frankfurt am Main 5.11.1965.

Schlüter Wolfgang: Katerstimmung nach der Hochzeit, Die zweite Canetti-Uraufführung am Braunschweiger Staatstheater, Hannoversche Presse, Hannover 5.11.1965.

Theaterskandal in Braunschweig, Publikum protestiert gegen Elias Canettis Hochzeit, Salzburger Nachrichten, Salzburg 5.11.1965.

Karsch Walther: Knapp am Skandal vorbei, Uraufführung der Hochzeit von Elias Canetti, Tagesspiegel, Berlin 6.11.1965.

Weise Gerhard: Canettis Hochzeit, Turbulente Uraufführung im Staatstheater Braunschweig, Frankfurter Rundschau, Frankfurt am Main 6.11.1965.

L. G.: Schilderung von hundert Höllen, Elias Canetti, Die Blendung, Volksstimme, Wien 7.11.1965.

Daiber Hans: Bärendienst für Elias Canetti, Die Hochzeit in Braunschweig uraufgeführt, Handelsblatt, Deutsche Zeitung, 8.11.1965.

Hollmann Reiner: Der Weltuntergang im Saal, Elias Canettis Hochzeit in Braunschweig uraufgeführt, Süddeutsche Zeitung, München 8.11.1965.

Weise Gerhard: Wieder meutern die Abonnenten, Uraufführung des zweiten Canetti-Stücks in Braunschweig, Stuttgarter Nachrichten, Stuttgart 8.11.1965.

Bondy François: Unser Jahrhundert und sein Roman, Zu einer Begegnung in Wien, Neue Zürcher Zeitung, Zürich 11.11.1965.

Beckmann Heinz: Canettis Augiasstall, Degoutante Hochzeit in Braunschweig, Rheinischer Merkur, Koblenz 12.11.1965.

Jacobi Johannes: Unser Kritiker sah: Hochzeit von Elias Canetti, Die Zeit, Hamburg 12.11.1965.

Busch Günther: Ein Buch, das auffiel, Elias Canetti, Aufzeichnungen 1942-1948, Manuskript zur Sendung im Westdeutschen Rundfunk, 22.11.1965.

H. B.: Braunschweiger Nachspiel, Rheinischer Merkur, Köln 26.11.1965.

Theater für eiserne Nerven, Elias Canetti, Ein skandalöser Sechziger, Gespräch mit dem Autor, Remscheider General Anzeiger, Remscheid 26.11.1965.

Nöhbauer H. F.: Schreiben, um nicht zu ersticken, Das Buch der Woche, Aufzeichnungen 1942-1948 von Elias Canetti, Abendzeitung, München 27.11.1965.

Déry Tibor: Elias Canetti, Wort in der Zeit, Nr. 12, Graz, Dezember 1965.

Nyszkiewicz Heinz: Elias Canetti, Dramen - Aufzeichnungen, Mitteilungen des deutschen Germanisten-Verbandes, Frankfurt am Main, Dezember 1965.

Rohde Hedwig: Aufzeichnungen von Elias Canetti, Bücherkommentare, Freiburg im Breisgau, Dezember 1965.

Wallmann J. P.: Zeitkritik im Roman, Deutsche Rundschau, Nr. 89, Dezember 1965.

Bienek Horst: Schriftsteller unserer Zeit, Elias Canetti, Manuskript zur Sendung im Deutschlandfunk, 9.12.1965.

e. w.: Philister, Theater Heute, Velber bei Hannover 10.12.1965.

Sch.-D.: An den Grenzen, Elias Canettis Dramen, Kölnische Rundschau, Köln 13. 12.1965.

Uhlig Helmut: Von Büchern und Schriftstellern, Elias Canetti, Aufzeichnungen 1942-1948, Manuskript zur Sendung des RIAS, Berlin 21.12.1965.

Hartmann Horst: Die beleidigte Braunschweiger Leberwurst, Der Protest eines Anonymen gegen eine Theateraufführung, Vorwärts, Godesberg 22.12.1965.

1966
Bachmann Claus-Henning: Das Nachspiel zur Hochzeit, Die deutsche Bühne, Januar 1966.

Geiger Hannsludwig: Der Dramatiker Elias Canetti, Moderner Buchclub, Mitteilungen, Darmstadt, Januar 1966.

Elias Canettis Hochzeit, Volksbühnenspiegel, Nr. 1, Berlin, Januar 1966.

Jenny Urs: Von Vätern und Göttern, Elias Canetti, Merkur, Nr. 216, München, März 1966.

Pollak Paul: Hochzeit mit Polterabend, Twen, Nr. 3, München, März 1966.

Glaser Martha: Aeusserungen der Güte, Elias Canetti, Aufzeichnungen, Zeitwende, Die neue Furche, Hamburg, April 1966.

Williams Raymond: Fiktion und Verblendung, Eine Anmerkung zu Elias Canettis Blendung, Literatur und Kritik, Heft 5, Salzburg, Mai 1966.

Elias Canettis Blendung, Zeitschrift für Bücherfreunde, Nürnberg, Mai 1966.

mbc: Brief an Elias Canetti, Moderner Buchclub, Mitteilungen, Darmstadt, Juli 1966.

Améry Jean: Gegen den Willen zur Macht, St. Galler Tagblatt, St. Gallen 28.8. 1966.

Elias Canetti, Aufzeichnungen 1942-1948, Neue Welt, Wien, September 1966.

Zwischen Gott und Tod, Elias Canettis Aufzeichnungen, Kleine Zeitung, Graz 22. 10.1966.

Walter H.A.: Verschollene Literatur, Unbekannte Werke aus dem deutschen Exil, 1933-1945, Elias Canetti, Die Blendung, Manuskript zu einer Sendung im Deutschlandfunk, 25.10.1966.

Höck Wilhelm: Elias Canetti, Aufzeichnungen 1942-1948, Manuskript zur Sendung im Saarländischen Rundfunk, Saarbrücken 11.11.1966.

Ohne Widerruf, Hörspiel von Elias Canetti, Frankfurter Allgemeine Zeitung, Frankfurt am Main 11.11.1966.

<u>1967</u>
Der Schriftsteller Elias Canetti, Radio und Fernsehen, Nr. 1, Zofingen 4.1.1967.

Strauss Irmgard: Canetti Elias, Dramen, Die Zeit im Buch, Wien, Februar 1967.

Kestenholz Salomé: Elias Canetti, Basler Nachrichten, Nr. 96, Basel 5.3.1967.

Dissinger Dieter: Hund seiner Zeit, Stuttgarter Zeitung, Nr. 55, Stuttgart 7.3.1967.

Hirzel Fritz: Canettis unbestechliche Aufzeichnungen, National-Zeitung, Basel 7.4.1967.

Kropatschek Gustav: Kleines Theater in der Josefstadt, Die Befristeten, Theaterheft Nr. 3, Wien, November 1967.

Blaha Paul: Die Qual der Gewissheit, Gestern im Konzerthaustheater, Erstaufführung von Elias Canettis "Die Befristeten", Kurier, Wien 11.11.1967.

Obzyna G.: Gestern in der Kleinen Josefstadt: Die Befristeten von Elias Canetti, Möchte der Mensch wissen, wann er sterben muss? Express, Wien 11.11.1967.

Dr. Jürg: Macht und Ohnmacht des Wissens, Die Befristeten von Elias Canetti im Konzerthauskeller, Volksblatt Wien, 12.11.1967.

Schreyvogl Friedrich: Originelles Gedankenspiel, Die Befristeten von Elias Canetti im Kleinen Haus der Josefstadt, Wiener Zeitung, Wien 12.11.1967.

Walden Fritz: Utopie um den Altersklassenstaat, Die Befristeten im Kleinen Theater der Josefstadt, Arbeiter Zeitung, Wien 12.11.1965.

Nedomansky Herbert: Die Jahre am Hals, Elias Canettis Die Befristeten erstaufgeführt in der Kleinen Josefstadt, Die Presse, Wien 13.11.1967.

Birnbaumer Ulf: Die Ungleichheit vor dem Tod, Elias Canettis Drama, die Befristeten als Erstaufführung im Wiener Konzerthaustheater, Salzburger Nachrichten, Salzburg 14.11.1967.

Glaser Michael: Canettis Erstaufführung in Wien, Lehrbuch des Todes, Abendzeitung, München 14.11.1967.

Thun Eleonore: Kleine Josefstadt, Ein Lehrbuch des Todes, Die Befristeten von

Canetti, Die Wochenpresse, Wien 15.11.1967.

Beer O.F.: Freiheit zu leben - Freiheit zu sterben, Canettis Die Befristeten auf Wiener Bühne, Süddeutsche Zeitung, München 17.11.1967.

egw.: Warten auf Canetti, Die Befristeten in Wien erstaufgeführt, Die Welt, Hamburg 21.11.1967.

Böhm Gotthard: Lehrbuch des Todes, Wiener Erstaufführung der Befristeten von Canetti, Rheinischer Merkur, Koblenz 24.11.1967.

Schärer Bruno: Die Macht und die Verwandlungen der Masse, Zu den Dramen von Elias Canetti, Die Weltwoche, Zürich, Nr. 1776, 24.11.1967.

Spiel Hilde: Canetti in Wien, Erstaufführung der Befristeten, Frankfurter Allgemeine Zeitung, Frankfurt am Main 24.11.1967.

Kraus Wolfgang: Philosophisches Stück wurde zum Theaterereignis, Elias Canettis die Befristeten erstmals deutschsprachig in Wien, Tages-Anzeiger, Zürich 29.11.1967.

Kraus Wolfgang: Ein Theaterereignis im Keller, Deutschsprachige Erstaufführung von Canettis Befristeten in Wien, Hannoversche Allgemeine, Hannover 29.11.1967.

Hädecke Wolfgang: Anmerkungen zu Ernst Fischers Aufsatz über Elias Canettis "Masse und Macht", Literatur und Kritik, Nr. 20, Salzburg, Dezember 1967.

1968
Kramberg K.H.: Elias Canetti, Die Stimmen von Marrakesch, Das kleine Buch der 100 Bücher, München 1968.

Kruntorad Paul: Theater, Kritische Rückschau, Neues Forum, Heft 169-170, Januar-Februar 1968.

Herbert Zand: Stimmen unsere Massstäbe noch? Versuch über Elias Canetti, Literatur und Kritik, Nr. 21, Salzburg, Februar 1968.

Günther Joachim: Elias Canetti, Die Stimmen von Marrakesch, Neue deutsche Hefte, Gütersloh, Juli-August 1968.

Eberhard Horst: Elias Canetti, Die Stimmen von Marrakesch, Neue Rundschau, Frankfurt am Main, Juli-August 1968.

Urbach Reinhard: Der präsumptive Todestag, Bemerkungen zu Canettis die Befristeten, Literatur und Kritik, Heft 26/27, Salzburg, Juli-August 1968.

Bondy François: Neue Bücher, Elias Canetti, Die Stimmen von Marrakesch, Manuskript zur Sendung im Norddeutschen Rundfunk, 1.9.1968.

Graf Hansjörg: Elias Canetti, Die Stimmen von Marrakesch, Manuskript zur Sendung im Westdeutschen Rundfunk, 26.9.1968.

Hartung Rudolf: Glück in Marrakesch, Elias Canettis Stimmen von Marrakesch, Süddeutsche Zeitung, München 6.10.1968.

Graf Hansjörg: Ein Zeitgenosse jenseits des Mode, Elias Canettis marokkanische Aufzeichnungen, Frankfurter Allgemeine Zeitung, Frankfurt am Main 15.10.1968.

Schulze-Reimpell Werner: Leben für jedermann, Canettis Schauspiel, Die Befristeten, Premiere in Bad Godesberg, Die Welt, Hamburg 25.10.1968.

Günther Joachim: Bücher im Gespräch, Elias Canetti, Die Stimmen von Marrakesch, Manuskript zur Sendung im Deutschlandfunk, 27.10.1968.

Reich-Ranicki Marcel: Dies Marrakesch ist überall, Elias Canettis hintergründige Reisenotizen, Die Zeit, Hamburg 8.11.1968.

Bondy François: Die Stimmen von Marrakesch, Neue Zürcher Zeitung, Zürich 12.11.1968.

Hädecke Wolfgang: Der Mensch soll Geheimnis sein, Elias Canettis Aufzeichnungen aus Marokko, Christ und Welt, Stuttgart 22.11.1968.

Für Sie gelesen, Elias Canetti, Die Stimmen von Marrakesch, Stuttgarter Leben, Stuttgart, Dezember 1968.

Helwig Werner: Tod in Marrakesch, Elias Canetti, Reisenotizen im Angesicht des Sterbens, Rheinischer Merkur, Köln 6.12.1968.

Fink Humbert: Für sie gelesen, Aus neuen Büchern, Elias Canetti, Die Stimmen von Marrakesch, Manuskript zur Sendung im Bayrischen Rundfunk, München 9.12.1968.

Meier Peter: Geist, aus Anschauung gekeltert, Zu einem Prosaabend Elias Canettis, Tages-Anzeiger, Zürich 10.12.1968.

Brechbühl Beat: Marokkanische Aufzeichnungen, Zürcher Woche, Zürich 13.12.1968.

Helwig Werner: Ein inneres Marrakesch, Elias Canetti, Die Stimmen von Marrakesch, St. Galler Tagblatt, St. Gallen 13.12.1968.

1969
Eine Taschenbuchreihe stellt sich vor, Elias Canetti, Die Stimmen von Marra-

kesch, Basler Nachrichten, Basel 2.1.1969.

Helwig Werner: Das innere Marrakesch des Elias Canetti, Die Schwäbische Zeitung, Leutkirch 1.2.1969.

Durzak Manfred: Canetti war in Marrakesch, Eröffnungsband der neuen "Reihe Hanser", Meisterliche Ornamente der Welterkenntnis, Die Welt der Literatur, Hamburg 7.2.1969.

O.B.: Aufzeichnungen eines Dichters, Der Bund, Bern 14.2.1969.

Birbauer Alfred: Elias Canetti, Die Stimmen von Marrakesch, Neue Wege, Wien, März 1969.

Hilsbecher Walter: Rätselhafte Realitäten, Elias Canetti, Die Stimmen von Marrakesch, Frankfurter Hefte, Heft 3, Frankfurt am Main, März 1969.

Helwig Werner: Kamele, Muezzins und mehr, Elias Canettis Stimmen von Marrakesch sind von Verzweiflung getrübt, Kölner Stadt-Anzeiger, Köln 2.3.1969.

Pablé Elisabeth: Die Sprache als Nahrung, Elias Canetti, Die Stimmen von Marrakesch, Kärntner Tageszeitung, Klagenfurt 2.3.1969.

Gut und herzlos, Elias Canetti, Die Stimmen von Marrakesch, Der Spiegel, Hamburg 17.3.1969.

VERZEICHNIS DER BENUTZTEN LITERATUR

Adorno Th.W.: "Minima Moralia", Berlin, Frankfurt am Main 1951.

Adorno Th.W.: Auszug aus seinem Brief, in "Zeugnissammlung Staatstheater Braunschweig".

Alewyn Richard: "Nachwort zum 'Narrenspital' Johann Beers", Hamburg 1957.

Alker Ernst: "Martin Collin und seine Bücher", in "Philobiblon", XII. Jahrgang, Leipzig 1940.

Alker Ernst: "Oesterreichische Literatur", in "Die Tat", Zürich 19. Juni 1954.

Alker Ernst: "Il Romanzo Sociologico", in "Rivista di Letterature Moderne e Comparate", Firenze 1958, XI, Heft 1.

Alker Ernst: "Die deutsche Literatur im 19. Jahrhundert" (1832 - 1914), Stuttgart 1961.

Alker Ernst: "Im Widerschein der Fackel", Karl Kraus als Zeitkritiker und Dichter, in "Rheinischer Merkur", Nr. 41, 13. Oktober 1967.

Alker Ernst: "Karl Kraus", in "Schweizer Monatshefte", Januar 1969, IIL, Heft 10, S. 1044-50.

Altes Testament: Buch Richter.

Bachmann Claus-Henning: "Das Nachspiel zur 'Hochzeit' ", Bericht von einer "skandalösen" Entrüstung, in "Die deutsche Bühne", Januar 1966.

Bahr Hermann: "Theater", Berlin 1897.

Baermann Steiner Franz: Brief aus Stub Teplice, an Paul Brüll, datiert 12. Juli 1937.

Becher Johannes R.: "Verteidigung der Poesie", Berlin 1952.

Benjamin Walter: "Der Erzähler", Betrachtungen zum Werk Nikolai Lesskows, in "Illuminationen", Frankfurt am Main 1961.

Berendsohn Walter A.: "Die humanistische Front", Zürich 1946.

Bergson Henri: "Das Lachen", Jena 1914.

Bienek Horst: "Borges, Bulatovic, Canetti", Drei Gespräche mit Horst Bienek, München 1966.

Bloecker Günter: "Die Masse in uns selbst", in Frankfurter Allgemeine Zeitung", Frankfurt am Main, 24. August 1963.

Bloecker Günter: "Elias Canettis Gedankenplantagen", in "Süddeutsche Zeitung", München, 1. Mai 1965.

Bloecker Günter: "Literatur als Teilhabe", Berlin 1966.

Brandt Ingeborg: "Stendhal war meine Bibel", Gespräch mit Elias Canetti, in "Welt am Sonntag", Hamburg, 8. November 1963.

Staatstheater Braunschweig: Jubiläumsband "275 Jahre Theater in Braunschweig", Geschichte und Wirkung, herausgegeben von der Generalintendanz des Staatstheaters Braunschweig, Braunschweig 1965.

Brecht Bert: "Kleines Organon für das Theater", Frankfurt am Main 1960.

Brion Marcel: "Elias Canetti et 'La Tour de Babel'", in "Le Monde", 13. Dezember 1949.

Broch Hermann: "Dichten und Erkennen", Essays, Band 1, Zürich 1955.

Broch Hermann: "Bemerkungen zum 'Tod des Vergil'", in Essays, Band 1, Zürich 1955.

Broch Hermann: "Briefe von 1929-1951", in "Gesammelte Werke", Band 8, Zürich 1957.

Broch Hermann: "Die unbekannte Grösse und frühe Schriften", in "Gesammelte Werke", Band 10, Zürich 1961.

Büchner Georg: "Woyzeck", in "Gesammelte Werke", Leipzig 1921.

Canetti Elias: Interview in "Sonntag", Wien, 19. April 1937.

Canetti Elias: "Fritz Wotruba", Wien 1955.

Canetti Elias: "Masse und Macht", Hamburg 1960.

Canetti Elias: "Welt im Kopf", eingeleitet und ausgewählt von Erich Fried, Graz, Wien 1962.

Canetti Elias: "Die Blendung", München 1963.

Canetti Elias: "Dramen", München 1964.

Canetti Elias: "Aufzeichnungen 1942-1948", München 1965.

Canetti Elias: "Der Gegen-Satz zur 'Hochzeit'", in Theaterheft Nr. 15, Staatstheater Braunschweig, Spielzeit 1965-1966, Braunschweig 1965.

Canetti Elias: in "Mykenae", Theater-Korrespondenz, Darmstadt, 30. November 1965.

Canetti Elias: "Dialog mit dem grausamen Partner", in "Das Tagebuch und der moderne Autor", herausgegeben von Uwe Schultz, München 1965.

Canetti Elias: "Warum ich nicht wie Karl Kraus schreibe", in "Wort in der Zeit", Heft 1, Graz 1966.

Canetti Elias: "Aus den Aufzeichnungen 1957", in "Literatur und Kritik", Heft 7, Salzburg, Oktober 1966.

Canetti Elias: "Die Stimmen von Marrakesch", München 1967.

Canetti Elias: "Warum ich nicht wie Karl Kraus schreibe", Elias Canetti über sein literarisches Vorbild, in "Fünfzehn Autoren suchen sich selbst", herausgegeben von Uwe Schultz, München 1967.

Canetti Elias: "Unsichtbarer Kristall", aus der Rede anlässlich der Verleihung des Grossen Oesterreichischen Staatspreises am 25. Januar 1968, in "Literatur und Kritik", Heft 22, Salzburg, März 1968.

Curtis Anthony: "Madman's Logic", Elias Canetti's 'Auto da Fé', in "Sunday Telegraph", 2. Februar 1962.

Curtius Ernst Robert: "Büchertagebuch", Bern 1960.

Daiber Hans: "Manuskript zur Radiosendung 'Die Blendung'" des SDR, 1963.

Daiber Hans: "Die Blendung", in "Neue deutsche Hefte", Berlin, Januar-Februar 1964.

Doeblin Alfred: "Berlin Alexanderplatz", Olten, Freiburg im Breisgau 1961.

Doderer Heimito von: "Die erleuchteten Fenster oder die Menschwerdung des Amtsrates Zihal", München 1950.

Doderer Heimito von: "Die Dämonen", München 1956.

Dorotheum: Festschrift "250 Jahre Dorotheum", Wien 1957.

Drach Albert: "Das grosse Protokoll gegen Zwetschkenbaum", München 1967.

Dürrenmatt Friedrich: "Der Meteor", Zürich 1966.

Durzak Manfred: "Hermann Broch in Selbstzeugnissen und Bilddokumenten", Hamburg 1966.

Eisenreich Herbert: "Das zeitlose Wort", Graz 1964.

Enzensberger Hans Magnus: "Elias Canetti: Die Blendung", in "Der Spiegel", Heft 32, Hamburg 1963.

Ferber Christian: "Ein Untergang der kalt lässt", in "Die Welt", Hamburg, 5. November 1965.

Feuchtwanger Lion: "Die hässliche Herzogin Margarethe Maultasch", in "Gesammelte Werke", Band I, Berlin und Weimar 1965.

Fischer Ernst: "Bemerkungen zu Elias Canettis 'Masse und Macht'", in "Literatur und Kritik", Heft 7, Salzburg 1966.

Frenzel Elisabeth: "Stoff- und Motivgeschichte", Berlin 1966.

Furbank R. P. N.: "Burning the Books", in "The Spectator", 16. Februar 1962.

Giuliano Giovanni: "Die Wiener Minoritenkirche", Hinweise über Geschichte und Kunstschätze der Kirche, Padova 1967.

Goethe Johann Wolfgang von: "Dichtung und Wahrheit", Teil II, Hamburg 1955.

Grimm Reinhold: "Bertold Brecht", Stuttgart 1961.

Groner Richard: "Wien, wie es war", Wien, München 1965.

Gütersloh Albert Paris: "Der innere Erdteil", München 1966.

Häcker Theodor: "Ueber Humor und Satire", Essays, München 1958.

Haedecke Wolfgang: "Anmerkungen zu Ernst Fischers Aufsatz über Elias Canettis 'Masse und Macht'", in "Literatur und Kritik", Heft 20, Salzburg 1967.

Hartung Rudolf: "Die Lebensfeindschaft eines Geistes", zur Neuauflage von Elias Canettis "Die Blendung", in "Die Zeit", Hamburg, 22. November 1963.

Haselberg Peter von: "Ein Roman-Experiment", in "Frankfurter Zeitung", Frankfurt am Main, 12. April 1936.

Hebbel Friedrich: "Sämtliche Werke", Band I, Berlin 1903.

Heinle Fritz: "Ludwig Thoma", Hamburg 1963.

Hesse Hermann: " 'Die Blendung' von Elias Canetti", in "Neue Zürcher Zeitung", Zürich, 13. Januar 1936.

Hocke Gustav René: "Manierismus in der Literatur", Reinbek bei Hamburg 1959.

Hoffmeister Johann: "Wörterbuch der philosophischen Begriffe", Hamburg 1955.

Hofmannsthal Hugo von: Brief an Richard Strauss, in "Rodauner Nachträge", Zürich 1918, Band III.

Horst Karl August: "Das Spektrum des modernen Romans", München 1964.

Horvath Oedön von: "Geschichten aus dem Wienerwald", in "Oesterreichisches Theater des XX. Jahrhunderts", München 1961.

Horvath Oedön von: "Stücke", Hamburg 1965.

Isaacs J.: "An Assessment of Twentieth Century Literature", aus dem zweiten Vortrag: "The Age of Anxiety", BBC London.

Jakob Julius: "Wörterbuch des Wiener Dialektes", Cosenza 1965.

Janouch Gustav: "Gespräche mit Kafka", Frankfurt am Main 1961.

Jenny Urs: "Von Vätern und Göttern", in "Merkur", Heft 3, XX. Jahrgang, München 1966.

Jung C.G.: "Zur Psychologie der Schelmenfigur", Zürich 1954.

Kayser Wolfgang: "Entstehung und Krise des Romans", Stuttgart 1954.

Kayser Wolfgang: "Das sprachliche Kunstwerk", Bern, München 1960.

Kayser Wolfgang: "Das Groteske in Malerei und Dichtung", Hamburg 1961.

Kienzle Siegfried: "Modernes Welttheater", Stuttgart 1966.

Konrad von Wuerzburg: "Der Welt Lohn", in Kleinere Dichtungen, Berlin 1959.

Kraus Karl: "Die letzten Tage der Menschheit", München 1957.

Kraus Wolfgang: Auszug aus seinem Brief, in Zeugnissammlung Staatstheater Braunschweig.

Kraus Wolfgang: "Philosophisches Stück wurde zum Theaterereignis", in "Tages-
anzeiger", Zürich, 29. November 1967.

Kretschmer Ernst: "Körperbau und Charakter", Berlin 1921.

Kurer Alfred: "Josef Roths 'Radetzkymarsch'", Dissertation, Zürich 1968.

Lichtenstein Alfred: "Prosa", Zürich 1966.

Luther Martin: "Sendbrief vom Dolmetschen".

Magris Claudio: "Der habsburgische Mythos in der österreichischen Literatur",
Salzburg 1966.

Meres Francis: "Reason Dethroned", in "Time and Tide", 18. Mai 1946.

Meyrink Gustav: "Der Golem", Leipzig 1916.

Michel Klaus Markus: "Der Intellektuelle und die Masse", in "Neue Rundschau",
Heft 2, 75. Jahrgang, 1964.

Musil Robert: "Der Mann ohne Eigenschaften", Hamburg 1952.

Musil Robert: "Tagebücher, Aphorismen, Essays, Reden", Hamburg 1955.

Parry Idris: "Elias Canetti's Novel 'Die Blendung'", in "Essays in German Literature - I", Institute of Germanic Studies, University of London (ohne Jahr).

Piscator Erwin: "Technik - eine künstlerische Notwendigkeit des modernen Theaters", in Pörtner Paul: "Experiment Theater", Zürich 1960.

Piscator Erwin: Auszug aus seinem Brief, in Zeugnissammlung Staatstheater
Braunschweig.

Roth Josef: "Romane, Erzählungen, Aufsätze", Köln, Berlin 1964.

Saiko George: "Auf dem Floss", Wiesbaden 1948.

Schlüter Wolfgang: "Beklemmender Blick auf Spiegelbilder", in "Braunschweiger
Presse", Braunschweig, 8. Februar 1965.

Schreber D. P.: "Denkwürdigkeiten eines Nervenkranken", Leipzig 1903.

Schreyvogl Friedrich: "Originelles Gedankenspiel", in "Wiener Zeitung", Wien,
12. November 1967.

Schultz Uwe: "Fünfzehn Autoren suchen sich selbst", München 1967.

Singer Herta: "Zeit und Gesellschaft im Werke Arthur Schnitzlers", Dissertation, Wien 1948.

Spitteler Carl: "Meine frühesten Erlebnisse", Jena 1914.

Stanzel Franz K.: "Typische Formen des Romans", Göttingen 1964.

Statkus Horst: Brief an den Verfasser Staatstheater Braunschweig, 16. August 1968.

Strasser Charlot: "Geschmeiss um die 'Blendlaterne' ", Zürich (ohne Jahr).

Strelka Josef: "Brücke zu vielen Ufern", Wien 1966.

Tietze Hans: "Geschichte und Beschreibung des St. Stephansdoms in Wien", Wien 1931.

Toynbee Philip: "Innocents in the Inferno, 'Auto da Fé' by Elias Canetti", in "The Observer Weekend Review", 18. Februar 1962.

Trommler Frank: "Roman und Wirklichkeit", Stuttgart 1966.

Vogelsang Hans: "Oesterreichische Dramatik des XX. Jahrhunderts", Wien 1963.

Weininger Otto: "Geschlecht und Charakter", Wien 1923.

Weiskopf F.C.: "Unter fremden Himmeln", Ein Abriss deutscher Literatur im Exil 1933-1947, Berlin 1948.

Welti Albert J.: "Wenn Puritaner jung sind", Zürich 1941.

Welzig Werner: "Der deutsche Roman im 20. Jahrhundert", Stuttgart 1967.

Werfel Franz: "Der veruntreute Himmel", Die Geschichte einer Magd, Frankfurt am Main 1952.

Williams Raymond: "Fiction and Delusion", in "New Left Review", Mai-Juni 1962.

Wilpert Gero von: "Sachwörterbuch der Literatur", Stuttgart 1964.

Wittgenstein Ludwig: "Tractatus logico-philosophicus", Frankfurt am Main 1963, Nr. 5, 6.

Wolf Achilles: "Canettis 'Hochzeit' uraufgeführt", "Neuer Skandal im Theater", in "Braunschweiger Presse", 5. November 1965.

Zuckmayer Carl: "Als wär's ein Stück von mir", Erinnerungen, Frankfurt am

Main 1966.

Zweig Stefan: "Die Welt von gestern", Erinnerungen eines Europäers, Stockholm 1943.

Zweig Stefan: Stefan Zweig, Frederike Zweig, "Briefwechsel 1912-1942", Bern 1951.